George Augustin / Thomas R. Elßner (Hg.)
Barmherzigkeit als christliche Berufung

D1664166

Theologie im Dialog

herausgegeben von George Augustin, Klaus Krämer und Markus Schulze
unter Mitwirkung des
Kardinal Walter Kasper Instituts
für Theologie, Ökumene und Spiritualität
an der Philosophisch-Theologischen Hochschule Vallendar

Band 19

George Augustin / Thomas R. Elßner (Hg.)

Barmherzigkeit als christliche Berufung

HERDER

FREIBURG · BASEL · WIEN

*Für Irma Häring zum 75. Geburtstag
mit den allerbesten Segenswünschen
und herzlichem Dank für ihre Verbundenheit
mit dem Kardinal Walter Kasper Institut*

MIX
Papier aus verantwor-
tungsvollen Quellen
FSC® C083411
www.fsc.org

© Verlag Herder GmbH, Freiburg im Breisgau 2017
Alle Rechte vorbehalten
www.herder.de
Umschlaggestaltung: Verlag Herder
Satz: dtp studio eckart | Jörg Eckart
Herstellung: CPI books GmbH, Leck
Printed in Germany

ISBN 978-3-451-37867-6

Inhalt

Vorwort

„Barmherzigkeit will ich, nicht Opfer"
(Mt 9,13)

Barmherzigkeit – dieser theologische Begriff kennzeichnet schon heute das Pontifikat von Papst Franziskus. Denn das Thema Barmherzigkeit erfährt durch Papst Franziskus eine Renaissance, eine Wiedergeburt, und man darf hinzufügen, eine notwendige Wiedergeburt, und zwar im Licht der Botschaft der zweigeteilten einen Bibel. Wie bei fast jeder Geburt so bedarf es auch hierbei der Hebammenkunst. Geburtshelfer in bester griechisch-sokratischer Tradition ist Walter Kardinal Kasper.

Sein Buch „Barmherzigkeit. Grundbegriff des Evangeliums – Schlüssel christlichen Lebens" hat nicht nur weltweit große Beachtung gefundenen, sondern es hat – für ein theologisches Buch nicht alltäglich – einen Prozess angestoßen, der produktiv und durchaus auch provokativ andauert. Dieses Buch, welches sich darüber hinaus dem dringenden Anliegen der „Überwindung der Entfremdung zwischen der akademischen und der geistlichen Theologie" verpflichtet weiß, hat Papst Franziskus letztlich dazu inspiriert, für das Jahr 2016 ein Heiliges Jahr der Barmherzigkeit auszurufen. Dies haben sehr viele Christinnen und Christen als ein deutliches Zeichen der Ermutigung wahrgenommen. Denn in Vergangenheit und Gegenwart sind mitunter die, die der Kirche Jesu Christi ein Gesicht verleihen, als von diesem Grundbegriff der Frohen Botschaft Entfernte wahrgenommen worden.

Um nun diesem Schlüsselbegriff christlichen Lebens einen entsprechenden Resonanzraum zu geben, hat das Kardinal Walter Kasper Institut in Vallendar 2016 zu einem Symposium unter der Überschrift „Barmherzigkeit als christliche Berufung" eingeladen. Dabei ist noch einmal überaus deutlich geworden, dass Barmherzigkeit nicht etwas ist, was zum Evangelium Jesu Christi additiv von außen hinzugefügt werden kann oder auch nicht, sondern fundamental in die Verkündigung vom Reich Gottes hineingewoben ist. Und diesem theologischen Datum gilt es auch künftig stets eingedenk zu bleiben. Zugleich veranschaulichte das Symposium, dass es nötig ist, einen so gewichtigen Begriff wie Barmherzigkeit aus theologisch zwar verschiedenen, sich aber gleichzeitig wiederum berührenden Disziplinen zu durchdringen.

Dieser Aufgabe haben sich mehrere Autoren gestellt, deren Beiträge wir in diesem Buch zusammenfassen. Dabei ist deutlich geworden, dass gerade über das Thema „Barmherzigkeit" exegetische, fundamentaltheologische und systematische Zugänge nicht nur in einen fruchtbaren Dialog mit spirituellen, pastoraltheologischen und caritativen Sichtweisen treten können, sondern dass sie einander vielmehr unaufhebbar bedingen. Dies klingt zwar wie selbstverständlich, aber gelegentlich sieht sich christliche Barmherzigkeit dem Verdacht ausgesetzt, Gnade zu herabgesetzten Preisen zu sein. Schließlich wird hierbei vergessen, dass der Barmherzigkeit eine im wahrsten Sinne des Wortes zutiefst theologische Dimension eigen ist, die göttlichen Geschenkcharakter besitzt. So hat Papst Franziskus in seiner Botschaft zur Fastenzeit 2016 klar herausgestellt: „Die Barmherzigkeit Gottes verwandelt das Herz des Menschen, lässt ihn eine treue Liebe erfahren und befähigt ihn so seinerseits zur Barmherzigkeit. Es ist ein stets neues Wunder, dass die göttliche Barmherzigkeit sich im Leben eines jeden von uns ausbreiten kann, uns so zur Nächstenliebe motiviert und jene Werke anregt, welche die Tradition der Kirche die Werke der leiblichen und der geistigen Barmherzigkeit nennt."

Den Autoren dieses Buches danken wir für ihr engagiertes Mitwirken. Ein herzlicher Dank gilt den Mitarbeitern des Kardinal Walter Kasper Instituts, Dr. Ingo Proft, Dr. Stefan Ley und Stefan Laurs, für die Betreuung des Manuskripts sowie Dr. Stephan Weber vom Verlag Herder für die gute verlegerische Zusammenarbeit.

Möge die tiefe Erfahrung der Barmherzigkeit Gottes uns verwandeln und uns barmherzig werden lassen, wie es unser Vater im Himmel ist (Lk 6,36).

Vallendar, im Februar 2017
Die Herausgeber

Walter Kardinal Kasper

Barmherzigkeit – der Name unseres Gottes

1. Warum über Barmherzigkeit reden?

Ich bin oft gefragt worden, wie ich denn auf das Thema Barmherzigkeit gekommen bin. An sich ganz normal. Von Kindeszeit an sprechen, singen oder hören wir bei jeder Feier der Eucharistie: „*Kyrie eleison*, Herr erbarme dich". Beim *Agnus Dei* sprechen, singen oder hören wir: „Lamm Gottes, das hinweg nimmt die Sünden der Welt, erbarme dich unser". Wir hören die Sonntagsevangelien, wo kranke Menschen rufen: Jesus Sohn Davids erbarme dich unser. Oder wo es heißt, dass Jesus von Mitleid gerührt war. Wie sollte man also nicht wissen, dass Barmherzigkeit ein wichtiges und zentrales Thema der Hl. Schrift ist? Wer zudem seine Gewissenserforschung regelmäßig macht, der weiß auch, dass er sagen muss: „Herr, ich bin nicht würdig". Ich bin ein sündiger Mensch, der auf die Barmherzigkeit Gottes und auch auf nachsichtige barmherzige Mitmenschen angewiesen ist.

Umso mehr hat es mich überrascht, dass, als ich Exerzitien-Vorträge ausarbeiten und dabei auch einen Vortrag über die Barmherzigkeit halten wollte, dass dieser einfach nicht gelingen wollte. Die üblichen theologischen Handbücher waren mir keine Hilfe. Ich musste feststellen: Das Thema der Barmherzigkeit ist in der jüngeren Theologie fast vergessen. So fing ich an, über längere Zeit zu suchen. In der Bibel des AT und NT fand ich selbstverständlich sehr viel und zu meiner Überraschung auch bei dem bedeutendsten mittelalterlichen Theologen, bei Thomas von Aquin, nicht zuletzt bei den großen Heiligen wie in der Volksfrömmigkeit. Das Volk Gottes ist oft weiser als die gelehrten Theologen.

So ist ein Buch entstanden, das ich zunächst für ein Nebenprodukt gehalten habe. Wichtig geworden ist es erst durch Papst Franziskus. Wenige Tage vor dem Konklave, in dem er zum Papst gewählt wurde, erschien die spanische Übersetzung. Ich nahm die drei Exemplare, die mir zugeschickt wurden mit, um sie dem einen oder anderen spanisch-sprachigen Kardinal zu geben. Einer war Kardinal Mario Bergoglio, der sein Zimmer dem meinen gegenüber hatte und den ich bereits aus Buenos Aires kannte. Als ich ihn unter der Tür stehen sah, gab ich ihm ein Exemplar. Als er den spanischen Titel misericordia las, war er sofort sichtlich bewegt und sagte: „Questo è il nome del nostro Dio." „Das ist der Name unseres Gottes." Das Thema lag ihm offensichtlich schon vorher und unabhängig von dem Buch am Herzen. So las er das Buch ganz oder teilweise während des Konklaves, und wie man weiß, machte er das Thema der Barmherzigkeit zum zentralen Thema seines Pontifikats und schließlich zum Thema eines außerordentlichen Heiligen Jahres.

Damit will er die christliche Antwort geben auf die Zeichen, ja die Not der Zeit. Es ist eine Zeit unerhörter Gewalt einerseits, eine Zeit eines überbordenden, entgleisenden Individualismus und selbstbezogenen und selbstbemitleidenden Narzissmus, und zugleich einer Zeit globaler Gleichgültigkeit, welche der Papst jüngst in Assisi als das Heidentum unserer Zeit bezeichnet hat.

Manche fragen: Was hat denn dieses Heilige Jahr gebracht? Keine umstürzenden Reformen und trotzdem sehr viel. Schon wenige Wochen nach der Amtseinführung des Papstes erzählten mir römische Pfarrer, in diesem Jahr seien merklich mehr Menschen zur Osterbeichte gekommen als in den Jahren zuvor und zwar solche, die seit vielen Jahren nicht mehr gekommen sind. Der Trend hat, wie ich höre, in den folgenden Jahren angehalten. Erst vor ein paar Wochen erzählte mir ein Krankenhausseelsorger, dass sehr viele Menschen vom Thema der Barmherzigkeit angestoßen oft nach Jahrzehnten zum Glauben zurückfinden. Solche Bekehrungen sind weit mehr als eine Art Fanmentalität, sie gehen in existentielle Tiefen. In vielen Herzen, weit über die katholische Kirche hinaus, ist weit mehr in Bewegung gekommen, als man rein äußerlich wahrnehmen kann. Das ist Erneuerung der Kirche, mehr als äußere Reformen, die gewiss notwendig sind und die Papst Franziskus auch kräftig angestoßen hat. Wenn die Nachrichten davon nicht immer nach Deutschland durchdringen, dann muss das ja nicht unbedingt an ihm, wenigstens nicht an ihm allein liegen.

2. Was ist Barmherzigkeit?

Fragen wir also: Was ist das, Barmherzigkeit? Das Wort scheint manchen etwas aus der Mode zu sein. So muss man es erklären. Barmherzigkeit ist ein Lehnwort aus dem Lateinischen *misericordia*. *Misericordia* meint ein Herz *(cor)* für die *miseri*, für die Armen zu haben, ein Herz für die, denen es miserabel, d.h. erbärmlich und erbarmungswürdig geht. Seit dem 8. Jahrhundert findet sich das Wort im Althoch-deutschen: armherzi, im Bibelgotischen: *arma-hairts*.

Ein offenes Herz meint nicht nur ein mitleidiges Herz haben. Das Vorbild der Barmherzigkeit ist der barmherzige Samariter (Lk 10,25–37). Er wird von Mitleid bewegt, steigt dann von seinem Pferd oder Esel herab in den Dreck der Straße, verbindet den armen, halbtotgeschlagenen Kerl, hebt ihn auf sein Lasttier, bringt ihn in die Herberge und bezahlt für alles, was der Wirt für ihn aufwenden muss. Barmherzigkeit ist also nicht nur passives Mitgefühl und Mitleid, sondern eine aktive Mildtätigkeit, bedeutet also, sich tätig den Erbarmungswürdigen zuwenden. Barmherzigkeit hat etwas mit Großherzigkeit zu tun, d.h. ein großes, weites und offenes Herz zu haben für andere, ein offenes Herz, das zur offenen ausgestreckten Hand führt und das auch die Beine bewegt, um dem Notleidenden entgegenzukommen und dort vor Ort zu sein, wo Not am Mann ist. Barmherzigkeit will das Übel nicht nur bejammern, sie will es überwinden.

In der hebräischen Sprache des Alten Testaments kommt ein Weiteres hinzu. Im Hebräischen liegt das Gewicht nicht auf dem Herzen; der Sitz von Emotionen sind für den Hebräer vielmehr die Eingeweide: *rachamin*. Im Deutschen sagen wir ähnlich: „Es dreht mir den Magen herum." „Es geht mir an die Nieren." Darüber hinaus hat *rachamin* im Hebräischen noch eine besondere Bedeutung. In *rachamin* steckt das Wort *rechem*, der Mutterschoß. Barmherzigkeit hat für das Alte Testament also eine spezifisch weibliche Konnotation; sie drückt eine mütterlich fraulich fürsorgliche Zuwendung, eine innige, zärtliche mütterliche Haltung aus.

Interessant ist, dass die arabische Sprache, in der der Koran geschrieben ist, sich ähnlich ausdrückt. Die hebräische und die arabische Sprache sind ja beide semitische Sprachen. Das hebräische und das arabische Wort für Barmherzigkeit haben dieselbe Wurzel. Das arabische Wort *rahma* leitet sich wie das hebräische *rechem* ebenfalls

von Mutterschoß ab. Juden und Araber, die sich heute oft als Todfein-
de verstehen und begegnen, sind im Grunde Vettern. Der jüdisch-
arabische Konflikt, der Urkonflikt im Nahen Osten, ist ein tragischer
Familienkonflikt. In demselben Wort Barmherzigkeit drückt sich genau das aus, woran es trotz ihrer Verwandtschaft beiden gegenwärtig
am meisten fehlt.

Wir können noch einen Schritt weiter gehen. Letztlich drückt sich
in dem Wort Barmherzigkeit eine universal menschheitliche Tradition aus. In allen bekannten Kulturen und Religionen findet sich die
Goldene Regel. „Was du nicht willst, dass man dir tut...", oder positiv
formuliert: „Was du wünscht, dass man dir tut, das tu auch einem
anderen." Jesus selbst hat diese Goldene Regel in der Bergpredigt zitiert und sie als Zusammenfassung von Gesetz und Propheten bezeichnet (Mt 7,12). Die Goldene Regel ist Menschheitskulturerbe und
Grundlage eines friedvollen Zusammenlebens von Menschen, Kulturen und Religionen in der einen Menschheitsfamilie. Sie sagt: Als
Menschen sind wir keine bloßen Individuen; wir sind Mitmenschen.
Wir müssen uns treffen lassen vom Leid wie vom Glück anderer Menschen. Barmherzigkeit ist damit die Urhaltung der Mitmenschlich-
keit und Grundlage jeder menschenwürdigen und menschendienli-
chen Kultur. Die heutige globalisierte Gleichgültigkeit dagegen ist die
Unmenschlichkeit unserer Zeit.

3. Gottes Barmherzigkeit

Die Bibel (wie übrigens auch der Koran) gehen über diese anthropologische Grundlage hinaus. Beide fordern nicht nur Barmherzigkeit
von Mensch zu Mensch; beide sprechen auch, oder besser gesagt: sie
sprechen in erster Linie von Gottes Barmherzigkeit.

Diese theologische Bedeutung begegnet uns in der Bibel von der
ersten Seite an, auch dort, wo das Wort Barmherzigkeit noch gar
nicht vorkommt: In der Schöpfung der Welt und des Menschen will
Gott uns ohne jegliches Verdienst an seinem Leben teilhaben lassen.
Nach dem Fall des Menschen wird der Mensch zwar aus dem Para-
dies vertrieben, aber Gott gibt ihm Felle, mit denen er sich bekleiden
kann, um dem Unbill der Witterung, sowohl der Hitze wie der Kälte
und dem Regen widerstehen zu können. Nach der Sintflut garantiert

Gott das Überleben der Menschheit, indem er den Bestand der kosmischen Ordnung garantiert. Nach dem Turmbau von Babel und der Zerstreuung der Menschheit beginnt er mit Abraham eine neue Geschichte, welche auf eine neue Sammlung der Menschheit aus allen Völkern ausgerichtet ist. Gott will in seiner Barmherzigkeit nicht den Tod, sondern das Leben des Menschen; so gibt er ihm immer wieder neu eine Chance, die Gnade eines neuen Anfangs.

Ausdrücklich begegnet uns das Wort Barmherzigkeit bei Mose. Am brennenden Dornbusch sagt Gott dem Mose, dass er das Elend seines Volkes und sein Schreien gehört hat. Er ist ein Gott, der dem Schicksal seines Volkes nicht gleichgültig gegenübersteht. Er ist ein Gott, der sieht und der hört. Als Mose ihn nach seinem Namen fragt, da offenbart er sich ihm als der „Ich bin da" (Ex 3,14), was heißt: Ich bin da mit euch und für euch, ich bin euer Gott, ihr mein Volk, ich begleite euch auf eurem Weg in die Freiheit aus der Sklaverei in Ägypten. Ausdrücklich offenbart sich Gott als barmherziger Gott in der dritten Offenbarung an Mose: „Jahwe ist ein barmherziger und gnädiger Gott, langmütig und reich an Huld und Treue" (Ex 34,6). Dieses Wort begegnet uns im AT, besonders in den Psalmen gleichsam wie ein Refrain immer wieder. Es ist die alttestamentliche Grundoffenbarung Gottes.

Diese These kann Erstaunen oder gar Widerspruch erwecken. Denn es gibt im AT nicht wenige Stellen, an denen Gott sich als ein strafender und rächender Gott zeigt. Es finden sich im AT viele Geschichten von Kriegen im Namen Gottes und von blutigen Massakern an anderen Völkern. Die christliche Theologie hat sich damit von Anfang an auseinandergesetzt mit dem Ergebnis, dass die Heilsgeschichte ein langer Weg der Erziehung (Paideia) Gottes ist, der erst mit Jesus Christus zu seinem Ziel kam. Das AT ist ein unvollkommener Anweg zu Jesus Christus und muss daher von Jesus Christus her interpretiert werden.

Bei Jesus haben heilige Kriege und Gewalt im Namen Gottes keinen Platz; ganz im Gegenteil, Jesus verurteilt die Gewalttätigen und preist in der Bergpredigt die Gewaltlosen und die Barmherzigen selig: „Selig die keine Gewalt anwenden" (Mt 5,5). In der großen Gerichtsrede ist für Jesus die Barmherzigkeit das einzige Kriterium, welches beim letzten Gericht zählt. „Was ihr dem geringsten meiner Brüder getan habt, das habt ihr mir getan." (Mt 25,40). Als Petrus bei

der Verhaftung Jesu das Schwert ziehen und zuschlagen will, sagt
er: „Steck dein Schwert in die Scheide; denn alle, die zum Schwert
greifen, werden durch das Schwert umkommen" (Mt 26,52). Jesus
gebietet, seinem Feind und Übeltäter das Böse nicht heimzuzahlen,
sondern zu verzeihen, und das nicht nur einmal, sondern siebenund-
siebzigmal (Mt 5,21–26.38–48; 18,22; Lk 6,27–36). Er selbst hat vom
Kreuz herab seinen Feinden verziehen: „Vater, vergib ihnen, denn sie
wissen nicht, was sie tun" (Lk 23,34).

Diese Botschaft von der barmherzigen Nächstenliebe hat ihre Wurzel in der Botschaft Jesu vom barmherzigen Vater im Himmel. „Seid
barmherzig wie euer Vater im Himmel barmherzig ist" (Lk 6,36). Die
Botschaft von Gott als seinem und unserem Vater und seiner Barmherzigkeit ist bei Jesus ein zentrales, ja *das* Thema seiner Botschaft.
Man denke an die bekannte Parabel vom verlorenen Sohn, oder besser vom barmherzigen Vater, der schon auf den Sohn wartet, ihm ent-
gegengeht, ihn umarmt, ihm ein Fest bereitet. Oder an das Gleichnis vom Hirten, der die 99 Schafe zurücklässt, um das eine verlorene
Schaf zu suchen und, wenn er es gefunden hat, auf seine Schultern
nimmt, um es zurück zu tragen (Lk 15,3–7.11–32). Das NT fasst zusammen: „Gott ist reich an Barmherzigkeit" (Eph 2,4), Gott ist Liebe
(1 Joh 4,8.16).

Diese Liebe geht so weit, dass Gott in seinem Sohn herabsteigt,
sich selbst erniedrigt, Mensch wird bis zum schändlichen Tod am
Kreuz (Phil 2,6–8) und dass er sein Leben einsetzt und hingibt für
uns, damit wir das Leben haben (Mk 14,34 par.; 1 Kor 11,24; 15,3 u. a.).
Das sind Aussagen von einer Radikalität, die sich im Koran nicht finden; im Gegenteil, die im Koran, wenigstens so wie ich ihn verstehen
kann, direkt ausgeschlossen werden.

Gott ist Liebe, er ist kein strafender, zorniger, rächender Gott, er
ist ein Gott, der sich fürsorglich und barmherzig jedem Menschen
zuwendet und ihm immer wieder neu eine Chance gibt. Die große
Theologie und vor allem die Frömmigkeit des Volkes hat immer um
die Bedeutung der Barmherzigkeit gewusst. Erst die jüngere Theologie hat sie fast ganz vergessen. Der Kirchenvater Augustinus hat
in seinen Bekenntnissen geschrieben: „Wer von Gott redet, ohne von
seiner Barmherzigkeit zu reden, soll lieber schweigen."

4. Überlegungen im Anschluss an Thomas von Aquin

Thomas von Aquin hat eine großartige Theologie der Barmherzigkeit entwickelt. Gott ist Liebe, sagt das NT. Seine Liebe spiegelt sich in seinem barmherzigen Handeln nach außen wider. Sie ist die erste und wichtigste Eigenschaft Gottes im Handeln nach außen. Alle seine Werke sind Barmherzigkeit und Wahrheit (Ps 24 [25], 10 Vulg.). Sie sind Wahrheit, weil sie dem Sein Gottes entsprechen und es widerspiegeln. Gott ist sich in seinem Handeln selbst treu. Die Barmherzigkeit ist die Treue-Wahrheit von Gott. Es ist darum völlig sinnlos, Wahrheit und Barmherzigkeit gegeneinander auszuspielen oder gar in Widerspruch zueinander zu bringen. Die Barmherzigkeit ist der Name Gottes, die Weise, wie er sich vorstellt und wie wir ihn erkennen und benennen können.

Ebenso ist es sinnlos, Barmherzigkeit und Gerechtigkeit auszuspielen. Gott ist nicht an unsere menschlichen Normen der Gerechtigkeit gebunden. Er ist nur sich selbst, d. h. seiner Liebe verpflichtet. So ist die Barmherzigkeit, in der Gott sich selbst entspricht, die Gerechtigkeit Gottes. Die Werke seiner Barmherzigkeit sind der Spiegel Gottes, der Spiegel der Trinität. In den Werken der Barmherzigkeit können wir in das Herz Gottes hineinschauen und etwas von seinem Geheimnis erahnen. In seiner Barmherzigkeit kommt zum Ausdruck, dass er erhaben über unsere Maßstäbe ist, dass er Gott ist und kein Mensch (Hos 11,9). Die Barmherzigkeit bringt die Souveränität Gottes, das Gottsein Gottes zum Ausdruck. In seiner Barmherzigkeit definiert sich Gott selbst und wir können nur ausgehend von der Barmherzigkeit Gott definieren.

Die Tatsache, dass Gott sich als Gott durch seine Barmherzigkeit definiert, ist wichtig, um die Allmacht Gottes richtig und neu zu verstehen. Die Allmacht Gottes besteht nicht in Beliebigkeit und im Dreinschlagen; sie erweist sich im Schonen und Verzeihen (Oration 26. So. im Jahreskreis). Gott kann an sich halten, sich zurücknehmen; das ist nicht seine Schwäche, sondern Ausdruck seiner Stärke, seiner Allmacht in der Liebe. Er verzichtet nicht auf sein Gottsein, er offenbart sein Gottsein im Erbarmen und Verzeihen. Sein eigentliches Gottsein wird paradoxerweise in der äußersten Ohnmacht des Kreuzes offenbar: Die Machttat der Auferweckung ist darum sozusagen die andere Seite des Kreuzes. Gottes äußerste Ohnmacht erweist sich als seine Allmacht. Die Torheit des Kreuzes ist die Weisheit Gottes (1 Kor 1,22–24). Die Vergebung ist nach Thomas der viel größere Akt der Allmacht Gottes als die Schöpfung des Himmels und der Erde. Sie wischt die Sünde nicht weg, sondern ist neue Schöpfung. Im Tod erwächst neues Leben, neuer Anfang, das kann nur Gott.

Hier kommen sich Thomas von Aquin und Luther mit seiner paradoxen Theologie des Kreuzes bei aller Verschiedenheit sehr nahe. Nach Luther kann man Gott nur im Kreuz wirklich erkennen. Das hat vor ihm ähnlich schon Bonaventura gesagt. Die wirklich großen Theologen kann man immer gut miteinander ins ökumenische Gespräch bringen. Es sind die kleineren Geister, die überall gleich Häresien wittern und nur zufrieden sind, wenn sie wieder einen Häretiker enttarnt und aufgespießt haben.

Das Nachdenken über die Barmherzigkeit führt in die letzten Abgründe Gottes und seines Geheimnisses. Es führt uns auch dazu, die wahre Identität des Christen zu erkennen. Wenn nun Jesus sagt, dass wir barmherzig sein sollen, wie unser Vater im Himmel barmherzig ist (Lk 6,36), wird klar: So wie die Barmherzigkeit das tiefste Wesen Gottes ausdrückt, so ist die Barmherzigkeit auch die letzte Identität des Christen, das Maß unserer christlichen Existenz. Sie ist unsere *identity card*, unsere Kennkarte und zwar die einzig gültige Kennkarte, die wir vorweisen können. Nach Thomas ist sie die Summe und das Höchste des christlichen Verhaltens in der Welt.

5. Spiritualität der Barmherzigkeit

Die christliche Tradition hat die Lehre von den sieben Werken der leiblichen Barmherzigkeit entwickelt: Die Hungrigen speisen, die Durstigen tränken, die Nackten bekleiden, die Fremden beherbergen, die Kranken besuchen, die Gefangenen erlösen, die Toten begraben. Diese Werke der Barmherzigkeit sind für uns heute Antwort auf die Zeichen der Zeit: Die unerhörten Gewaltausbrüche, der Individualismus, Egoismus und Narzissmus, die himmelschreiende Ungerechtigkeit in der Welt, die globale soziale Gleichgültigkeit.

Das gilt auch von den geistlichen Werken der Barmherzigkeit: Die Unwissenden lehren, die Zweifelnden beraten, die Trauernden trösten, die Sünder zurechtweisen, den Beleidigern gerne verzeihen, die

Unangenehmen ertragen, für alle beten. Auch sie sind Antwort auf die Zeichen der Zeit, die Orientierungslosigkeit, die Perspektiven- und Hoffnungslosigkeit, die Ablehnung der Fremden und die wachsende Fremdenfeindlichkeit.

Papst Franziskus hat inzwischen von einem achten Werk der Barmherzigkeit gesprochen: Die Sorge für die Erde als unser gemeinsames Haus. Wir dürfen nicht gleichgültig sein gegenüber der Vielfalt des Lebens und der Erhaltung der Biosysteme. Sie sind Grundlage des Lebens in einer menschenwürdigen Umwelt. Die Zerstörung der Umwelt und die Verschleuderung der Ressourcen der Erde ist eine Sünde, über die wir bisher noch viel zu wenig nachgedacht haben. Die Last haben insbesondere die Armen zu tragen. Der verantwortungsvolle, sorgfältige und ehrfürchtige Umgang mit der Natur ist darum ein Werk der Barmherzigkeit.

Die Barmherzigkeit ist der Grundton einer heutigen Spiritualität, insbesondere einer Laien- und Weltspiritualität. Traditionell hat man die Mystik im Anschluss an das griechische Wort *myein*, die Augen schließen, als Haltung der geschlossenen Augen definiert. Gemeint war: Das Abstandnehmen vom hektischen Getriebe und vom Lärm der Welt, um in einem Raum und in Stunden der Stille zu sich selbst zu kommen, in sich selbst hineinzuhören, so Raum und Zeit für Gott zu haben und etwas von seiner Gegenwart zu erfahren. Jeder weiß, wie notwendig für uns solches die Augen schließen ist und wie solche Zeiten der Stille uns gut tun.

Das Evangelium erschließt uns noch eine andere Form der Mystik und der Spiritualität: die Mystik der offenen Augen. Jesus spricht davon in seiner großen Gerichtsrede: „Ich war hungrig und ihr habt mir zu essen gegeben, ich war durstig und ihr habt mir zu trinken gegeben." Dann fragen die Leute: „Herr, wann haben wir dich hungrig, durstig ... gesehen?" Er antwortet: „Was ihr dem Geringsten meiner Brüder getan habt, das habt ihr mir getan" (Mt 25).

Heute fragen viele: Wie können wir Jesus begegnen, wo finden wir in unserer weltlich gewordenen Welt Gott? Die Antwort Jesu: Macht eure Augen auf. Ihr findet mich in den Armen, den Ausgestoßenen, Kleinen, Ohnmächtigen, Verlorenen, Verirrten und Verzweifelten. Gott ist nicht nur einmal schwacher Mensch geworden; er begegnet uns immer wieder neu ganz konkret in den Schwachen. Das war die Erfahrung der großen Heiligen: Benedikt sagte, man solle in den

Fremden Christus aufnehmen, Franziskus umarmt am Anfang seines Wegs der Heiligkeit einen Leprosen, Mutter Teresa findet in der Gosse von Kalkutta einen Sterbenden und trägt ihn wie eine Monstranz in ihr Kloster und macht dabei die Erfahrung, Christus selbst in ihren Armen zu tragen, Charles de Foucauld begegnet in den Muslimen in der Sahara Christus und versteht sich als universaler Bruder aller Menschen. Das ist Mystik der offenen Augen, eine wahre Weltmystik und eine Laienmystik, die freilich auch dem Klerus ansteht, ihm wohltut und Grundlage wahrer Seelsorge ist.

Die Barmherzigkeit ist nach Papst Franziskus der Tragebalken der gesamten kirchlichen Praxis. Das Tor der Barmherzigkeit muss auch in der Kirche jedem offen stehen. Es ist die schlimmste Anklage für die Kirche, wenn sie als unbarmherzig, abweisend, rigoros, hartherzig, kalt und gefühllos erfahren wird. Nicht umsonst hat Jesus ausgerechnet am Osterabend das Sakrament der Buße als österliches Sakrament eingesetzt, durch das uns immer wieder neu eine Chance zum Neuanfang geschenkt wird. Es ist das Sakrament der Barmherzigkeit schlechthin. Nur als barmherzige Kirche kann die Kirche eine glaubwürdige Antwort sein auf die Zeichen der Zeit.

6. Eine Epoche der Barmherzigkeit

Die Tür zu einer neuen Epoche der Barmherzigkeit hat bereits Papst Johannes XXIII. aufgeschlossen. In seiner berühmten Rede zur Eröffnung des II. Vatikanischen Konzils hat er ausgeführt: „Heute ist nicht mehr die Zeit für die Waffen der Strenge, sondern für die Arznei der Barmherzigkeit". Damit hat er den Grundton gesetzt für das Konzil und seine pastorale Orientierung wie für die ganze nachkonziliare Epoche. Der zweite Konzilspapst, Papst Paul VI., hat sich bei seiner letzten Ansprache vor dem Konzil gefragt: Was ist nun die Spiritualität des Konzils? Seine Antwort war: Es ist die Spiritualität des guten Samariters.

Sein Nachfolger, Papst Johannes Paul II., hatte die ganze Dramatik und Tragödie des Zweiten Weltkriegs, der Nazizeit und die Barbarei von Auschwitz, dann die Zeit der sowjetischen Unfreiheit in Polen am eigenen Leib erlebt und seine zweite Enzyklika dem Thema der Barmherzigkeit gewidmet „Dives in misericordia" (1980). Programmatisch hat er Schwester Faustina Kowalska als erste Heilige des 3. Jahrtausends kanonisiert. Papst Benedikt XVI. hat das Thema dann in seiner ersten Enzyklika „Gott ist Liebe" (2005) theologisch vertieft.

Papst Franziskus steht also in bester Tradition mit seinen Vorgängern. Er bringt die globale Erfahrung, besonders die Erfahrung der armen Länder der südlichen Hemisphäre ein und kann damit uns, den reichen und wohlhabenden Völkern, prophetisch ins Gewissen reden. Damit hat er eine weitere Phase der Rezeption des Konzils und eine Epoche der Barmherzigkeit als Antwort auf die Zeichen der Zeit eingeleitet.

Am Ende können wir nichts mitnehmen von dem, was wir zusammengetragen und angesammelt haben. Nur eines werden wir mitnehmen und vorweisen können. Nur die Werke der Barmherzigkeit werden zählen. Gut, dass wir uns Zeit nehmen, um darüber nachzudenken. Wir haben mit der Frage begonnen: Warum über Barmherzigkeit reden? Nun können wir mit dem Psalmvers 89,2 schließen, der mich immer beeindruckt, wenn ich in Taizé höre, wie ihn die vielen jungen Leute immer wieder wiederholen und ihn im Kanon singen: *„Misericordias Domini in aeternum cantabo."* „Die Barmherzigkeit des Herrn will ich ewig besingen."

George Augustin

Barmherzigkeit
Neuentdeckung der christlichen Berufung

Die Botschaft der Barmherzigkeit steht im Zentrum der biblischen Offenbarung und sie bildet die Mitte der christlichen Berufung: „Seid barmherzig, wie es auch euer Vater ist!" (Lk 6,36).[1] Wenn Jesus uns auffordert, barmherzig zu sein, wie es unser himmlischer Vater ist, dann ist Barmherzigkeit die eigentliche Berufung und Sendung der Christen. Um diese Berufung leben und diese Sendung verwirklichen zu können, müssen wir die Tiefe des Evangeliums der Barmherzigkeit neu entdecken.

Der Begriff ,Barmherzigkeit' hat unterschiedliche Bedeutungen. Wir müssen drei grundlegenden Dimensionen der Barmherzigkeit unterscheiden, um die tiefere Bedeutung von Barmherzigkeit für unser Christsein und Menschsein zu erfassen. Zuerst und vor allem geht es um Gottes Barmherzigkeit. Sie ist authentischer Ausdruck seiner wohlwollenden Liebe. Sie ist als Eigenschaft Gottes sein Name. Auf der zweiten Ebene geht es um das Geschenk der Barmherzigkeit Gottes. Durch die Teilhabe an der Barmherzigkeit Gottes erfährt der Mensch ihre Leben prägende und verwandelnde Kraft. Dies ist die Wirkung der Gnade der Barmherzigkeit Gottes in uns. In dieser Kraft wird der Mensch befähigt, Barmherzigkeit zu leben. Schließlich geht es um Barmherzigkeit als Haltung und Eigenschaft der Menschen, die in Taten der Nächstenliebe zum Ausdruck kommt, besonders im Erweisen von Barmherzigkeit gegenüber den Armen und Notleidenden.

---

1 Vgl. hierzu weiterführend: Augustin, George, Die Kraft der Barmherzigkeit. Mensch sein aus den Quellen des Glaubens, Ostfildern 2016; ders. (Hg.), Barmherzigkeit leben. Eine Neuentdeckung der christlichen Berufung, Freiburg i. Br. 2016; Augustin, George; Kreidler, Johannes (Hg.), Barmherzigkeit verkünden. Predigtimpulse – Gottesdienstmodelle – Meditationen, Stuttgart 2016; Augustin, George; Büchner, M. Gottfried, Barmherzigkeit wie sie die Bibel bekennt, Wiesmoor ²2016.

Nur wenn wir diese drei Dimensionen in dieser Einheit und gegenseitigen Verwiesenheit sehen, kann die Barmherzigkeit ihre volle Kraft entfalten und als eine Basistugend der Menschheit Herzen bewegen und Seelen beflügeln. Die Praxis der Barmherzigkeit kann unsere Welt gerechter und schöner machen. Für das Leben und Zusammenleben der Menschen in unserer Zeit ist die Praxis der Barmherzigkeit zentral. Deshalb ist es von unverzichtbarer Bedeutung, dass wir die Schönheit der Barmherzigkeit Gottes erkennen und seine Tiefe in unserem Leben erfahren, damit wir in allen Lebensbereichen Barmherzigkeit leben können.

1. Barmherzigkeit ist der Name Gottes

Die existentielle und spirituelle Bedeutung der Barmherzigkeit kommt in ihrer ganzen Schönheit zum Vorschein, wenn wir uns ihr von der unendlichen Barmherzigkeit Gottes her annähern. Gott ist Ursprung der Barmherzigkeit. Aus dieser Quelle strömt alles. Die Praxis der Barmherzigkeit führt uns zurück zu dieser Quelle. Erbarmen und Gerechtigkeit kommen von Gott. Im Licht seiner Herrlichkeit erkennen wir sein Erbarmen und seine Gerechtigkeit (vgl. Bar 5,1–9).

Gott offenbart sich in seiner Barmherzigkeit in der Schöpfung und in besonderer Weise in der Heilsgeschichte. Im Buch Exodus antwortet Gott Mose auf die Frage, wer er sei, mit den Worten: „Ich bin der, als der ich für euch da sein werde" (Ex 3,14). So offenbart Gott sein Wesen und seine Daseinsweise für die Menschen. In der dritten Namensoffenbarung Gottes wird diese Daseinsweise Gottes für die Menschen näher beschrieben: „Jahwe ist ein barmherziger und gnädiger Gott, langmütig, reich an Huld und Treue" (Ex 34,6).

Das Thema Barmherzigkeit zieht sich als roter Faden durch die ganze biblische Offenbarung. Die Psalmen preisen Gott als „gnädig und barmherzig, langmütig und reich an Gnade" (Ps 103,8). Die Barmherzigkeit Gottes wird uns auf menschliche Weise anschaulich gemacht: „Wie ein Vater sich seiner Kinder erbarmt, so erbarmt sich der Herr über alle, die ihn fürchten" (Ps 103,13). Der Höhepunkt der alttestamentlichen Offenbarung von Gottes Barmherzigkeit findet sich beim Propheten Hosea. Er spricht in dramatischer Weise davon,

dass sich Gottes Herz gegen ihn selbst wendet und sein Mitleid auf-
flammt, um die Tiefe seiner Barmherzigkeit mit Israel zu zeigen (vgl.
Hos 11,8).

Wenn wir aus der Perspektive der Barmherzigkeit Gottes auf die
Offenbarung schauen, erkennen wir, wie die liebende Zuwendung
Gottes zu den Menschen als Selbstmitteilung Gottes in Jesus Christus erfahrbar wird. Die Offenbarung der Barmherzigkeit Gottes erreicht ihren heilsgeschichtlichen Höhepunkt in Leben, Tod und Auferstehung Jesu Christi. Jesus Christus ist das barmherzige Antlitz
Gottes. Jesus Christus, der Gott ist, der am Herzen des Vaters ruht,
offenbart uns Gottes Barmherzigkeit (vgl. Joh 1,18). Er offenbart nicht
nur das Geheimnis der Barmherzigkeit Gottes, sondern er *ist* die In-
karnation der Barmherzigkeit des Vaters. Diese Barmherzigkeit Gottes ist erfahrbar in seinem Heilswerk und in seiner Proexistenz für
die Menschen.

Jesus Christus ist die Tür zur Barmherzigkeit. Wer durch diese
Tür geht, erfährt die göttliche Barmherzigkeit (vgl. Joh 10,6; 14,6).
Barmherzigkeit ist von zentraler Bedeutung nicht nur für das Got-
tesverständnis, sondern auch für das christliche Leben und für das
Menschsein des Menschen überhaupt. Denn Gott will, was er ist:
Barmherzigkeit. „Barmherzigkeit will ich, nicht Opfer" (Mt 9,13, vgl.
Hos 6,6).

2. Tiefe und Weite der Barmherzigkeit Gottes

In der Verkündigung Jesu wird die Barmherzigkeit Gottes durch die
Gleichnisse sehr anschaulich dargestellt. Die Gleichnisse vom verlorenen Schaf und der verlorenen Drachme (Lk 15,3–10) verdeutlichen, wie Gott barmherzig ist, wie er die Verlorenen sucht und welche Freude entsteht, wenn Menschen wieder zu Gott zurückfinden.

Im Gleichnis vom barmherzigen Vater (Lk 15,11–32) veranschau-
licht Jesus, wie die Barmherzigkeit Gottes über jedes Maß hinausgeht
und jede unserer Vorstellungen übersteigt. Die einladende und offene Barmherzigkeit des Vaters bewegt den verlorenen Sohn, seine sündige Situation zu erkennen und zu seinem Vater zurückzukehren.

Jesus lehrt uns: Diese Barmherzigkeit des Vaters gilt jedem von
uns. Der barmherzige Vater wartet auf alle Menschen. Er hat Mit-

leid mit allen. Er läuft uns entgegen, um uns um den Hals zu fallen, uns zu umarmen und zu küssen. Wir sollten wie der verlorene Sohn den Entschluss fassen, zum Vater zurückzukehren und uns zu öffnen für die überströmende Barmherzigkeit des himmlischen Vaters. Der barmherzige Vater freut sich über jeden, der zu ihm zurückkehrt, der sich von seiner Barmherzigkeit und Liebe entfernt hat. Darüber hinaus ermutigt er den älteren Sohn, sich mit zu freuen, „denn dein Bruder war tot und lebt wieder, er war verloren und ist wieder gefunden worden". In diesem Gleichnis geht es um die göttliche Dimension der Barmherzigkeit, das Geschenk und den Empfang der Barmherzigkeit.

Dieses Gleichnis bringt nicht nur die Tiefe und Weite der Barmherzigkeit Gottes zum Ausdruck, sondern auch die mit der Erfahrung der Barmherzigkeit Gottes verbundene Selbsterkenntnis und Veränderung des Herzens und die menschliche Bereitschaft, zur Quelle der Barmherzigkeit zu gehen. In realistischer Selbsterkenntnis müssen wir uns auf Gottsuche begeben. Der verlorene Sohn in seiner menschlich verlorenen Situation erinnert sich an die Güte und Großherzigkeit seines Vaters. Er kommt zur Selbsterkenntnis. Die realistische Selbsterkenntnis gibt ihm die nötige Kraft, den Entschluss zu fassen, zum Haus des Vaters zurückzukehren. Die Voraussetzung für die Erfahrung der Barmherzigkeit ist die damit verbundene *Gottes- und Selbsterkenntnis*. Die Erfahrung der Barmherzigkeit führt zur Versöhnung, Versöhnung mit Gott, mit sich selbst und der eigenen Lebenssituation.

Wenn wir auf den Vater im Gleichnis näher schauen, erkennen wir: Das Herz des Vaters ist nicht verschlossen, sondern offen. Er wartet auf unsere Rückkehr. Wie in diesem Gleichnis hält er Ausschau am Horizont, um zu sehen, ob der Sohn sich zur Rückkehr entschlossen hat. Das Herz des Vaters bleibt weit offen, aber von Seiten der Menschen wird die *Haltung der Erinnerung* notwendig, wie gut es im Haus des Vaters ist. Diese Erinnerung bewegt den verlorenen Sohn zur Rückkehr. Dieses Gleichnis zeigt überaus deutlich: Die Reue und die Umkehrbereitschaft des in seiner Freiheit geachteten Menschen sind die notwendigen Voraussetzungen für den Empfang der verschwenderischen und zuvorkommenden Barmherzigkeit Gottes.

3. Unsere Berufung, Barmherzigkeit zu leben

Im Gleichnis vom unbarmherzigen Verwalter stellt Jesus heraus, wie wir, die die Barmherzigkeit Gottes erfahren haben, nach seinem Vorbild auch anderen gegenüber Erbarmen haben sollen. Die Frage ist entscheidend: „Hättest nicht auch du mit jenem, der gemeinsam mit dir in meinem Dienst steht, Erbarmen haben müssen, so wie ich mit dir Erbarmen hatte?" (Mt 18,33) Weil wir das Mitleid Gottes erfahren haben, sind wir berufen und befähigt, selber Mitleid zu empfinden. Wenn wir die Unermesslichkeit der Barmherzigkeit Gottes in unserem Herzen erfahren, dann wird unser Herz empfindsam und sensibel für die Bedürfnisse und die Not der anderen Menschen.

Auch im Gleichnis vom barmherzigen Samariter (Lk 10,29–37) geht es um das Tun der Barmherzigkeit: „Dann geh und handle genauso!" Wir sollen den guten Samariter nachahmen. Der Erweis der Barmherzigkeit ist eine spontane Reaktion des Herzens, an der vorgefundenen Not nicht vorüberzugehen, sondern sie zu lindern und sich so dem Gefallenen als Nächster zu erweisen.

Wir müssen die Barmherzigkeit leben und Barmherzigkeit tun. Es ist unsere Berufung und Sendung, barmherziger Samariter zu sein und immer mehr zu werden. Wir leben und lernen Barmherzigkeit in der Nachfolge Christi. Christi Leben ist das Vorbild für unser Leben. Jesus lebt, was er verkündet: Er bringt den Armen eine gute Nachricht, er verkündet den Gefangenen Entlassung und schenkt den Blinden das Augenlicht. Er setzt die Zerschlagenen in Freiheit, er ruft ein Gnadenjahr des Herrn aus (vgl. Lk 4,18f.).

Das Christsein im Horizont der Barmherzigkeit Gottes neu zu betrachten und daraus Kraft zu schöpfen, hilft uns, die Barmherzigkeit als Berufung und Sendung der Christen neu zu verstehen. Bei Barmherzigkeit geht es in erster Linie um die Barmherzigkeit Gottes, um das sichtbar und erfahrbar werden seiner schöpferischen und heilsschaffenden Zuwendung zu den Menschen. Ohne diese ‚vertikale' Beziehung zu Gott, der die Quelle der Barmherzigkeit ist, werden wir keine Kraft finden können für die ‚horizontale', zwischenmenschliche Praxis der Barmherzigkeit. Ohne den Bezug zu Gottes Barmherzigkeit werden wir irgendwann kraft- und mutlos in unserem Engagement für die Menschen. Mit diesem Gottesbezug aber gewinnen unsere humanitären Taten christliche Qualität und sie werden zu gelebter Caritas und Diakonie. Wir geben nur das Empfangene weiter. Wenn wir Gottes Barmherzigkeit in unserem eigenen Herzen empfangen, können wir auch die Früchte der Barmherzigkeit in unserem Handeln sichtbar werden lassen.

4. Erfahrung der Barmherzigkeit

Barmherzigkeit erfahren bedeutet, offen zu werden für den Empfang der Gnade der wohlwollenden Zuwendung Gottes und uns von dieser zuvorkommenden Gnade verwandeln zu lassen.

Die Barmherzigkeit Gottes können wir nur erfahren, wenn wir bereit sind, uns unserer eigenen Lebenssituation bewusst zu werden und unsere Erlösungsbedürftigkeit vor Gott zu bekennen. Das in-der-Welt-Sein des Menschen bringt die Angewiesenheit auf Gott mit sich, auch wenn uns diese Angewiesenheit nicht bewusst ist. Mensch, Welt und Lebenswirklichkeit entsprechen, so wie sie sind, noch nicht voll dem Liebeswillen des barmherzigen Gottes. Wenn wir realistisch über unser eigenes Leben nachdenken und aus der Perspektive Gottes auf unsere Lebenswirklichkeit schauen, erkennen wir unsere existenzielle Armut, Not und unsere Angewiesenheit auf die Barmherzigkeit Gottes. Wir bedürfen der Erlösung und Heilung, Versöhnung und Vollendung.

Wir sollen ins Meer der unendlichen Barmherzigkeit Gottes eintauchen, um von Gott unsere Wunden berühren und heilen zu lassen. Barmherzigkeit ist eine Sache des Herzens. Im biblischen Sinne bildet das Herz die Mitte des Lebens. Wie können wir konkret in diese Barmherzigkeit Gottes eintauchen und unsere Lebensmitte von ihr berühren lassen?

Die Feier der Liturgie ist der vornehmliche Ort, wo wir in das Geheimnis der göttlichen Barmherzigkeit eintauchen können. Dort verkünden wir das heilschenkende Erlösungswerk Jesu Christi, in dem er uns Anteil gibt an seiner Barmherzigkeit. In der Feier der Sakramente empfangen wir diese Barmherzigkeit, indem er uns immer wieder als Kinder Gottes annimmt, unsere Sünden vergibt, unsere Wunden heilt, uns durch die Arznei der Unsterblichkeit innerlich verwandelt und uns dadurch befähigt, unsere eigene menschliche Schwachheit, die eigenen Begierden und den um uns selbst kreisen-

den Egoismus zu überwinden, Grenzen zu überschreiten und über
uns selbst hinauszuwachsen. So können wir uns und unsere Mitmenschen mit den Augen der Barmherzigkeit Gottes anschauen und
ihnen das uns selbst Geschenkte weitergeben.

Es ist unsere christliche Berufung, immer barmherziger zu werden: Wachstum in der Barmherzigkeit ist nur möglich in der Begegnung mit Jesus Christus, der Barmherzigkeit Gottes in Person. In seiner Gegenwart und seiner Nähe empfangen wir die Gnade und die
Vergebung unserer Sünden. Er befreit uns von unserer Ich-Zentriert-
heit. Er befähigt uns, über unsere Grenzen hinauszuwachsen und in
die Peripherien des Lebens zu gehen, um dort die Barmherzigkeit
Gottes in Wort und Tat zu verkünden.

5. In der Nachfolge Christi Barmherzigkeit leben

Unsere Erfahrung zeigt, dass es in der Welt zu viel Dunkelheit, Gewalt und Ungerechtigkeit gibt. Angesichts dieser Tatsache kann nur
ein ‚Mehr' an Barmherzigkeit und Güte diesen unguten und ungerechten Zustand überwinden und unsere Lebenswirklichkeit heilen
und zum Guten hin verändern. Dieses ‚Mehr' kommt allein von Gott:
Es ist seine Barmherzigkeit, die in Jesus Christus uns geschenkt
wird. Jesus hat ein Herz für die Menschen und seine barmherzige
Liebe hat ihm im wahrsten Sinne des Wortes das Herz durchbohrt.
„Aus seinem durchbohrten Herzen entspringen die Sakramente der
Kirche. Das Herz des Erlösers steht offen für alle, damit sie freudig
schöpfen aus den Quellen des Heiles" (Präfation vom Hochfest des
Heiligsten Herzen Jesu). In der Gegenwart Gottes empfangen wir
seine Barmherzigkeit, die aus dem geöffneten Herzen Jesu hervor-
strömt.

Die Herz-Jesu-Verehrung in der Frömmigkeitsgeschichte macht
anschaulich, was Barmherzigkeit in ihrer geistlich-geistigen Dimension sein soll: Schöpfen der göttlichen Barmherzigkeit aus der Quelle und Sendung zu Taten der Barmherzigkeit. Jesus Christus ist die
Barmherzigkeit Gottes für uns („misericordia Dei"). Jesus Christus
hat ein Herz („cor") für die Armen („miseri"). Sein Herz ist offen für
unsere existentielle Armut.

Wir lernen Barmherzigkeit vom Herzen Jesu: „Kommt alle zu mir, die ihr euch plagt und schwere Lasten zu tragen habt. Ich werde euch Ruhe verschaffen. Nehmt mein Joch auf euch und lernt von mir; denn ich bin gütig und von Herzen demütig; so werdet ihr Ruhe finden für eure Seele. Denn mein Joch drückt nicht, und meine Last ist leicht." (Mt 11,28ff.) Wenn wir im Herzen Jesu ruhen, werden wir Barmherzigkeit lernen. Wenn Christus in unserem Herzen wohnt, werden auch wir nach seinem Herzen umgewandelt. So werden wir fähig, Reichtum und Schönheit seiner barmherzigen Gnade zu begreifen (vgl. Eph 3,14–19). Es gilt, eine innige Liebe zum Lebensweg Jesu zu entwickeln. Liebe zum Weg des Gottessohnes, der sich entäußerte, arm wurde, sich erniedrigte, um einer von uns zu werden. Wir müssen uns entäußern und innerlich leer werden, damit er uns mit seiner Barmherzigkeit erfüllen kann.

Unsere Praxis der Barmherzigkeit ist die dankbare Antwort auf die Barmherzigkeit Gottes, die er uns ohne unser Verdienst zuerst geschenkt hat (vgl. 1 Joh 4,10). Die Barmherzigkeit ist die überreiche Selbstverschenkung des Herrn nach seiner Logik: „Wo jedoch die Sünde mächtig wurde, da ist die Gnade übergroß geworden" (Röm 5,20). Gottes wohlwollende Barmherzigkeit ist der Grund der Kenosis Christi. Um uns an seiner Barmherzigkeit teilhaben zu lassen, hat Gott sich entäußert und ist Mensch geworden (vgl. Phil 2,7). Wir nehmen teil an der Kenosis Christi, wenn wir uns zu den Armen und Elenden in liebevoller Zuwendung hingeben. Wenn wir anderen Barmherzigkeit erweisen, nehmen wir teil an der Barmherzigkeit Gottes selbst.

Jesus hat uns das Erbarmen Gottes in seinem Leben gezeigt und vorgelebt. Er hatte Mitleid mit den vielen Kranken, den Hungrigen und den Notleidenden. Er hat sich der von bösen Geistern Geplagten angenommen. Er wurde von Mitleid gerührt, als er einen Aussätzigen traf. Er begegnete mit Mitleid der Frau, die ihren einzigen Sohn verloren hatte. Alles, was Jesus für die Menschen tat, waren heilende und heilsame Taten der Barmherzigkeit. Sein letzter Schrei am Kreuz machte die göttliche Weite seiner Barmherzigkeit deutlich in der Vergebungsbitte für seine Feinde: „Vater, vergib ihnen, denn sie wissen nicht, was sie tun." (Lk 23,34).

Wir sind berufen, seine Sendung in der Welt heute als Werkzeuge der Gnade fortzusetzen. Wir müssen nach seinem Vorbild und seiner Kraft barmherzig sein, ein Herz für die Armen haben, die nicht nur physisch und materiell arm sind, sondern auch geistig und geistlich arm geworden sind. Die Barmherzigkeit Gottes nimmt Gestalt an in unserer Zeit durch unser Tun der Barmherzigkeit. Das allein ist glaubwürdig. Das Tun der Barmherzigkeit ist die konkrete Verkündigung der Liebe Gottes.

Indem wir die Barmherzigkeit Gottes feiern und verkünden, empfangen wir die Gnade, die Sendung der Barmherzigkeit weiter zu führen. In der Liturgie gedenken wir des Heilswerks Christi, vergegenwärtigen seine Barmherzigkeit und begegnen ihm. Erst aus der Begegnung mit Christus in der Anbetung und im Gebet können wir Kraft schöpfen, zu den Rändern und in die Peripherien der Gesellschaft zu gehen. Durch die Begegnung mit der barmherzigen Liebe Gottes in seiner Gegenwart wird die Beziehung zu ihm in uns lebendig und kraftvoll. In dieser Kraft sind wir befähigt, Christus in den Armen und Notleidenden zu begegnen. Unsere Begegnung mit den Armen und Notleidenden werden reicher und schöner, ja göttlicher, wenn wir ihnen die barmherzige Liebe Gottes bringen.

6. Die Werke der Barmherzigkeit

In der christlichen Tradition unterscheiden wir zwischen leiblichen und geistlichen Werken der Barmherzigkeit. Die sieben leiblichen Werke der Barmherzigkeit sind: Hungrige speisen, Durstige tränken, Nackte bekleiden, Fremde aufnehmen, Kranke besuchen, Gefangene befreien, Tote bestatten. Genauso wichtig sind die sieben geistigen Werke der Barmherzigkeit: Unwissende lehren, Zweifelnden raten, Irrende zurechtweisen, Trauernde trösten, Unrecht ertragen, Beleidigung verzeihen, für die Lebenden und die Toten beten.

Die Praxis dieser Werke ist zentral für das Christsein. Es ist selbstverständlich, dass nicht jeder in seiner jeweiligen Lebenssituation alle diese Werke gleichermaßen verwirklichen kann. Aber jeder kann einige Werke verwirklichen und der christliche Berufung entsprechen.

Die Praxis der Barmherzigkeit ist im Grunde genommen die Praxis der Menschlichkeit. Wir empfangen die Kraft zu dieser Praxis der Menschlichkeit von Gott und er lässt uns erkennen, dass wir alle Mitgeschöpfe sind und damit Brüder und Schwestern. Jeder von uns ist gleichermaßen auf die Barmherzigkeit Gottes angewiesen. Jeder von uns empfängt auch gleichermaßen seine Barmherzigkeit. Diese Erkenntnis macht uns empfindsam für unsere Mitgeschöpfe. Was wir auf der schöpfungsmäßigen Ebene mit allen Menschen teilen, wird erhöht und neu qualifiziert in der Berufung zum Christsein. Die Fähigkeit barmherzig zu sein, ist uns allen durch die Praxis der Menschlichkeit, gegeben, weil wir als Bild und Gleichnis Gottes geschaffen sind. Diese Ebenbildlichkeit mit Gott ist Grundlage und Voraussetzung dafür, dass wir nach dem Vorbild Gottes handeln können. Praxis der Barmherzigkeit ist die gelebte Humanität. Die Sprache der Barmherzigkeit verstehen alle Menschen guten Willens, auch die Menschen in einer nachchristlichen und kirchlich distanzierten Gesellschaft.

Es geht um das persönliche Lebenszeugnis. Denn jeder Einzelne muss zuerst in seinem eigenen Leben barmherzig werden und Barmherzigkeit vorleben. Es geht um die persönliche Bemühung, unser Denken und Handeln von der Barmherzigkeit Gottes prägen und bestimmen zu lassen. Deshalb muss jeder Barmherzigkeit praktizieren, damit die Gemeinschaft als solche barmherzig werden kann. Eine barmherzige Kirche entsteht, wenn einzelne Gläubige in ihrem Herzen barmherzig werden und dieses Herz für andere öffnen. Wenn jeder die empfangene Barmherzigkeit weiterschenkt, wird eine Kirche der Barmherzigkeit Zeugnis von der Barmherzigkeit Gottes geben können. Dies ist die missionarische Sendung der Christen. Die Menschen sollen durch unser Leben die Barmherzigkeit Gottes erleben und dadurch den Vater im Himmel preisen. Die christliche Praxis der Barmherzigkeit mit allen Menschen macht das Christentum anziehend. Kirche als missionarische Gemeinschaft hat die Sendung, die Barmherzigkeit Gottes in der Welt in Wort und Tat zu verkünden. Wir haben Jesus und seine Botschaft der Liebe zu verkünden: Seine Liebe gilt allen Menschen. Er schaut auf die Menschen mit Mitleid und Erbarmen.

Die Werke der Barmherzigkeit können wir als ein Zeichen der konkret gewordenen Reich-Gottes-Botschaft Jesu verstehen. Das Reich Gottes findet seine zeichenhafte Verwirklichung in den Werken der Barmherzigkeit. Barmherzigkeit leben bedeutet, in der Kraft Gottes all das, was wir anderen voraushaben, anderen zur Verfügung zu stellen: unsere Gesundheit den Kranken, unsere Freude den Trauernden, unser Wissen den Unwissenden usw. Wenn wir eine grundsätzliche Dankbarkeit für das Geschenk des Lebens empfinden, werden wir auch bereit sein, unser Leben mit anderen Menschen zu teilen.

Die Botschaft der Barmherzigkeit wird immer tiefer verständlich für diejenigen, die sich der Liebe Gottes öffnen und Jesus als ihre erste und einzige, alles bestimmende Liebe erwählen. Praxis der Barmherzigkeit ist die konkret gelebte Nächstenliebe. Diese Praxis spielt eine so zentrale Rolle in der Predigt Jesu, dass sie zum Maßstab für das Jüngste Gericht wird. Jesus überhöht diesen Anspruch, indem er sich selbst mit den Armen und Leidenden nicht nur solidarisiert, sondern identifiziert und so die Motivation für die Praxis der Barmherzigkeit gibt: „Was immer ihr einem dieser meiner geringsten Brüder getan habt, das habt ihr mir getan" (Mt 25,40).

Die Unbedingtheit der Praxis der Barmherzigkeit wird nur verständlich, wenn wir die Bedeutung der Person Jesu Christi tiefer erfassen: Weil er Gott ist, kann er sich mit den Armen und Notleidenden identifizieren. Er kennt das Herz des Menschen und er wird die Welt richten. Er ist derjenige, der dem Menschen den ewigen Lohn oder die ewige Strafe zuteilen wird, je nachdem, ob dieser Barmherzigkeit gelebt hat oder nicht. Jesus als Weltenrichter hat das Tun der Barmherzigkeit zum Kriterium für das ewige Heil gemacht. Diejenigen, die keine Barmherzigkeit erwiesen haben, müssen von ihm weichen und in die ewige Strafe gehen. Aber die Gerechten, die die Barmherzigkeit gelebt haben, dürfen in das Reich Gottes eingehen und sich des ewigen Lebens erfreuen (vgl. Mt 25,46).

Jesus Christus bringt das Licht in die Finsternis der Welt: „Das Volk, das in Finsternis lebte, hat ein helles Licht gesehen; denen, die im Schattenreich des Todes wohnten, ist ein Licht erschienen" (Mt 4,16). Als berufene Christen sollen wir die Sendung Jesu in die heutige Welt hinein fortsetzen. Die volle Tragweite des Auftrags Jesu, barmherzig zu sein wie es der himmlische Vater ist, ist nur verständlich für diejenigen, die sich für das Reich Gottes entschieden haben und bereit sind, Jesus Christus als Herrn und Gott ihres Lebens anzunehmen, ihm nachzufolgen und in seinem Geiste zu leben und zu handeln. Dennoch vermögen alle Menschen guten Willens, in diesen Worten eine Melodie zu vernehmen, die das Herz eines jeden Menschen berühren und bewegen kann. Der Auftrag Jesu, den Vater im Himmel zum Vorbild für unser Leben und Handeln zu nehmen,

umfasst sowohl etwas Ideales als auch etwas Reales. Die Botschaft
Jesu bringt einen qualitativen Sprung mit sich. Dies wird nur ver-
ständlich im Kontext der umfassenden Reich-Gottes-Botschaft, die in
seiner Person gegenwärtig ist. Zu dieser Botschaft gehört unbedingt
der Ruf Jesu: „Kehrt um! Denn das Himmelreich ist nahe." (Mt 4,17)
Das Sprechen von Barmherzigkeit kann nicht zur Verwässerung der
Unbedingtheit des Glaubens, der Notwendigkeit der persönlichen
Bekehrung oder der Herabsetzung der Gebote Gottes führen. Jesu
Aufforderung zu einem Leben nach dem Vorbild des barmherzigen
Vaters wirft vielmehr ein Licht auf das Böse und Dunkle in der Welt
und die Verkrüppelung des Gewissens. Die Grundvoraussetzung für
die Praxis der Barmherzigkeit ist die Feinjustierung und Sensibilisie-
rung des Gewissens, so dass wir spontan das Gute wählen und eine
barmherzige Haltung einnehmen.

7. Perspektiven für eine Horizonterweiterung

Wenn Barmherzigkeit keine ‚Zauberformel' für alles und jedes sein
soll, ist es das Gebot der Stunde, dass wir geistlich-geistig ringen,
um das Verständnis der Barmherzigkeit zu vertiefen. Wenn Barmherzigkeit nicht eine rein menschliche Vorstellung von humanitären
Werken sein soll, ist es von zentraler Bedeutung, sich der tieferen erlösenden, heilenden und motivierenden Kraft der göttlichen Barmherzigkeit bewusst zu werden.

Bei Barmherzigkeit geht es nicht um ein gängiges Gutmenschen-
tum, eine Art ‚Nicht-so-schlimm-Mentalität', eine Relativierung oder
Verharmlosung von menschlichem Fehlverhalten aus Egozentris-
mus. Barmherzigkeit ist kein Alibi-Begriff für ‚Christsein light' oder
‚billige Gnade', wie es Dietrich Bonhoeffer einst treffend formuliert
hat. Deshalb ist es von zentraler Bedeutung, dass wir alle menschlichen Anstrengungen auf uns nehmen, dem göttlichen Anspruch der
Barmherzigkeit, der auch unsere Umkehr fordert, gerecht zu werden.
Freilich ist diese Umkehr erst durch die zuvorkommende Gnade Gottes möglich.

Die tiefere Betrachtung der Barmherzigkeit Gottes lädt uns zu
einem Perspektivenwechsel und einer Horizonterweiterung im Blick
auf die unendliche Barmherzigkeit Gottes ein. Barmherzigkeit zu le-

ben bedeutet, die Perspektive des himmlischen Vaters einzunehmen, alle Menschen als Geschöpfe Gottes und als seine Kinder zu betrachten. Aus seiner Perspektive müssen wir zu den Menschen gehen, sogar zu den Feinden. Denn der himmlische Vater lässt die Sonne aufgehen über Guten und Bösen, er lässt es regnen über Gerechte und Ungerechte (vgl. Mt 5,45). In unserem zwischenmenschlichen Verhalten muss die gütige Barmherzigkeit des Vaters die entscheidende und motivierende Kraft unseres Handelns sein. Die Barmherzigkeit Gottes ist nicht ausschließend, sondern alle Menschen einschließend. Die Kraft zu Empathie und Einfühlungsvermögen entspringt nicht aus uns selbst. Sie übersteigt unser menschliches Vermögen. Nur in der Kraft Gottes können wir auch dem uns zunächst unsympathisch erscheinenden Menschen Barmherzigkeit erweisen.

Wenn die säkulare Welt um uns herum nicht nur unbarmherzig, sondern auch manchmal brutal erscheint, gilt es, unsere christliche Berufung authentisch zu leben. Wie können wir aus unserem Glauben heraus die Botschaft der Barmherzigkeit in die gegenwärtige Situation einbringen? Unser Glaube an die Barmherzigkeit Gottes fordert uns auf, die Realität unseres Lebens und den Zustand unserer Welt nicht als unabänderliches Schicksal anzunehmen, sondern sie im Licht des Glaubens zu betrachten und nach Kräften zum Guten hin zu verändern und positiv zu gestalten.

Die Barmherzigkeit Gottes lädt uns ein, unsere christliche Berufung ernst zu nehmen, ihre Fülle zu erfassen und zu leben und sie in unseren barmherzigen Taten sichtbar zu machen. Die Erfahrung der Barmherzigkeit Gottes führt uns zu Bekehrung und Umkehr, Veränderung unseres Herzens und unseres Lebens. Darin liegt die heilende und heilsame Kraft der Erfahrung der Barmherzigkeit.

Thomas Söding

Barmherzigkeit ohne Heuchelei
Die Option der Bergpredigt

1. Orientierung im Jahr der Barmherzigkeit – und in jedem Jahr des Herrn

Ein Jahr der Barmherzigkeit zu feiern, ist eine große Verheißung und eine kleine Versuchung. Es ist eine große Verheißung, weil Gott ins Spiel kommt. Barmherzigkeit ist ein Wort, das in vielen Sprachen dieser Welt religiös besetzt ist. Welcher Politiker, welcher Richter, welcher Manager will, kann, darf barmherzig sein? Dass aber Gott barmherzig ist, glauben oder hoffen doch viele Menschen. Wenn die Kirche, was diese Menschen hoffentlich gleichfalls glauben, die Sache Gottes vertritt, nach innen und nach außen, muss sie auch die Barmherzigkeit auf ihre Fahnen schreiben. Dass die Ausrufung eines „Jahres der Barmherzigkeit" weltweit auf ein so starkes – und weithin positives – Echo gestoßen ist, zeigt die Sehnsucht nach Verständnis und Vergebung im Namen Gottes. Es spiegelt allerdings nicht nur die Erwartung wider, dass in einer Welt, die von der Fratze religiösen Hasses erschreckt wird, ein glaubwürdiges Zeugnis für Gott abgelegt wird, der Liebe ist (1 Joh 4,8.16). Es hebt sich auch vor dem Hintergrund ab, dass die katholische Kirche in der Öffentlichkeit allzu oft den Anschein erweckt, alles besser zu wissen und abweichendes Verhalten schnell zu verurteilen: hart, klar und unbarmherzig. Jetzt kommt das Versprechen, sich nach Jesus zu richten: „Ich verurteile dich nicht", hat er der Ehebrecherin gesagt. Aus diesem Grund konnte er weiter sagen: „Geh, und sündige fortan nicht mehr" (Joh 8,1–11). Hätte er sie verurteilt, hätte er ihr nicht die Chance eines neuen Lebens gegeben; hätte er sich die Ermahnung und Ermutigung erspart, wäre seine Vergebung eine billige Gnade. Die Kirche steht in der Nachfolge Jesu; ohne die Kirche wäre die Perikope von der Ehebrecherin vergessen worden, die erst ganz spät den Sprung ins Neue Testament geschafft hat, und zwar gerade in jenes Evangelium, dem zufolge Jesus sagt, er sei nicht gekommen, die Welt zu richten, sondern zu retten (Joh 12,47). Aber das, was die Kirche sich selbst ins Stammbuch schreibt, muss sie auch beherzigen. Sie hat mit Petrus (Mt 16,19) und der Gemeinschaft der Apostel (Mt 18,18) die Binde- und Lösegewalt (vgl. Joh 20,23), nicht um den Weg ins Reich Gottes zu versperren (Mt 23,13), sondern um ihn zu ebnen. Deshalb ist die Barmherzigkeit Gottes eine große Verheißung; die ganze Kirche lebt von ihr.[1]

Ein Jahr der Barmherzigkeit auszurufen, ist aber nicht nur eine große Verheißung, sondern auch eine kleine Versuchung. Manche sehen sie darin, dass ein pastorales Laissez-faire ausgerufen werde. Das wäre in der Tat ein Versagen, weil Regeln, Gebote und Gesetze dem Schutz der Schwachen dienen und die Starken mäßigen sollen. Aber aufs Ganze gesehen, ist die katholische Kirche nicht sehr stark in der Gefahr, alles abzusegnen.

Eine andere Versuchung, die lauert, ist vielleicht noch gefährlicher. Sie ist mit der Verheißung der Barmherzigkeit selbst gegeben. Denn wer barmherzig sein kann, hat einen privilegierten Status. Wer barmherzig ist, kann es sich leisten; wer auf Barmherzigkeit angewiesen ist, muss sich schlecht fühlen. Barmherzigkeit setzt voraus, etwas zu haben, was andere nicht haben: Geld und gute Worte, Moral und Glaubenswissen, einen reichen Schatz an Gnadenmitteln. Es ist gut, diesen Besitz nicht zu horten, sondern aus ihm anderen etwas abzugeben, die es nötig haben. Er wird ja durch Teilen nicht weniger, sondern mehr. Aber Barmherzigkeit kann immer nur von oben herab erwiesen werden. Wer auf dem hohen Ross sitzt, muss sich besonders tief bücken – wie der heilige Martin, der seinen Mantel geteilt hat. Wie kann er zum Vorbild für die Kirche heute in der Nachfolge Jesu werden?

Es ist eine Versuchung, von oben herab gönnerhaft beide Augen zuzudrücken: „Kopf hoch", sagt man dann in Deutschland, „Schwamm drüber, alles nicht so schlimm gewesen". Wie soll das eine Verheißung sein, Schuld und Not loszuwerden? Notleidende wie schuldig Gewordene würden mit ein paar Brocken abgespeist, die ihnen hingeworfen würden.

---

[1] Vgl. W. Kasper, Barmherzigkeit. Grundbegriff des Evangeliums – Schlüssel des christlichen Lebens, Freiburg i. Br. 2012.

Es ist eine Versuchung, anderen Barmherzigkeit so zu erweisen, dass sie zwar ein paar milde Gaben bekommen, aber dadurch nur noch länger in Abhängigkeit gehalten werden. Das positive Gegenbeispiel liefert Petrus nach der Apostelgeschichte, als er zusammen mit Johannes an der Schönen Pforte des Jerusalemer Tempels einen Gelähmten sieht, den man dort Tag für Tag zum Betteln bringt. Als der Mann, wie er nicht anders kann, die Passanten um eine kleine Spende bittet, erklärt ihm Petrus: „Silber und Gold habe ich nicht. Doch was ich habe, gebe ich dir. Im Namen Jesu, des Nazoräers, steh auf und geh!" (Apg 3,6). Dieser Mensch hat Barmherzigkeit so erfahren, dass er ihrer auf diese Weise nicht mehr bedarf: Er braucht nicht mehr um Almosen zu betteln. Er kann jetzt auf eigenen Füßen stehen und sein Leben meistern.

Die größte Versuchung im Jahr der Barmherzigkeit – und in jedem Jahr des Herrn – besteht aber für diejenigen, die es ausrufen, darin, zu glauben, dass sie auf dem hohen Ross der Moralität fest im Sattel sitzen und dass ihnen dieser Platz gebührt. Wer hat ihnen die Steigbügel gehalten? Wer hat sie in den Sattel gesetzt? Wer hat ihnen das Reiten beigebracht? Von wem haben sie das Pferd?

Seine Jünger fragt Jesus: „Was siehst du den Splitter im Auge deines Bruders, den Balken in deinem Auge aber erkennst du nicht? Oder wie kannst du zu deinem Bruder sagen: ‚Lass, ich werde dir den Splitter aus deinem Auge ziehen' – und siehe, ein Balken steckt in deinem Auge?" (Mt 7,3f. par. Lk 6,41f.). Die ganze Bergpredigt ist eine Lektion, die Jesus seinen Jüngern erteilt, damit sie in seiner Nachfolge die kleine Versuchung der Barmherzigkeit bestehen und die große Verheißung der Barmherzigkeit wahrmachen. Die Bergpredigt ist eine große Lehre Jesu nicht nur über die Barmherzigkeit, sondern auch über die Gerechtigkeit. Sie ist eine große Warnung vor der Heuchelei, der Versuchung der Frommen. Ohne Barmherzigkeit ginge die Welt zugrunde. Ohne Gerechtigkeit wird die Barmherzigkeit Heuchelei.

2. Die Seligpreisung der Barmherzigen

Am Anfang der Bergpredigt stehen die Seligpreisungen. Sie richten sich an die Jünger (Mt 5,1f.). Aber Jesus redet seine Jünger so an, dass die Menge am Fuß des Berges jedes Wort verstehen kann – so dass die Menschen zu staunen beginnen und sich fragen sollen, ob sie selbst in die Schule Jesu gehen wollen, um zu seinen Jüngern zu gehören (Mt 7,28f.). Das hat sich bis heute nicht geändert. Das Zweite Vatikanische Konzil hat erklärt: „In der Heiligen Schrift kommt ja der Vater, der im Himmel ist, seinen Kindern in Liebe entgegen und nimmt mit ihnen das Gespräch auf"[2]. Diese Kinder, die mit Gott sprechen wollen, sind zuerst die Gläubigen, aber sie sollen das Buch nicht verstecken, sondern vor aller Welt öffnen, damit auch andere über den Text in das Gespräch mit Gott einsteigen können. Das Matthäusevangelium ist geschrieben worden, damit die Gläubigen in die Schule Jesu gehen und dort so unterrichtet werden, dass sie seine Botschaft kompetent weiter verbreiten können – auf der ganzen Welt (Mt 28,19f.). Die Bergpredigt ist die erste große Rede, die Jesus nach dem Matthäusevangelium hält. Sie ist ein Kompendium seiner Verkündigung, aber sie ist mehr: sie ist eine Einladung, Gott über das eigene Leben bestimmen zu lassen; sie ist ein Zeugnis des Glaubens, in dessen Mitte das Vaterunser steht; sie ist ein Wegweiser, der nicht auf den *Highway to hell*, sondern auf den schmalen Pfad des Lebens führt (Mt 7,14f.).

Die Seligpreisungen stehen am Anfang der Bergpredigt, weil Gott nicht darauf wartet, dass die Menschen umkehren, bis er ihnen sein Reich verheißt, sondern weil er in seiner Liebe allem menschlichen Denken und Handeln zuvorkommt. Er kommt den Menschen entgegen – nicht um sie zu überwältigen, sondern um sie zu gewinnen und zu ändern. Diese Bewegung bringt gerade die matthäische Version der Seligpreisungen zum Ausdruck.

---

2   Dogmatische Konstitution „Dei Verbum" über die Göttliche Offenbarung, Nr. 21.

2.1 Selig ...

Die Seligpreisung ist nicht nur eine Gratulation. „Herzlichen Glück-wunsch" wäre als Übersetzung zwar gut gemeint, aber nicht gut. Die Seligpreisung verweist auf das Reich Gottes. Wer selig ist, ist über-glücklich: Die Seligen sind von Gott berührt; sie haben ihn erfahren; sie hoffen auf ihn; sie wissen im Glauben, dass die Verheißung Jesu wahr ist. Nicht von ungefähr werden die Seligpreisungen als Evange-lium an Allerheiligen verkündet. Die „Seligkeit", die sie zusagen, ist das himmlische Glück, das Gott selbst schenkt. Es gehört zum Ju-bel der himmlischen Vollendung. Aber Jesus vertröstet die Menschen nicht auf ein Jenseits, das fern wäre. Er zeigt vielmehr, wie nahe Gott ist. Er zeigt es an Menschen, die sich bereits gegenwärtig von Gott er-greifen und verändern lassen.

Diese Veränderungen hat der Evangelist Matthäus in seiner Ver-sion der Seligpreisungen (Mt 5,3–12) stärker als Lukas in seiner kür-zeren Variante betont, die nur die Armen, die Hungernden und Wei-nenden, dann aber auch die um ihres Glaubens willen Verfolgten nennt (Lk 6,20ff.). Bei Matthäus sind die Seligpreisungen ein Spie-gel des Lebens in der Nachfolge Jesu. Alles von Gott zu erwarten; zu trauern, wo gelitten wird; nicht mit Gegengewalt zu reagieren, wo Ge-walt ausgeübt wird; nach der Gerechtigkeit zu hungern und zu dürs-ten; barmherzig zu sein; ein reines Herz zu haben; Frieden zu stif-ten; um der Gerechtigkeit willen verfolgt, beschimpft, beleidigt zu werden – einen gibt es, der all dies vereint: Jesus. Viele gibt es, die es verbinden sollen, so gut sie können: seine Jünger. Die Seligpreisun-gen sind ein Portrait Jesu selbst. Sie können deshalb ein Vorbild für seine Jünger sein – und alle, die sich ihnen anschließen mögen. Die Seligpreisungen nennen nicht Voraussetzungen, die erfüllen muss, wer der Liebe Gottes würdig werden will. Sie bringen vielmehr die Verheißung zum Ausdruck, dass es – Gott sei Dank – bereits jetzt ein Leben geben kann, das von Gottes Reich bestimmt wird. Augustinus hat die Seligpreisungen als Weg der Jüngerschaft beschrieben: „Sie-ben (sc. Seligpreisungen) sind es, die den Weg der Vervollkommnung weisen. Die achte aber klärt und zeigt, was Vollkommenheit meint, sodass ebenso, wie durch diese Stufe die früheren vervollkommnet werden, sie wieder zum Anfang zurückführt"– und der Weg von vor-ne beginnt: als Arme Gottes Gottheit anzuerkennen, als Trauernde zum Mitleid zu finden, als Sanftmütige das Wichtige zu erkennen, als Hungernde die wahren Güter zu erstreben, als Barmherzige Erbarmen zu üben, als Herzensreine ein gutes Gewissen zu haben, als Friedensstifter Ruhe in Weisheit zu finden und als Verfolgte wieder von vorne anzufangen.[3]

2.2 ... die Barmherzigen; ...

Die fünfte Seligpreisung lautet: „Selig die Barmherzigen; denn sie werden Barmherzigkeit finden" (Mt 5,7). Was Barmherzigkeit ist und wer barmherzig ist, kann man in den Evangelien am besten an Jesus ablesen. Matthäus setzt klare Akzente. Seine Sprache ist aus katechetischen Gründen von solcher Präzision, dass die Konkordanz eine gute Orientierung verschafft.[4]

„Erbarme dich unser, Sohn Davids" (Mt 9,27), „Erbarme dich meiner, Herr, Sohn Davids" (Mt 15,22), „Herr, erbarme dich meines Sohnes" (Mt 17,15), „Herr, erbarme dich unser, Sohn Davids" und noch einmal: „Herr, erbarme dich unser, Sohn Davids" (Mt 20,30.31; vgl. 20,34) – in keinem anderen Evangelium wird Jesus so oft mit jener Bitte angerufen, die in die Liturgie der Eucharistiefeier eingegangen ist. Durchweg bitten Menschen um sein Erbarmen (eleéo), denen niemand sonst in ihrem Elend helfen konnte: in ihrer Blindheit (Mt 9,27; 20,30f.), in ihrer Sorge um die Besessenheit (Mt 15,22) und die unheimliche Krankheit (Mt 17,15) des eigenen Kindes. Die Bitte richtet sich durchweg an den Davidssohn, den Kyrios. Dem Davidssohn, dem Kyrios Jesus trauen die Notleidenden zu, Macht zu haben – die Macht Gottes selbst – und Barmherzigkeit zu üben – die Barmherzigkeit Gottes selbst. Der „Davidssohn" ist der messianische König von Israel, dessen vornehmste Aufgabe die Sorge für die Schwachen ist. Der Kyrios ist der Repräsentant Gottes auf Erden, der, mit dem Namen Jesu verbunden, die Kranken nicht verachtet, sondern verwandelt: zu gesunden Menschen. Beides zusammen, das Vertrauen auf

---

3   De sermone Domini in monte (Corpus Christianorum. Series Latina 35), ed. Almut Mutzenbecher, Turnhout 1967, I/3 10.

4   Vgl. T. Söding, Barmherzigkeit – Gottes Gabe und Aufgabe. Neutestamentliche Orientierungen in einem zentralen Begriffsfeld, in: G. Augustin (Hg.), Barmherzigkeit leben. Eine Neuentdeckung der christlichen Berufung, Freiburg i. Br. 2016, 19–34.

die Macht und die Güte Gottes, verdichtet sich im Ruf nach Barmherzigkeit. Er verhallt nicht ungehört. Das Evangelium richtet die Aufmerksamkeit nicht darauf, *wie* Jesus in diesen äußerst schwierigen Fällen Barmherzigkeit erwiesen hat, sondern, *dass* er Barmherzigkeit hat walten lassen und welche Folgen dies zeitigt: Die Blinden können wieder sehen; die von Dämonen geplagte Tochter einer heidnischen Frau wird gerettet; der mondsüchtige Sohn eines schier verzweifelten Vaters wird gesund. Die Barmherzigkeit ist effektiv; sie macht sich überflüssig, weil sie Not behebt; sie bleibt präsent: im Guten, das sie wirkt.

Was Jesus einzelnen Kranken zukommen lässt, versagt er auch dem Volk nicht. Er „erbarmt *(splagchnizo)*" sich der Menschen, „weil sie müde und erschöpft waren, wie Schafe, die keinen Hirten haben" (Mt 9,36), weil sie viele Krankheiten kennen (Mt 14,14) und weil sie hungrig sind (Mt 15,32). Er schickt ihnen Hirten, die sie weiden sollen: die Apostel; er gibt ihnen durch seine Jünger Brot in Hülle und Fülle – als Zeichen des himmlischen Brotes, das sie nie mehr hungern lässt.

Zweimal beruft sich Jesus, um seine Praxis zu erläutern, auf den Propheten Hosea und das von ihm tradierte Gotteswort: „Barmherzigkeit *(éleos)* will ich, nicht Opfer" (Hos 6,6) – einmal, als er kritisiert wird, den Zöllner Matthäus in die Nachfolge gerufen zu haben und mit Sündern Mahl zu halten (Mt 9,9–13), ein andermal, als ihm vorgeworfen wird, seine Jünger würden die Arbeitsruhe am Sabbat nicht einhalten, weil sie sich *en passant* mit Ähren vom Felde versorgt haben (Mt 12,1–8). Beide Male nimmt Jesus Gott für sein Handeln in Anspruch. Beide Male stellt er eine Hierarchie der Wahrheiten auf, in der die Liebe ganz oben steht – weil sie die Kraft hat, die Sünde zu überwinden und den Tag des Herrn mit Leben zu erfüllen. Die Opfer, die Gott nicht will, sind die eines harten Herzens; das Opfer, das ihm gefällt, ist die Barmherzigkeit selbst.[5]

Diese Praxis Jesu, die Barmherzigkeit Gottes walten zu lassen, so dass sich die Notlage der Menschen nachhaltig verändert, soll auch die Praxis seiner Jünger werden. An einer Stelle wird es nach Matthä-

---

5   Das „nicht" hat keinen adversativen, sondern – ein Hebraismus – einen komparativen Sinn; so verläuft der große Strom jüdischer und christlicher Exegese von Hosea und Matthäus; vgl. U. Luz, Das Evangelium nach Matthäus II (EKK I/2), Neukirchen-Vluyn 1990, 44f.

us ernst. In seiner vierten Rede behandelt Jesus die Frage, wie mit in-
nergemeindlichen Konflikten umzugehen ist, mit Schuld und Versagen im Jüngerkreis (Mt 18). Die Richtung ist eindeutig: „Wie oft muss
ich meinem Bruder vergeben, der sich an mir versündigt hat? Bis zu
siebenmal?", fragt Petrus (Mt 18,21) und geht dabei doch schon ziem-
lich weit auf dem Weg der Barmherzigkeit. Aber er geht noch nicht
weit genug: „Nicht bis siebenmal, sondern bis siebzigmal siebenmal"
(Mt 18,22), antwortet Jesus und begründet sein Votum mit einer Parabel (Mt 18,23–35): dass einem Knecht von seinem Herrn, den er um
eine Stundung angefleht hatte, aus Barmherzigkeit *(splagchnéo)* eine
astronomisch hohe Summe, zehntausend Talente, erlassen worden
sei, dass er selbst es aber nicht übers Herz gebracht habe, einem Mit-
knecht, der ihm sehr viel weniger, 100 Denare, nicht zurückerstat-
ten konnte und ihn mit seinen eigenen Worten angefleht hatte, einen
Nachlass zu gewähren. Darauf kommt es zum Schwur: „Musstest du
dich nicht deines Mitknechtes erbarmen *(eleéo)*, wie auch ich mich
deiner erbarmt *(eleéo)* habe"? (Mt 18,33). Das Ergebnis in der Gleich-
nisgeschichte ist die Aufkündigung des Schuldenerlasses. Diese Re-
vision darf nicht soteriologisch dogmatisiert werden; das wäre eine
metábasis eis allon genos. Aber das Gleichnis zeigt: Barmherzigkeit verpflichtet: zu Barmherzigkeit. Wäre es anders, wäre sie amoralisch. Die
Jünger sollen sich in denen wiedererkennen, denen eine sehr große
Schuld vergeben worden ist: und daraus die Konsequenz ziehen, einander die Schuld zu vergeben, die sie begangen haben. Gott wird auf
diese Entsprechung achten – beim Jüngsten Gericht. Das Gleichnis ist
das passende Gegenstück zur Seligpreisung der Barmherzigen.

Was Barmherzigkeit ist, hat Gregor von Nyssa in seinen Predigten über die Makarismen so ausgedrückt: „Wir können nämlich die
Barmherzigkeit auch als eine liebevolle Teilnahme des Herzens bezeichnen denen gegenüber, welche von schwerem Ungemach heim-
gesucht sind. Wie nämlich das harte, unmenschliche Wesen vom
Hasse seinen Ausgang nimmt, so erblüht die Barmherzigkeit sozusagen aus der Nächstenliebe"[6]. Diese Barmherzigkeit wird von Jesus ge-

---

6   Gregorii Nysseni Opera 7,2: De oratione dominica. De beatitudibus, ed. J. F. Cal-
     lahan, Leiden 1992, V 4 (126,24–29; MPG 1252). Cf. T. BÖHM, Gregor von Nyssa,
     De beatitudines, Oratio V. „Selig die Barmherzigen, denn sie werden Barmher-
     zigkeit erlangen", in: H. R. Drobner – A. Viciano (ed.), Gregory of Nyssa. Homi-
     lies on the Beatitudes (Vigiliae Christianae 52), Leiden et al. 2000, 165–184.

lebt – nicht nur als Vorbild, dem es nachzueifern gilt, sondern auch als Christus, der allen, die ihm nachfolgen, die Barmherzigkeit Gottes schenkt, um ihre Not zu beenden und ihre Schuld zu vergeben.

Die Barmherzigen, die Jesus seligpreist, können sich in den Armen wiedererkennen, die alles von Gott erwarten; in den Trauernden, die eigenes und fremdes Unglück nicht an sich abperlen lassen, sondern Gott vor Augen stellen; in den Sanftmütigen, die lieber Unrecht erleiden, als Unrecht zu tun, weil Gott ihnen Recht verschaffen wird; in denen, die nach Gerechtigkeit schreien, weil sie nicht nur für sich, sondern für alle Opfer das Beste wollen und weil sie wissen, dass nur Gott es in Vollendung schaffen kann; in den Herzensreinen, weil Gott ihr Herz gereinigt hat und sie sich für Gott bereiten; in den Friedensstiftern, weil Gott den Frieden stiftet, den kein Krieg mehr bedrohen wird; in den Verfolgten, weil Gott ihnen nahe ist und ihr Leid in Freude wandeln wird. So kann aber auch umgekehrt gesagt werden: Wer arm im Geiste ist, ist barmherzig, weil er sein Herz von Gottes Reichtum füllen lässt; wer trauert, ist barmherzig, weil sein Herz mitfühlt; wer sanftmütig ist, ist barmherzig, weil sein Herz voll Liebe schlägt; wer nach Gerechtigkeit hungert und dürstet, ist barmherzig, weil sein Herz nicht hart ist; wer ein reines Herz hat, ist barmherzig, weil die Reinheit des Herzens gerade in der Liebe besteht; wer Frieden stiftet, ist barmherzig, weil sein Herz vom Frieden Gottes bewegt wird; wer um der Gerechtigkeit willen verfolgt wird, ist barmherzig, weil sein Herz sonst längst vom Unrecht beherrscht würde.

2.3 ... denn sie werden Barmherzigkeit erlangen.

Warum werden die „Barmherzigen" seliggepriesen? Ist es nicht so, dass sie vielfach ausgenutzt werden? Sind die Enttäuschungen nicht vorprogrammiert? Ist die „Barmherzigkeit" nicht prinzipiell vergeblich, weil sie ja immer nur auf Not und Schuld reagieren kann?

Die Seligpreisungen sind realistisch: Unverständnis, Unvermögen und Unglauben werden nicht aus-, sondern eingeblendet. Sie bestimmen aber nicht über den Sinn des Lebens, weil Gott über ihn bestimmt. Sie öffnen die Augen für das richtige Leben mitten im falschen. Barmherzigkeit ist ein erstklassiger Indikator, dass, wo und wie die Himmelsherrschaft nahe ist (Mt 4,17).

Diejenigen, die barmherzig sind, haben die Barmherzigkeit Gottes erfahren. Sie sind von ihr berührt, sie haben sie gespürt – am eigenen Leibe, tief in ihrem Herzen und weit in ihrer Seele. Das macht sie selig – und würde sie traurig machen, wenn sie Gottes Barmherzigkeit nicht weitergeben wollten. Sie haben aber diese Barmherzigkeit nicht für sich behalten, sondern für andere verwendet. Von Jesus belehrt, der Gesetz und Propheten erfüllt, wissen sie: Der einzige, der voll und ganz nur barmherzig sein kann, ist Gott, der Vater, der Schöpfer des Himmels und der Erde, der Herr und Hirte der Menschen, ihr Retter. Wer das im Glauben weiß, steht nicht in der Gefahr, selbst ein Gott für andere sein zu wollen. Gründlicher kann der Hochmut nicht bekämpft werden. Von Jesus belehrt, wissen die Jünger auch: Sie ahmen Gott nach, wenn sie barmherzig sind (vgl. Mk 5,48 par. Lk 6,36). Ein größeres Glück kann es nicht geben, als sich von Gott geliebt zu wissen und diese Liebe weiterzugeben.

Man kann aber noch weitergehen: Nur wer Gottes Barmherzigkeit erfahren hat, kann selig sein – wie der jüngere, der verlorene Sohn im Gleichnis Jesu, der alles verspielt hat, und dennoch, nachdem er in sich gegangen und umgekehrt ist, neu anfangen kann: als Sohn, weil sein Vater ihn liebt (Lk 15,11–32).[7] Nur im Horizont der Barmherzigkeit Gottes kann erkannt werden, dass menschliche Barmherzigkeit, die immer begrenzt bleibt, immer eine Zukunft hat, die über diese Grenze hinaus führt. Die Seligkeit ist jenes Glück, dem verheißen ist, nicht zu zerbrechen. Gott allein kann in seiner Barmherzigkeit diese Verheißung einer glücklichen Zukunft, eines seligen Endes geben, weil nur er sie bewahrheiten kann. Deshalb sind diejenigen selig, die barmherzig sind, wie Gott barmherzig ist. Ob ihnen das bewusst wird, ist eine andere Frage. Denn nach dem Gleichnis vom Weltgericht sind diejenigen, die Werke der Liebe getan haben, ganz überrascht, dass sie dem Menschensohn begegnet sind, der sich mit dem geringsten seiner Brüder identifiziert (Mt 25,31–46). Wer glaubt, hat nur den großen Vorteil, jetzt schon selig sein zu können, weil er Jesus sein Wort abnimmt. Leo der Große deutet es so: „Die Erwartung, die du an deine guten Werke knüpfst, wird nie enttäuscht werden. Alle deine Wünsche werden sich erfüllen. Ewig wirst du genießen,

---

7   Cf. T. SÖDING, Eine Frage der Barmherzigkeit. Das Gleichnis vom verlorenen Sohn, in: Communio (D) 45 (2016) 215–229.

woran deine Liebe hängt"[8]. Wer sich gut fühlt, weil er etwas Gutes getan hat, ohne Hintergedanken; wer getröstet von einem Krankenbesuch zurückkehrt; wer sich reich beschenkt fühlt, weil er etwas abgegeben hat; wer Frieden findet, weil er Frieden gestiftet hat – der hat schon einen kleinen Vorgeschmack erhalten von der Barmherzigkeit, die Gott verspricht.

Warum aber sind diejenigen, die anderen Menschen Barmherzigkeit erweisen, ihrerseits auf Barmherzigkeit angewiesen? Warum sind sie nicht schon selbst mit sich, mit Gott und der Welt im Reinen? Weshalb müssen sie immer wieder und bis zum Ende auf Gottes Barmherzigkeit setzen, die sie doch bereits erfahren haben müssen, bewusst oder nicht, wenn sie barmherzig sind?

Eine Antwort muss zuerst auf die Heuchler verweisen, die zwar Barmherzigkeit predigen und üben, aber damit nur ihre Großzügigkeit und Weitherzigkeit zur Schau stellen wollen. Jesus hat die Heuchelei als Versuchung der Frommen in seinem kleinen Lehrstück über die Almosen, das Gebet und das Fasten vor Augen geführt (Mt 6,1–18). Ein Heuchler ist nicht nur, wer anders handelt, als er redet, sondern auch, wer das Gute, das er tut, um des eigenen Images willen tut. Insofern ist die Heuchelei eine große Gefahr, gerade bei der Barmherzigkeit, die so offenkundig anderen zugutekommt, wie beim Paradebeispiel des Almosens, das Jesus deshalb an die erste Stelle der Warnungen rückt (Mt 6,1–4). Die Psychologie kann erklären, dass es das reine Gute in der menschlichen Seele nicht gibt, sondern dass immer Hintergedanken und Nebengeräusche im Spiel sind. Deshalb ist ein Heuchler nicht immer der andere, auf den man mit dem Finger zeigen kann, sondern immer auch man selbst.

Dennoch reicht der Verweis auf die Heuchler nicht aus. Die Bergpredigt macht kein schlechtes Gewissen, wenn man ein gutes Werk vollbringt. Sie weist nur über das hinaus, was Menschen beim besten Willen tun können. Möglich ist, dass Heuchler erfolgreich und glücklich sind, zumal wenn andere ihnen Beifall klatschen. Aber sie sind nie und nimmer „selig". Im Gegenteil: „Sie haben ihren Lohn schon dahin" (Mt 6,2.5.16). Deshalb muss nach einer tieferen Begründung

---

8   Sermones XCI,7: Sancti Leonis Magnis Sermones: MPL 54, 464 (370 C); Sermons IV (Sources chrétiennes 200), ed. René Dolle, Paris 1973 (2000), 238–241.

gesucht werden, warum die Barmherzigen auf Gottes Barmherzigkeit verwiesen werden und angewiesen bleiben müssen.

Diese Erklärung findet sich in der Verheißung selbst. Die Barmherzigkeit, die den Barmherzigen verheißen wird, steht in einer Reihe mit den anderen Seligpreisungen: ins Reich Gottes zu gelangen, getröstet zu werden, die Erde zu erben, gesättigt zu werden, Gott zu schauen, Gotteskind genannt zu werden. Jesus macht nicht immer neue Versprechungen, sondern gibt die eine große Verheißung: die unendliche Nähe zu Gott, die vollkommene Teilhabe an seiner Liebe. Wenn die Barmherzigkeit, die verheißen ist, in solchen Dimensionen zu sehen ist, wird klar: Ein Mensch kann sich noch so sehr bemühen, er kann noch so sehr über sich selbst hinauswachsen, er kann sich noch so sehr im Dienst am Nächsten zerreißen – er wird nie so viel moralischen Kredit erwerben können, dass er daraus ableiten könnte, einen Anspruch auf die besten oder auch nur auf die schlechtesten Plätze im Reich Gottes zu haben. Das Reich Gottes ist und bleibt ein Geheimnis, so lange Menschen leben. Aber eines ist klar: Wenn das Reich Gottes keine Illusion ist, dann ist es unendlich besser und schöner als alles, was Menschen sich erarbeiten, erwarten oder erträumen können.

Warum aber bedürfen die Barmherzigen ausgerechnet wieder der Barmherzigkeit? Reicht es nicht, wenn sie einfach auf Gerechtigkeit setzen, auf die Anerkennung ihres guten Willens? Eine vertiefte Antwort führt über die dialektische Eschatologie Jesu. Für ihn ist das Reich Gottes ja keine ferne Utopie, sondern die verborgene Realität des alltäglichen Lebens – und deshalb die Zukunft aller menschlichen Zukunft. In dieser Zeit gilt die Seligpreisung, in ihr kommt es auf Barmherzigkeit an, nicht mehr im vollendeten Reich Gottes, das aller Not und Schuld ein Ende macht. Wer barmherzig im Sinn der Seligpreisung Jesu ist, bleibt demütig. Denn barmherzig kann nur sein, wer selbst reich und überreich mit Gottes Barmherzigkeit beschenkt worden ist. Diese Barmherzigkeit nicht für sich zu behalten, sondern wirken zu lassen und deshalb weiterzugeben, ist der tiefe Sinn der Nachfolge Jesu, um die es in der Bergpredigt ja geht. Deshalb ist die Seligpreisung der Barmherzigen, die Barmherzigkeit erlangen werden, nicht nur der Verweis auf Gottes Zukunft im Jenseits, sondern auch auf Gottes Gegenwart im Hier und Jetzt. Die menschliche Barmherzigkeit verweist immer auf die größere Barmherzigkeit Gottes, aus der sie stammt und auf die sie verweisen muss, wenn sie nicht vergeblich sein will. Wer Barmherzigkeit übt, kann es nur im Wissen, auf Gottes größere Barmherzigkeit angewiesen zu sein, ohne die es keine Zukunft gäbe, für die Helfer nicht, aber auch für die Bedürftigen nicht. Mehr noch: Wer helfen kann, bleibt selbst bedürftig, als schwaches Menschenkind, und soll sich dies nicht verbergen, weil es andere gibt, die im Moment noch schwächer sind. Selig sind die Barmherzigen, weil sie, so die Verheißung Jesu, auf Gott vertrauen dürfen, dass ihre Barmherzigkeit nicht vergeblich bleibt, selbst wenn sie im Moment nicht so effektiv ist wie erhofft: Gott wird sie vollenden.

3. Die Fülle der Gerechtigkeit in der Barmherzigkeit

Die Seligpreisung der Barmherzigen ist von einer doppelten Seligpreisung derer gerahmt, die nach Gerechtigkeit hungern und dürsten (Mt 5,6), aber auch um ihretwillen verfolgt werden (Mt 5,11). Die Werke der Barmherzigkeit, die Jesus ans Herz legt, stehen unter dem Vorzeichen, die Gerechtigkeit nicht „vor den Menschen" zu üben, so dass die ganze Welt eine Bühne der eigenen Moralität wird (Mt 6,1). Thomas von Aquin hat diesen Zusammenhang gesehen und deshalb zur Seligpreisung der Barmherzigen in seinem Matthäuskommentar geschrieben: „Gerechtigkeit ohne Barmherzigkeit ist Grausamkeit, Barmherzigkeit ohne Gerechtigkeit ist die Mutter der Auflösung"[9].

Zum ersten hilft Thomas, auf den Zusammenhang zwischen Theologie und Philosophie zu achten. Denn Barmherzigkeit und Gerechtigkeit haben in der Bergpredigt eine spezifisch theologische, aber sie haben keine wesentlich andere Bedeutung als außerhalb der Bergpredigt. Jesus lehrt keine Sondermoral. Er redet so, dass die Menschen guten Willens verstehen können, was er sagt, auch wenn sie nicht den Glauben an das Evangelium des Himmelreiches teilen. Thomas unterscheidet zwischen der himmlischen und der irdischen Gerechtigkeit, der göttlichen und der menschlichen Barmherzigkeit;

---

9 Super Matthaeum V 2: iustitia sine misericordia crudelitas est, misericordia sine iustitia mater est dissulitionis: S. Thomas Aquinatis super Evangelium S. Matthaei Lectura, ed. P. Raphaelis Cal O.P., Editio V revisa, Taurini 1951, 429.

aber er trennt sie nicht. Beides kann philosophisch und psychologisch nachvollzogen werden, wie es theologisch stimmig ist. Deshalb kann auch der aktuelle Gerechtigkeitsdiskurs helfen, die Seligpreisungen besser zu verstehen.[10]

Zum zweiten hilft Thomas, auf den Zusammenhang zwischen den Seligpreisungen und der gesamten Bergpredigt zu achten. Jesus erklärt im Anschluss, dass er nicht gekommen sei, Gesetz und Propheten aufzulösen, sondern zu erfüllen (Mt 5,17–20). Er lässt also entdecken, was ihren ureigenen Sinn ausmacht. Nach der neutestamentlichen Jesustradition ist dieser volle Sinn der Tora und der Prophetie die Agape in ihrer Einheit von Gottes- und Nächstenliebe (Mt 22,34–40). Sie führt zur überfließend größeren Gerechtigkeit der Jünger, die aus der Verheißung der Gerechtigkeit lebt. Sie zeigt sich paradigmatisch in den Werken der Barmherzigkeit, Spenden, Beten und Fasten, die Jesus im Anschluss charakterisiert (Mt 6,1–18). In seiner letzten Rede nach dem Matthäusevangelium, den Weheworten gegen die Pharisäer und Schriftgelehrten, nennt Jesus „Gerechtigkeit, Barmherzigkeit und Glauben" als die entscheidenden Kriterien der Tora-Hermeneutik (Mt 23,23) – und legt damit auch seine Jünger auf diese Grundsätze fest.

Zum dritten hilft Thomas, auf den Zusammenhang der Seligpreisungen selbst zu achten. Der Hunger und Durst nach Gerechtigkeit (Mt 5,7) äußert sich, wenn er nicht zur Bitterkeit, sondern zur Seligkeit führt, nicht in Unbarmherzigkeit, sondern in Barmherzigkeit. Barmherzigkeit ist, umgekehrt, genuin Ausdruck dieses Hungers und Durstes nach einer Gerechtigkeit, die vermisst wird, aber keine Illusion, sondern eine Vorgabe Gottes ist. Die Verfolgung um der Gerechtigkeit willen könnte Rache und Vergeltung begründen, soll aber zur Feindesliebe und damit auch zur Barmherzigkeit führen – die sich gerade an den Unbarmherzigen zu bewähren hat. Umgekehrt ist dem Dienst der Barmherzigkeit keine allgemeine Anerkennung verheißen, sondern vielfach Verdächtigung und Verleumdung beschieden, ohne dass es deshalb einen Dispens von ihr gäbe.

---

10   Hohe Aufmerksamkeit findet J. Rawls, A Theory of Justice (1971). Rev. ed., Cambridge (Mass.) 1999; ders., Justice as Fairness. A restatement, Cambridge (Mass.) 2001. Ihm fehlt aber der Sinn für die religiösen Dimensionen des Themas.

Die Verbindung mit der Gerechtigkeit prägt aber auch die Seligpreisung selbst. Dass diejenigen, die „barmherzig" sind, „Barmherzigkeit finden", ist eine tiefe Entsprechung, die dem Prinzip der Gerechtigkeit folgt. Die erste Strophe der Seligpreisungen arbeitet mit harten Kontrasten, um die ausgleichende Gerechtigkeit vor Augen zu führen: Der Armen wird Gottes Reich sein; die Trauernden werden getröstet werden; diejenigen, die keine militärische Okkupation planen, werden als Erben die Erde besitzen; die Hungernden werden gesättigt werden. Die zweite Strophe hingegen arbeitet, bevor der Schluss wieder auf den Anfang zurücklenkt, mit starken Entsprechungen: Es sind die im Herzen Reinen, die Gott schauen werden; es sind die Friedensstifter, die sich ihrer Gotteskindschaft freuen werden. Hier herrscht die austeilende Gerechtigkeit.[11] So sind es auch die Barmherzigen, denen Barmherzigkeit verheißen ist – aus Gründen der Gerechtigkeit. Denn das Prinzip der Gerechtigkeit lautet: *suum cuique* – jedem das Seine: Barmherzigkeit den Barmherzigen.

Wird dann aber nicht doch die Selbstgerechtigkeit gefeiert? Wenn die Barmherzigen auf Barmherzigkeit hoffen dürfen – was ist dann mit den Unbarmherzigen und mit denen, die so sehr in Not und Elend sind, dass sie auf Barmherzigkeit angewiesen sind, aber sie nicht anderen erweisen können? Die Antwort ergibt sich aus der Bergpredigt. Ganz unabhängig von der Beobachtung, dass die Armen meist ein weiteres Herz als die Reichen haben, gilt ja gerade, dass diejenigen, die auf Barmherzigkeit angewiesen sind, sie aber in ihrer Schwäche nicht selbst leisten können, durch den Einsatz derer, die es können, in die Lage versetzt werden sollen, die erfahrene Barmherzigkeit weiterzugeben und so die Seligkeit des Himmelreiches zu spüren. Solange sie das nicht können, stehen sie, die Armen, desto stärker im Licht der Gnade Gottes.

Die Unbarmherzigen hingegen sind eines gewiss nicht: selig. Aber sie sind eines gewiss: eben deshalb erbarmungswürdig. Jesus sieht in jedem Sünder auch den Menschen, der sich verirrt hat und den Weg zurück finden soll. Dazu bedarf es des Guten Hirten, der ihm nachgeht, voller Mitleid und Barmherzigkeit (Mt 18,12ff.; vgl. Lk 15,7–10).

---

11 Die Differenzierung zwischen ausgleichender und austeilender Gerechtigkeit folgt Aristoteles, Nikomachische Ethik. Griechisch und deutsch. Übersetzt von Olaf Gigon, Düsseldorf 2001, V 5,7 1131b–1132b.

Dieser Einsatz ist ein Gebot der Gerechtigkeit. Er wäre es nicht, wenn er Schuld und Sünde verdrängte; aber er deckt sie auf, um sie zu vergeben. Er ist es, weil Jesus durch Gott das Recht, die Kraft und die Güte hat, die Sünder zu Gerechten zu machen. Er ist der Arzt der Kranken (Mt 9,12). Durch seine Barmherzigkeit verhindert er eine Pandemie des Bösen. Die Opfer, die realen wie die potentiellen, werden es ihm am meisten danken. Die Jünger sollen ihm nachfolgen. Sie haben als erste von seinem Dienst profitiert.

Gerade um derer willen, die auf sie angewiesen sind, vertritt Jesus – mit dem Gesetz und den Propheten – das Ethos der Barmherzigkeit, das aus der Theologie der Barmherzigkeit folgt. Das ist gerecht – und nur weil es gerecht ist, auch barmherzig. Denn eine Barmherzigkeit, die sich als Gegensatz zur Gerechtigkeit verstände, wäre Willkür; sie wäre jederzeit reversibel; sie wäre Heuchelei, weil sie dem Willen Gottes nur scheinbar, aber nicht wahrhaftig entspräche. Eine Barmherzigkeit aber, die sich als Entsprechung zur Gerechtigkeit sieht, weiß, dass sie nicht ins Belieben gestellt ist. Anders als Gerechtigkeit kann Barmherzigkeit vor keinem Gericht dieser Welt, auch vor keinem Kirchengericht, eingeklagt werden. Aber sie muss getan werden – freiwillig, ungezwungen, überzeugt, weil sie ein Gebot des gerechten Gottes ist und weil Gott in seiner Gerechtigkeit nichts gebietet, was nicht seiner Barmherzigkeit entspricht. Wenn die menschliche Barmherzigkeit so aktiv werden kann, dass sie eine Notlage beendet und eine Schuld vergibt, partizipiert sie an der Barmherzigkeit Gottes, der sich das Elend der Menschen zu Herzen nimmt und in seiner Gerechtigkeit die Ungerechtigkeit der Menschen verwindet.

Gerechtigkeit ohne Barmherzigkeit wäre grausam, weil sie nicht Gerechtigkeit wäre, sondern nur Härte. Barmherzigkeit ohne Gerechtigkeit wäre die Mutter der Auflösung, weil sie nicht Barmherzigkeit wäre, sondern Heuchelei. Die kleine Versuchung, die im Jahr der Barmherzigkeit und in jedem Jahr des Herrn bestanden werden muss, ist die Verblendung, nicht selbst der Barmherzigkeit bedürftig zu bleiben, wenn man in der Lage ist, barmherzig zu sein. Die große Verheißung, unter der das Jahr der Barmherzigkeit und jedes Jahr des Herrn steht, ist die Himmelsherrschaft selbst, in der diejenigen Barmherzigkeit erlangen werden, die selig sein dürfen, weil sie die Chance, barmherzig zu sein, genutzt haben, und in der diejenigen gesättigt werden, die nach der Gerechtigkeit hungern und dürsten.

Markus Schulze

Wie kann man ‚Barmherzigkeit' von Gott aussagen?
Zur Theologie der ‚Misericordia' bei Thomas von Aquin

1. Hinführung zur Lehre des Thomas von Aquin von Gottes Barmherzigkeit

Auch wenn von der abendländischen Theologie zu Recht gesagt werden konnte, dass in ihr das Thema Barmherzigkeit meistenteils unterrepräsentiert bis abwesend[1] sei, von Thomas von Aquins Glaubenslehre gilt das nicht. Er gehört zu jenen „Autoren der Tradition, bei denen das Nachdenken über die Barmherzigkeit keineswegs fehlt"[2]. Aber worin besteht in dieser Hinsicht die eigentliche Leistung des Aquinaten? Was an einer Theologie der Barmherzigkeit ist nach ihm anders als vorher?

Um das herauszufinden, müssen wir uns zuerst der Grundspannung der christlichen Lehre von der Barmherzigkeit stellen, die darin liegt, dass sie Barmherzigkeit sowohl vom Menschen wie auch von Gott aussagt. Keine Frage: Um als Menschen überhaupt nur von Gottes Barmherzigkeit sinnvoll *sprechen* zu können, müssen wir zwar einerseits etwas davon zuerst und grundlegend im Bereich des Menschlichen, d.h. an uns selbst, *erfahren*, denn wäre Erbarmen gänzlich ausgeschlossen von der uns unmittelbar zugänglichen Wirklichkeit, würde die Rede von einer Barmherzigkeit Gottes uns Menschen nichts zu sagen haben. Andererseits sind wir nicht sicher,

---

1 Vgl. W. Kasper, Barmherzigkeit. Grundbegriff des Evangeliums – Schlüssel christlichen Lebens, Freiburg / Basel / Wien 2012, 9.
2 T. Marschler, Thomas von Aquin über die Barmherzigkeit, in: G. Augustin / M. Schulze (Hg.), Freude an Gott. Auf dem Weg zu einem lebendigen Glauben (FS Kurt Kardinal Koch), Freiburg / Basel / Wien 2015, 94.

ob das, was wir da in der konkreten Weltwirklichkeit als Erbarmen erleben, von der Art ist, dass wir es auf Gott übertragen können.

Mehr noch: Geschichtliche Rede von Misericordia verweist nicht nur nach hinten in die gemachten Erfahrungen menschlichen Lebens, sondern auch nach vorn in die Zukunftsgestalt gelingender Existenz, verfolgt sie doch das Ziel, uns Menschen barmherziger bzw. überhaupt barmherzig zu machen. Wenn das Evangelium vom barmherzigen Vater uns nicht berührt im Sinn einer sich am Leiden der Mitmenschen bewährenden Güte, dann ist dieses Evangelium vielleicht ergangen, aber es ist nicht angekommen.

So ist also Rede von Barmherzigkeit immer auch Anthropologie, menschenbezogene Rede, und zwar vom Menschen her und auf den Menschen hin. Erlebtes Menschsein ist Mitermöglichung von Barmherzigkeitsrede – und Barmherzigkeitsrede will ihrerseits verwandeltes, aus Gnade neugeschaffenes Menschsein erwecken. Eine Theologie[3] der Misericordia ist uns Menschen nicht möglich und nicht dienlich ohne Anthropologie der Misericordia. Aber wie kommen wir andererseits von der Anthropo-logie zur Theo-logie? In der Antwort auf diese Frage liegt nun eben die entscheidende Leistung des Thomas von Aquin. Barmherzigkeitsrede als *Gottes*rede ist durch ihn in einer Weise vertieft und erhellt worden, die bis heute exemplarischen Wert für sich in Anspruch nehmen kann und bei weitem noch nicht in all ihren Implikationen rezipiert ist.

Thomas äußert sich zwar durchaus *auch* zu den *moraltheologischen*[4] und spirituellen Aspekten der Barmherzigkeit[5] als einer

---

3   Als Rede von *Gott* im engeren Sinn, d. h. von Gott in seiner Göttlichkeit! Vgl. dazu: S Th I q 1 a 3 ad 1!

4   Rupert Angermair, Barmherzigkeit (II. Moraltheologisch), in: LThK², Band 1, 1254.

5   Vgl. Marianne Schlosser, Docere est actus misericordiae. Theologiegeschichtliche Anmerkungen zum Ethos des Lehrens, in: Münchener Theologische Zeitschrift 50 (1999) 54–74, worin gezeigt wird, wie originell und anregend der Doctor communis das Gedankengut der Überlieferung auf in seiner Zeit aktuelle Fragestellungen anwendet, indem er etwa den Vorwurf vieler Weltkleriker an den Mendikantenorden der Dominikaner, sie würden sich mit ihrem Streben nach Universitätslehrstühlen gegen die ihnen ins Stammbuch geschriebene Demut verfehlen, mit dem Argument zurückweist, dass die Tätigkeit eines Magisters, ja Lehren überhaupt ein Akt der Misericordia und damit eines der sieben Werke der geistlichen Barmherzigkeit sei, von welchen ein jedes Anlass und Grund dazu sein könne, einen Orden zu gründen! (Zu den sieben Werken der

menschlichen Tugend und Herzenshaltung und gibt dabei manchen Wink für die Lösung bestimmter Fragen, die sich aus der vielschichtigen und spannungsreichen[6] Phänomenologie der ‚Misericordia humana' geradezu zwangsläufig ergeben. Doch der Aquinate erforscht nicht nur, was es für den Inhalt des Misericordia-Begriffs bedeutet, wenn er auf den Menschen angewandt wird, er stellt sich der noch viel komplexeren Frage, was mit diesem Begriff geschieht, wenn seine Bedeutung Gott selbst zuerkannt wird.

Auf die hier entscheidende Schwierigkeit trifft man in dem theologiegeschichtlich wirksamen und bis heute nicht völlig ausgeräumten Zweifel, ob ‚Barmherzigkeit' von Gott lediglich metaphorisch oder nicht vielmehr unbildlich und also im eigentlichen Sinne ausgesagt werden kann. Für beide Positionen haben sich Theologen im Laufe der Zeit stark gemacht: „Es muss angemerkt werden, dass unter den Thomaskommentatoren keine Einmütigkeit herrscht im Hinblick auf die Art und Weise, wie Gott die Tugendhaltung der Barmherzigkeit zukommt. So etwa wollte Johannes Paul Nazarius[7], weil er sie eher im Hinblick auf die Weise betrachtete, wie sie sich im Menschen findet, die Barmherzigkeit Gott nur metaphorisch zuerkennen."[8] Diese

---

geistlichen Barmherzigkeit vergleiche man: J. Mausbach / G. Ermecke, Katholische Moraltheologie, Band 2, Münster / Westfalen [11]1960, 147, wo als zweites dieser Werke der geistlichen Barmherzigkeit die Bereitschaft, ‚die Unwissenden zu lehren', aufgeführt wird!)

6   Man denke hier etwa an die Tatsache, dass ein Mensch, der zuviel Mitleid / compassio empfindet und von diesem leidenschaftlichen Gefühl überflutet wird, die Misericordia als Tugend gerade nicht mehr leben und in der Hilfeleistung an Leidenden fruchtbar machen kann. Das bedeutet, dass der Gefühlsanteil des Erbarmens möglicherweise soweit geht, dass der Dienstanteil darin (d. h. die Befähigung, dem Leidenden wirksam Rettung zu bringen oder ihn wenigstens aufzurichten) lahmgelegt wird. siehe: T. Marschler, Thomas von Aquin über die Barmherzigkeit, 100–102.

7   Zu Johannes Paul Nazarius vgl.: Martin Grabmann, Die Geschichte der katholischen Theologie seit dem Ausgang der Väterzeit, Freiburg im Breisgau 1933, 163: „Sehr umfangreiche Kommentare zur ‚Summa' besitzen wir von Johannes Paulus Nazarius (†1646)." Überdies: B. Roling, Locutio angelica. Die Diskussion der Engelsprache als Antizipation einer Sprechakttheorie in Mittelalter und Früher Neuzeit, Leiden / Boston 2008, 340–345.

8   G. Frankowski, De Misericordia divina eiusque excellentia secundum S. Thomam, Romae 1962, 48: „Notandum est, quod inter commentatores S. Thomae non exsistit unanimitas quantum ad modum, quo virtus misericordiae Deo competat. Sic J. B. [sic!] Nazarius O. P. considerando misericordiam potius ex hac parte, prout in homine exsistit, voluit ipsam Deo solummodo *metaphorice* tribuere."

Auffassung begründet sich aus der Überzeugung, dass die ‚Misericordia' eine ‚gemischte Vollkommenheit'[9] darstellt, gemischt nämlich aus positiven Willensimpulsen (etwa der Neigung, Menschen
in Leid beizustehen) und beschwerlichen Regungen (der Betroffenheit und Traurigkeit angesichts fremder Not). Nun ist es aber unter
den Anhängern der thomistischen Scholastik breiter Konsens, dass
die gemischten Vollkommenheiten[10] „nur uneigentlich und metaphorisch von Gott ausgesagt werden", alles andere wäre „krasser Anth-
ropomorphismus"[11]. Diese Überlegungen haben dazu geführt, dass
viele Theologen in dem von uns Menschen erlebbaren Phänomen
der Barmherzigkeit den Affekt strikt vom Effekt trennten, wobei sie
mit *Affekt* die dunkle Seite schmerzlicher Erregung angesichts des
Elends der Mitmenschen und mit *Effekt* die helle Seite entschiede-
ner Hilfsbereitschaft ihnen gegenüber bezeichneten. Das erbrachte für die Gotteslehre den Vorteil, dass man ‚Misericordia' als Effekt
ohne Hemmungen und Einschränkungen auf Gott übertragen konnte, während man dazu überging, sie als *Affekt*, der zu sehr im Geruch
unerlöster Leidenschaft stand, von der Gottesrede auszuschließen.
Göttliches Erbarmen wäre demnach der machtvolle Wille des Schöpfers, den Menschen aus jeglicher Misere des Leibes und der Seele zu
erretten, und sonst nichts.

Das haben viele Interpreten der thomistischen Attributenlehre anders gesehen, etwa der große Dominikanertheologe Jean-Baptiste Gonet[12]: „So etwa verfocht Johannes Baptist Gonet O.P. die These, dass
die Barmherzigkeit nicht nur bezüglich des Effekts, sondern auch in
Hinsicht auf den Affekt Gott im eigentlichen Sinne zuzusprechen ist
– und zwar als fraglos einfache Vollkommenheit."[13]

9   J. Pohle, Lehrbuch der Dogmatik, Band 1, Paderborn 1920, 200.
10   Positive moralische Eigenschaften – unter Einschluss alles dessen, was man dar-
     an das ‚Menschlich-Allzumenschliche' nennen könnte!
11   F. Diekamp / K. Jüssen, Katholische Dogmatik, Band 1, Münster / Westfalen
     [12]1957, 136.
12   Zu J.-B. Gonet O. P. vgl.: M. Grabmann, Die Geschichte der katholischen Theolo-
     gie seit dem Ausgang der Väterzeit, 163; überdies: J. Finkenzeller, Die Lehre von
     den Sakramenten der Taufe und Buße nach Johannes Baptist Gonet OP, Mün-
     chen 1956.
13   G. Frankowski, De Misericordia divina eiusque excellentia secundum S. Tho-
     mam, 48: „Ita J. B. Gonet O. P. censuit, quod non solummodo quantum ad *effec-
     tum*, sed etiam quantum ad affectum misericordia proprie competit Deo ut per-
     fectio simpliciter simplex."

Dieser gedankliche Vorstoß ist folgenreich. Denn sofort erhebt sich diesem gegenüber die Frage, auf welche Weise denn der Gemütszustand der Niedergeschlagenheit ernstlich ‚proprie / eigentlich' in der lautersten Aktualität des göttlichen Wesens angenommen werden könne. Es versteht sich von selber, dass ‚affectus' in der Attribution an Gott nicht rundweg dasselbe beinhalten kann wie als Kennzeichen menschlicher Befindlichkeit. Darüber kann wenigstens scholastischerseits kein Zweifel bestehen: jede beeinträchtigende Gestimmtheit muss in verantwortbarer theologischer Rede von Gott ferngehalten werden[14]. Aber auffällig ist hier, dass von Gonet und gleichgesinnten Denkern ‚Affekt' als wesenhafter Gehalt und sogar als unüberbietbare Manifestation göttlichen Seins vertreten wird – allen Schwierigkeiten zum Trotz, die sich aus der traditionellen Rede vom ‚leidenschaftslosen'[15] Gott ergeben mögen. In Gonets Tradition steht auch Frankowski, wenn er sogar so weit geht, zu statuieren, dass gerade die affektive Seite des Barmherzigkeitsattributes *„am meisten* offenbart und verdeutlicht"[16], wer und wie Gott in seiner Vollkommenheit wirklich und wahrhaft ist.

Dieser hochgemute Lehrsatz kann sich auf verschiedene Zeugnisse der kirchlichen und theologischen Überlieferung stützen. So lautet das Tagesgebet des zehnten Sonntags nach Pfingsten von alters her: „Gott, der Du Deine Allmacht *am meisten* im Verschonen und im Erbarmen kundtust, vermehre über uns Dein Erbarmen."[17] Das ist nicht eine dem Rahmen liturgischer Feier geschuldete Übertreibung frommer Ekstase, diese Aussage kehrt ähnlich auch im Kernbereich streng wissenschaftlicher Dogmatik wieder – dergestalt, dass Heinrich Maria Christmann in seinem Kommentar zur Misericordia-Leh-

---

14 S. Th. I q. 21 a. 3 ad 1 enthält die Antwort auf den folgendermaßen lautenden Einwand: „Es hat ganz den Anschein, als ob Erbarmen Gott nicht zukommt. Denn Misericordia ist eine Art der Traurigkeit, wie Damascenus sagt. Aber Traurigkeit findet sich nicht in Gott, also auch nicht das Erbarmen." Die Antwort darauf lautet: „Dieser Einwand ergibt sich aus dem Barmherzigkeitsbegriff, insofern er passionale Affektation besagt ‚gilt also im Zusammenhang mit Gott nicht!'."

15 Vgl. W. Kasper, Barmherzigkeit. Grundbegriff des Evangeliums – Schlüssel christlichen Lebens, Freiburg / Basel / Wien 2012, 20.

16 G. Frankowski, De Misericordia divina eiusque excellentia secundum S. Thomam, 49: „maxime Dei perfectionem manifestat."

17 Dominica decima post Pentecosten, oratio: „Deus, qui omnipotentiam tuam parcendo maxime et miserando manifestas, multiplica super nos misericordiam tuam."

re des Thomas von Aquin zusammenfassend äußern kann: „Es ist
Gott so sehr eigen, sich zu erbarmen, dass die Barmherzigkeit geradezu der Grund-Ton aller seiner Werke ist."[18] Um im Bild zu bleiben:
Der Grundton einer Tonleiter ist der bleibende Referenzpunkt, ohne
welchen die aufsteigenden Folgetöne einer Tonart in ihrer hierarchi-
schen Anordnung und Kohärenz nicht verständlich wären. Ohne Bild
gesagt: Ähnlich nun erhält alles Wirken Gottes nur im Rückgang
auf die Misericordia divina seine entscheidende Begründung. Diese
Überlegung ist gedeckt durch die Aussage des Thomas, Barmherzigkeit sei „die erste Wurzel in jedem Werke Gottes"[19].

Ist aber – auch im Sinn des Aquinaten – die erste Wurzel göttlicher Aktivität, z. B. seines Schaffens, nicht seine absolute *Aktualität*,
das lautere Sein in Fülle, welches mit seinem Wesen[20] ineins fällt?
Sagt doch einer der großen Thomaskenner des 20. und 21. Jahrhunderts: „Zu schaffen, ist ein Werk, das Gott ganz eigen ist, ... eine Wirkung der Ur-Ursache, die Gott ist, Gott: das Sein selbst schlechthin."[21]

Noch präziser fasst das Zueinander der Außenwirksamkeit und
der Eigen-Wirklichkeit in Gott Santo Schiffini: „Wie Gott nicht nur Erkennen an sich hat, sondern sein Erkennen *ist* bzw. mit seinem Erkennen *identisch* ist, und wie Gott nicht nur Wollen an sich hat, sondern
sein Wollen *ist*, so *ist* er auch sein Wirken. Denn das Handeln, vermittels dessen Gott nach außen wirkt, ist, wenn es in seinem Eigenwe-
sen (nicht in seiner Produktivität ad extra!) betrachtet wird, sein Eigen-
Sein selbst."[22] Wenn aber der Doctor communis Gottes Urwirklichkeit,
sein *Actus-purus-Sein*, für den Quellgrund allen göttlichen Wirkens
nach außen hält, wie kann er dann zugleich die Behauptung aufstel-

---

18 H. M. Christmann, DThA, Band 17A, 377.
19 S. Th. I q. 21 a. 4 corp.: „Et sic in quolibet opere Dei apparet misericordia quantum
    ad primam radicem eius ‚Und so erweist sich in jedem Werk Gottes die Barmher-
    zigkeit als dessen erste Wurzel'."
20 S. Th. q. 25 a. 1 ad 2.
21 G. Cottier, Sur la doctrine thomiste de la création, in: G. Augustin / M. Brun /
    E. Keller / M. Schulze (Hg.), Christus – Gottes schöpferisches Wort (FS Chris-
    toph Kardinal Schönborn), Freiburg / Basel / Wien 2010, 62f: „Créer est une action
    propre de Dieu, ... effet propre de la cause première ..., qui est Dieu, ipsum esse
    subsistens."
22 S. Schiffini, Disputationes metaphysicae specialis, Volumen II, Turin 1888, 224:
    „Quemadmodum Deus est suum intelligere et suum velle, sic etiam ipse est
    suum agere. Nempe actio qua Deus agit ad extra, entitative si spectetur, est ipsa-
    met Dei substantia."

len, die *Barmherzigkeit* sei dessen erste Wurzel? Oder anders gefragt:
Wie stehen das göttliche Ur-Sein und das göttliche Erbarmen zueinander?[23] Barmherzigkeit kann – im Sinn des Aquinaten – nach allem
Gesagten nicht nur „eine Eigenschaft Gottes neben anderen und voll-
ends nicht eine Eigenschaft sein, welche den aus dem metaphysischen
Wesen Gottes folgenden Eigenschaften nachgeordnet ... wird."[24] Andererseits aber bleibt es einsichtig, dass „das Attribut der göttlichen Misericordia, auch wenn sie der Wirklichkeit nach identisch ist mit Gottes Wesenheit, nach unserer menschlichen Auffassungsweise doch
nicht formell das göttliche ‚unendlich-absolute' Sein bildet."[25] So sind
wir also „vor das grundsätzliche Problem"[26] gestellt, wie die Wesensbe-
stimmung Gottes und das Attribut der Barmherzigkeit sich zueinander verhalten bzw. welche neue Dimension es dem Nachdenken über
Gott einstiftet, wenn die gläubige Theologie in der *Mitte* des göttlichen
Seins selbst die Barmherzigkeit annimmt.

Dass Thomas Entscheidendes zu bieten hat zur Beantwortung dieser Frage nach dem Verhältnis von ‚Misericordia divina' und ‚unbe-
dingter Seinsfülle': dies im Sinn einer entfalteten Gottes-Lehre nach-
zuweisen, ist das Ziel unserer Arbeit. Aber zuvor wollen wir einen
Blick werfen auf die Art und Weise, wie der Aquinate in seiner Eschatologie einerseits und in seiner Christologie / Soteriologie andererseits dem Geheimnis der göttlichen Barmherzigkeit auf die Spur zu
kommen sucht, sodass wir den folgenden Dreischritt vor uns haben:
Die Barmherzigkeit und das Jenseits (hier geht es darum, wie Gottes
Erbarmen in den verschiedenen Dimensionen des endgültigen nach-
todlichen Lebens zur Erscheinung gelangt); sodann: Die Barmherzigkeit im Erlösungswerk Christi (darin ist uns ein bedeutsamer Beitrag gegeben zum Verhältnis von Gerechtigkeit und Barmherzigkeit
im Sühne- und Erlöserleiden des Herrn); und schließlich: Die Barmherzigkeit und das göttliche Wesen (hier spielt, wie wir noch sehen

---

23 Vgl. W. Kasper, Barmherzigkeit. Grundbegriff des Evangeliums – Schlüssel
    christlichen Lebens, Freiburg / Basel / Wien 2012, 20.

24 W. Kasper, a. a. O., 94.

25 G. Frankowski, De Misericordia divina eiusque excellentia secundum S. Tho-
    mam, 56: „Attributum tamen misericordiae divinae, quamvis realiter identifica-
    tur cum essentia divina, nihilominus secundum nostrum modum concipiendi
    non constituit formaliter ... ipsum esse divinum."

26 W. Kasper, Barmherzigkeit. Grundbegriff des Evangeliums – Schlüssel christli-
    chen Lebens, Freiburg / Basel / Wien 2012, 20.

werden, der von Joannes a S. Thoma geschaffene Begriff des „affectus voluntarius"[27] eine entscheidende Rolle, indem gerade dieser die Brücke bildet zwischen dem heilsgeschichtlichen Kontext der Barmherzigkeit und ihrer metaphysischen Verwurzelung in Gottes Wesen).

2. Die göttliche Barmherzigkeit und das Jenseits

Erstaunlicherweise reflektiert der Aquinate nicht auf die Bedeutung der göttlichen Barmherzigkeit für das „Purgatorium"[28], d. h. die Vollendung des *Heiligungs*geschehens[29] nach dem Tod. Seine Purgatoriumstheologie ist eingespannt in den Horizont der Gerechtigkeit, mit welcher Gott den Menschen Strafen und Belohnungen zuteilt, wie sie es verdienen. Die Läuterung umfasst nun nach diesem Ansatz all jene Strafen, die notwendig sind, damit ein durch die Gnade zwar Gerechtfertigter, aber in der ‚sanctificatio' nicht Vollendeter all jene durch die Sündenfolgen bedingten Hindernisse auszuräumen vermag, die der himmlischen Gottesschau noch im Wege stehen[30]. Zwar könnte man an sich die Tatsache, dass Gott überhaupt die Möglichkeit eröffnet, auch nach dem Tod noch im Reinigungsgeschehen

---

27 G. Frankowski, De Misericordia divina eiusque excellentia secundum S. Thomam, 49.

28 Summa contra gentiles IV 91. 94. Dazu: L. Billot, Quaestiones de novissimis, Rom ⁸1946, 102–110; A.-H.-M. Lépicier, Dell'anima umana separata dal corpo. Suo stato, sua operazione, Rom 1901, Caput V.

29 Im Unterschied zum Rechtfertigungsgeschehen, welches gegeben sein muss, um überhaupt in den Läuterungszustand gelangen zu können.

30 Summa contra gentiles, IV 91: „Es kann auch in der Schar der Guten das eine oder andere Hindernis geben, so dass die vom Leib losgelösten Seelen nicht sogleich ‚nach dem Tod' den äußersten und unüberbietbaren Lohn empfangen, der in der Anschauung Gottes besteht. ... Zu dieser Anschauung kann die vernunftbegabte Kreatur nicht erhoben werden, wenn sie nicht gänzlich geläutert ist. ... Nun geschieht es manchmal, dass diese Läuterung in diesem Leben nicht vollständig durchgeführt ist. ... So wird es also notwendig, dass solche Seelen nach dem irdischen Lebenslauf geläutert werden, bevor sie den endgültigen Lohn empfangen. Diese Läuterung aber geschieht durch Strafleiden ‚Considerandum tamen est, quod ex parte bonorum aliquod impedimentum esse potest, ne animae statim a corpore absolutae ultimam mercedem recipiant, quae in Dei visione consistit. ... Ad illam enim visionem creatura rationalis elevari non potest, nisi totaliter fuerit depurata. ... Quandoque vero contingit quod purificatio talis non totaliter perficitur. ... Oportet igitur quod post hanc vitam purgentur, antequam finale praemium consequantur. Purgatio autem haec fit per poenas'."

auszureifen, als Wirkung seines Erbarmens ausdeuten – nicht zuletzt deswegen, weil ja – wie wir gesehen haben[31] – nach Thomas die Misericordia in *all* seinen Werken als Ur-Impuls[32] heilsam tätig ist und aufleuchtet. Aber dies ist beim Doctor communis kein Gegenstand eingehender thematischer Erörterung.

Umso mehr nimmt er sich der Frage an, wie die göttliche Barmherzigkeit in den beiden eschatologischen Finalzuständen, dem Himmel und der Hölle, zum Tragen kommt. Besonders diffizil gestaltet sich die Reflexion auf die Relation von Misericordia und endgültiger Verlorenheit. Wie kann der irreversible Heilsverlust etwas mit dem barmherzigen Gott zu tun haben? Ist das Verdammungsurteil denn nicht das *Ende* der Barmherzigkeit, welche sich einer bestimmten scholastischen Schulbuchtradition zufolge sowieso nur auf den Menschen *innerhalb* der Geschichte bezieht, dann aber, sobald der zeitstrukturierte Prozess von Verdienst bzw. Missverdienst durch den Tod abgeschlossen ist, sich zurückzieht, um der unerbittlichen Gerechtigkeit Platz zu machen?[33]

---

31 Vgl. Anm. 18!

32 S. Th. I q. 21 a. 4 corp.: „In jeglichem Werk Gottes leuchtet die Barmherzigkeit auf als dessen erste Wurzel. Und wie es grundlegend *so* ist, dass die Erstursache ihren Einfluss energischer, ja ungestümer ausübt als die Zweitursache, das bewahrheitet sich in der Kraft der Barmherzigkeit, die auch in den aus ihr sich ergebenden Wirkungen ihr Werk umso kraftvoller durchsetzt, als sie, wie gesagt, die erste Wurzel davon ist ‚Et sic in quolibet opere Dei apparet misericordia quantum ad primam radicem eius; cuius virtus salvatur in omnibus consequentibus, et etiam vehementius in eis operatur, sicut causa primaria vehementius influit quam causa secunda'."

33 Dazu siehe: F. Diekamp/K. Jüssen, Katholische Dogmatik, Band III, Münster/Westfalen [12]1954, 455f: „Am meisten scheint der ewigen Bestrafung die unendliche Barmherzigkeit Gottes entgegenzustehen. Alle Gegner unseres Dogmas ‚von der Ewigkeit der Höllenstrafe' in alter und neuer Zeit betonen immer wieder, dass Gott nach der Offenbarungslehre weit mehr geneigt ist, sich zu erbarmen als zu strafen. ... Aber dieses Vorherrschen der Barmherzigkeit wird uns nur für das Diesseits verbürgt, die Gottesoffenbarung im Jenseits wird uns als eine Bekundung absoluter Gerechtigkeit verkündigt. ... Will Gott aber strafen, wie seine Gerechtigkeit es fordert, so muss die Barmherzigkeit zurücktreten." – Über die Unhaltbarkeit dieser Lehre gibt Auskunft: M. Schulze, Ist die Hölle menschenmöglich? Das Problem der negativen Endgültigkeit in der deutschsprachigen Theologie der zweiten Hälfte des 20. Jahrhunderts, Freiburg/Basel/Wien 2008, 136f: ebenso: H. U. von Balthasar, Kleiner Diskurs über die Hölle, Ostfildern [2]1987, 8: „Kann Gottes Liebe einmal die Geduld verlieren, so dass er mit bloßer (Straf-) Gerechtigkeit weiterfahren muss?"

Doch auch die Wirklichkeit der Hölle als endloses Strafleiden ist nach dem Aquinaten nicht völlig ohne Einfluss des göttlichen Erbarmens: „Da Gott niemals ganz ‚nach Verdienst' straft, bleibt selbst in den Verdammten seine Barmherzigkeit noch erkennbar."[34] Mit des Thomas eigenen Worten: „Selbst in der Verdammungsqual der verworfenen Menschen scheint noch die Misericordia auf, die zwar nicht die ganze Qual der Höllennot auflöst, aber doch ein wenig Erleichterung schafft, indem sie unterhalb des Maßes straft, das durch die Schwere der Sünde eigentlich angemessen wäre."[35]

Es handelt sich bei dieser These von der strafmildernden Wirksamkeit der Erbarmung mitten in der Bestrafung – bei Lichte besehen – um einen (wenig überzeugenden) Kompromiss[36] zwischen der Gerechtigkeit, die straft, und der Barmherzigkeit, die die Gerechtigkeit aufhält im Drang, sich voll und ganz am Übeltäter auszuwirken – als ob in Gott eine Konkurrenz[37] zwischen Iustitia und Misericordia Raum greifen könnte! Angesichts dieses Erklärungsversuchs fällt es schwer, eine gewisse Gespaltenheit im Gottesbild auszuschließen – eine Gespaltenheit nämlich zwischen einer erbarmungslosen Gerechtigkeit, die sich freut an der Qual der Gestraften[38], und einer der Gerechtigkeit gegenüberstehenden Barmherzigkeit, die im Grunde

---

34 T. Marschler, Thomas von Aquin über die Barmherzigkeit, 110.

35 S. Th. I q. 21 a. 4 ad 1.: „Et tamen in damnatione reproborum apparet misericordia, non quidem totaliter relaxans, sed aliqualiter allevians, dum punit citra condignum."

36 M. Schulze, Ist die Hölle menschenmöglich, 60: „Denn hinter dem dargestellten Konzept der Höllenstrafe steht die zwar so nicht eigens ausgesprochene, aber doch als Voraussetzung ... notwendige Idee, dass die göttliche Gerechtigkeit es eigentlich mit dem Verlust der Gottesschau nicht genug sein lassen *kann*, sondern gleichsam von ihrem Wesen her getrieben und gehalten ist, dem Verstockten noch andere spürbare Beeinträchtigungen seines Soseins und seiner Befindlichkeit aufzuerlegen, worin sie dann aber wiederum durch die Barmherzigkeit an einem bestimmten Punkt des Vollzugs aufgehalten wird, so dass das tatsächlich applizierte Strafmaß einen innergöttlichen Kompromiss zwischen Gerechtigkeit und Barmherzigkeit darstellen würde."

37 Wie sollte es bei unendlichen Eigenschaften, die untereinander entitative eins sind, überhaupt eine Konkurrenz geben *können*?

38 Dazu beachte man: M. Schulze, Ist die Hölle menschenmöglich, 226: „Schon beim Aquinaten wird – wenn auch mit allen nötigen Einschränkungen und Präzisierungen – letztlich doch unumwunden behauptet, dass Gott sowohl wie auch die in ihm vollendeten Seligen Freude über die in der ewigen Verdammnis erfolgende Bestrafung der Verstockten empfinden."

den Vollzug der Gerechtigkeit verhindern möchte, wenn sie es denn wirklich und wirksam vermöchte. Wie könnte die traditionell vertretene Ur-Einheit Gottes noch intellektuell redlich aufrecht erhalten werden, wenn in Gott von einer Gerechtigkeit ausgegangen werden müsste, die sich gegen das Interesse des Erbarmens wehrt, und von einem Erbarmen, das mit der Durchsetzung der Ordnung der Gerechtigkeit von innen her nichts zu tun hätte?[39]

Die hier vorgeführte Theorie ist sachlich umso bedenklicher, als sie für den Aquinaten eigentlich gar nicht mehr nötig gewesen wäre. Sie lebt ja ganz vom Gedanken, dass Hölle eine unendliche Strafmaßnahme ist, welche Gott eigens ins Werk setzt, um den mit einer unbereuten Todsünde behafteten Menschen zur Sühne einer unendlichen Züchtigung zuzuführen. Denn auch die Vorstellung, dass Gott ‚citra condignum / unterhalb des an sich geforderten Strafmaßes' strafen könne, ist abhängig davon, dass der ganze Strafvorgang vollständig in der Hand, d. h. in der Verfügungsgewalt Gottes liegt. Wäre die unrettbare Verlorenheit der Hölle eine Wirkung, die sich aus der Verweigerung des Todsünders in Sterben und Tod selbst ergibt, wäre es ja richtiger, nicht von Strafe durch Gott, sondern von einer Selbstbestrafung des Menschen zu sprechen. „Angesichts all dieser Schwierigkeiten, die sich aus ‚dem' … Ansatz ergeben, die Hölle als Strafmaßnahme Gottes auszulegen, ist die heutige Eschatologie weitestgehend dazu gekommen, davon abzusehen, die Hölle als Strafe vonseiten Gottes zu denken, wenn schon fasst sie diese eher als Selbstbestrafung des Menschen, der sein Glück nicht Gott verdanken will, und den Gott gewähren lässt, weil er seine Freiheit achtet, die er – Gott – ihm selbst gegeben hat."[40]

39 In diesem Punkt haben wir in der theologischen Reflexion von heute eine sensible Synthese von Barmherzigkeit und Gerechtigkeit erreicht, die bei aller notwendigen Differenzierung der beiden Begrifflichkeiten doch deren unzerreißbare Einheit überzeugend deutlich machen kann. Dazu: W. Kasper, Barmherzigkeit. Grundbegriff des Evangeliums – Schlüssel christlichen Lebens, 62: „So ist Gottes Barmherzigkeit die das Leben erhaltende, schützende, fördernde, neu schaffende und aufbauende Macht Gottes. Sie sprengt die Logik der menschlichen Gerechtigkeit, welche auf Bestrafung und Tod des Sünders hinausläuft. Gottes Barmherzigkeit will das Leben." Zudem: W. Kasper, a. a. O., 61: „Die Barmherzigkeit ist Gottes kreative, schöpferische Gerechtigkeit. So steht sie zwar über der eisernen Logik von Schuld und Strafe, aber sie widerspricht der Gerechtigkeit nicht; sie steht vielmehr im Dienst der Gerechtigkeit."

40 M. Schulze, Ist die Hölle menschenmöglich, 106.

Doch, wie gesagt, hätte Thomas von Aquin sowohl begrifflich wie argumentativ alle nötigen Elemente bereit gehabt, um die These von der Selbstbestrafung des Menschen auch selbst zu vertreten und auf diejenige von der Hölle als endloser Bestrafung zu verzichten, heißt es doch an entscheidender Stelle des zweiten Teils seiner theologischen Summe: „Die Ewigkeit der Strafe hat ihre Entsprechung nicht im Ausmaß der Schuld, sondern in ihrer Nicht-Vergebbarkeit."[41] Das besagt: Schon nach dem Doctor communis der Secunda Pars seiner theologischen Summe ist die Hölle nicht deswegen ewig, weil der unbekehrte Übeltäter eine un-endliche Schuld auf sich geladen hätte, die *daraufhin* durch Gott in einer end-losen Bestrafung eigens gesühnt werden muss, sondern: Hölle ist ewig, weil der verstockte Mensch endgültig Nein sagt zu Gott, obwohl dieser mit dem Angebot von Vergebung und Versöhnung an ihn herantritt. Anders gesagt: Hölle ist ewig, weil der in sich verschlossene Wille des Menschen ewig unerlösbar ist, und das bedeutet: *nicht* weil Gott sich ändert von der Dynamik der Barmherzigkeit hin zu derjenigen der Gerechtigkeit, sondern weil der reueunwillige *Sünder* sich *nicht* ändert – und zwar für immer, deswegen ist unumkehrbare Verlorenheit überhaupt möglich. Mit der zitierten Sentenz von der Nicht-Vergebbarkeit verendgültigter Schuld antwortet Thomas übrigens auf den bis heute virulenten Einwand, eine end-lose Bestrafung sei doch nicht gerecht im Blick auf eine end-liche Schuld, wie sie dem geschichtlich verfassten Menschen ja allein möglich sei. Im Subtext der Antwort des Thomas darauf liegt ein unausgesprochenes Einverständnis mit der Argumentationslinie des Einwands – und, in logischer und theologischer Ableitung daraus, eben die angeführte Überzeugung, dass die Bleibendheit der Verdammnis nicht dem Wirken Gottes, sondern der unumkehrbaren Verweigerung des Menschen geschuldet ist.

Die Übel der Verlorenheit in der Hölle sind also keine Übel, die Gott eigens dem Menschen antun würde, sondern es handelt sich dabei nach dem Aquinaten um Übel, die der Mensch sich in letzter Instanz selber zufügt. So souverän die Leistung des Thomas ist, den Kernbegriff der „Unvergebbarkeit / irremissibilitas" als Dreh- und Angelpunkt der vertieften Hölleninterpretation eingeführt zu haben,

---

41   S. Th. I II q. 87 a. 5 ad 3: „Aeternitas ... poenae non respondet quantitati culpae, sed irremissibilitati ipsius."

völlig unvorbereitet war dieser Schritt theologiegeschichtlich nicht. Bereits Augustin kennt einen ähnlich gearteten Gedankengang: „Wenn Gott die Sünder straft, dann fügt er ihnen nicht sein Übel zu, er überlässt sie vielmehr ihren eigenen Übeln."[42]

Nicht anders als Augustinus und Thomas in den erwähnten Stellen sieht katholische Eschatologie heute die Zusammenhänge. Doch verfügte der Aquinate nicht über die Willigkeit oder die Möglichkeit[43], diesen Ansatz überall durchzuhalten. Darum fällt er im Kontext anderer Perspektiven auf die Höllenfrage gelegentlich im Sinn eines extrinsekalen Gerechtigkeitsverständnisses wieder zurück in die Theorie von der Verdammnis als eigener göttlicher Strafmaßnahme – und muss dann in der Folge davon, wie es weiter oben deutlich geworden ist, auf einen die innerste Einheit Gottes fragwürdig machenden Ausgleich von gerechter Bestrafung und mildernder Erbarmung rekurrieren, um das Prinzip, dass alle Werke Gottes nach außen in der Misericordia divina ihre erste Wurzel haben, durchhalten zu können. Hätte Thomas auch im Feld strikter Eschatologie den Gedanken der Selbstverschuldung der Hölle durch den Menschen konsequent fortgeschrieben, hätte er auch an dieser Stelle äußern können, was er andernorts herausgestellt hat, nämlich dass „Gott das, was er aus Erbarmen bewirkt, *nicht gegen*[44] seine Gerechtigkeit, sondern vielmehr über seine Gerechtigkeit *hinaus* tut."[45]

Die Barmherzigkeitstheologie des Thomas von Aquin in den eschatologischen Ausführungen zur Hölle wirkt inkohärent[46] und aufs Ganze gesehen wenig überzeugend.

Blicken wir zum Beschluss dieses Kapitels der Vollständigkeit halber auf das Verhältnis von Misericordia und Himmel, so stellen wir fest, dass dem Aquinaten zufolge ein spiegelverkehrtes Verhältnis besteht zwischen der Art und Weise, wie die göttliche Barmherzigkeit sich in das Feld der Hölle hinein auswirkt, und jener, wie sie sich im

---

42　„Cum punit Deus peccatores, non malum suum eis infert, sed malis eorum eos dimittit." (Augustinus, Enarrationes in psalmos, V, 10, in: PL 36, 87).

43　Wer könnte es schon wagen, aus heutiger Perspektive diese Alternative zu entscheiden?

44　Kursivdruck durch den Autor dieses Artikels!

45　S. Th. I q. 21 a. 3 ad 2: „Quod Deus misericorditer agit, non quidem contra iustitiam suam faciendo, sed aliquid supra iustitiam operando."

46　Vgl. dazu: M. Schulze, Ist die Hölle menschenmöglich, 60.

Himmel manifestiert. Die Lehre des Thomas in dieser Angelegenheit hat hervorragend Juan José Urráburu zusammengefasst: „In der Bestrafung der Verdammten erscheint die göttliche Barmherzigkeit, weil sie diese nämlich *unter* dem an sich zugedachten Maße straft – so wie sie im Gegenzug dazu die Seligen belohnt über das einforderbare Maß hinaus."[47]

3. Die göttliche Barmherzigkeit und das Erlösungsgeschehen in Christus

Für Thomas von Aquin[48] ist ebenso wie für Anselm von Canterbury[49] unzweifelhaft klar, dass Christus *de facto* in seinem Erlöserleiden Gott Genugtuung („satisfactio") geleistet hat, indem er ihm durch seine Ganzhingabe eine unermessliche Anerkennung und Ehrung zuteilwerden ließ. *De facto*, das heißt: So *war* es konkret. Es handelt sich für beide mittelalterlichen Denker um eine im Glauben eröffnete geschichtliche *Tatsache*. Doch stellt sich – nicht nur uns, sondern schon Anselm und Thomas – die Frage, ob es denn so hatte sein *müssen*[50]. Hätte Gott den Sinn, den Jesu Opferbereitschaft als Frucht hervorbrachte – die Erlösung, nicht auch ohne dieses leidvolle Genugtuungsgeschehen hervorbringen können? Wie wäre es, anders gewendet, wenn Gott auf die ‚satisfactio' verzichtet und der Menschheit ohne dieselbe den Zuspruch von Vergebung und Versöhnung souverän und bedingungslos durch seinen Sohn gewährt hätte?

Thomas spitzt diese Problemstellung zu, indem er sie in den Horizont der göttlichen Misericordia stellt: „Im Psalm heißt es: ‚Sei-

---

47   Juan José Urráburu, Institutiones philosophicae, Theodicaeae II, Rom 1900, 640f:
     „In punitione damnatorum elucet divina misericordia quia nimirum punit illos
     citra condignum; sicut e contrario beatos remunerat ultra condignum."
48   S. Th. III q. 1 a. 2 ad 2.
49   G. Greshake, Erlösung und Freiheit. Zur Neuinterpretation der Erlösungslehre
     Anselms von Canterbury, in: ThQ 153 (1973) 327. 334f.
50   Diese Frage beschäftigt mit ungeminderter Wucht das theologische Denken bis
     heute: Helmut Hoping, Wofür starb Jesus – oder starb er umsonst? Das Kreuz
     Christi und die Gottesfrage, in: S. Ley / I. Proft / M. Schulze (Hg.), Welt vor Gott
     (FS George Augustin), Freiburg / Basel / Wien 2016, 122: „Was hat der schändliche
     Tod Jesu mit Gott und was mit unserer Erlösung zu tun? Hatte das Sterben Jesu
     einen Sinn oder starb Jesus umsonst?"

ne Erbarmungen gehen über all seine Werke. Folglich hätte es Gott mehr angestanden, die Unermesslichkeit seiner Barmherzigkeit zu erweisen als die Strenge seiner Gerechtigkeit. Zur Größe der Barmherzigkeit aber gehört es, Sünden ohne Genugtuung nachzulassen. Schließlich ergeht ja genau darum auch an uns die Weisung, dass wir unseren Schuldigern unentgeltlich vergeben. Folglich hätte auch Gott das menschliche Wesen unentgeltlich wiederherstellen sollen, indem er den Anspruch auf Genugtuung fallen gelassen hätte."[51]

Auch an diesem Punkt – ähnlich wie schon in der Höllenfrage – scheinen Gerechtigkeit und Barmherzigkeit *gegeneinander* zu stehen: Die *Forderung* nach Wiederherstellung der göttlichen Ehre vermittels Sühne ergibt sich aus der *Gerechtigkeit,* und das Gegenstück dieser Forderung, der *Verzicht* auf solche Sühne, ist, so hat es den Anschein, eine Konsequenz aus der *Barmherzigkeit.* Indem Gott also an der ‚satisfactio' in der Erlösungsordnung festhielt, hat er weniger Barmherzigkeit wirksam werden lassen, als ihm eigentlich möglich gewesen wäre. Die Konkurrenzsituation, die danach zwischen Gerechtigkeit und Erbarmung herrscht, drückt sich auch in dem Grundgedanken aus, der hinter all den angeführten Überlegungen steht: Je weniger Insistenz auf Genugtuung, desto mehr Barmherzigkeit.

Und genau das stimmt nach Thomas[52] so nicht. Dass Gott als Hüter der Gerechtigkeit ‚satisfactio' verlangt, mindert nicht nur nicht seine Misericordia, es *vertieft* sie sogar, so verwunderlich das für zeitgenössische Ohren zuerst auch klingen mag. Denn die Genugtuungsforderung erhebt Gott nicht deswegen, weil er für sich selbst auf die Wiederherstellung seiner Ehre angewiesen gewesen wäre (so als ob seinem Ehr- und Selbstwertgefühl ohne sie etwas gefehlt hätte[53]),

---

51 III Sent. d. 1 q. 1 obi. 4: „Ut in psalm. dicitur: ‚Miserationes eius super omnia opera eius. ' Ergo plus decuit quod Deus ostenderet immensitatem suae misericordiae quam severitatem iustitiae. Sed ad magnitudinem misericordiae pertinet ut peccata sine satisfactione remittantur. Unde et nobis a Deo praecipitur ut debitoribus nostris gratis dimittamus. Ergo et Deus naturam humanam gratis reparare debuit, non expetendo satisfactionem."

52 Übrigens auch und noch viel mehr für Anselm von Canterbury nicht! Denn nach Thomas *könnte* Gott – aus absoluter Perspektive gesehen – an sich auf die Wiederherstellung seiner Ehre durch Genugtuung verzichten; er tut es aber nicht, weil einer Vergebung, in deren Gefolge sich das Mühen um Gerechtigkeit und gerechte Ehrung findet, auf das Ganze gesehen der Vorzug vor einer Erbarmung ohne Gerechtigkeitsbezüge zu geben ist.

53 Was schon trinitätstheologisch begründet nicht angenommen werden kann, da

sondern deswegen, weil es für den *Menschen* heilsam ist, wenn Gott die schuldige Anerkennung geleistet wird. Die Ehrerbietung Gott gegenüber bringt den Menschen in die rechte Ordnung des Seins und wird ihm damit zum Segen. Und da alles, was Rettung und Erlösung bringt, letztlich in der göttlichen Barmherzigkeit wurzelt, darum ist auch die Forderung, Gott zu ehren, ein Anzeichen und Ausdruck seiner erbarmungsvollen Gedanken.

Der Aquinate erklärt diesen Zusammenhang mit folgenden Gedankenschritten: „Auch wenn Gott in höchstem Maß erbarmungsvoll ist, so steht doch seine Barmherzigkeit keinesfalls *gegen* seine Gerechtigkeit[54]. Eine Misericordia, welche die Gerechtigkeit aufhebt, ist eher Dummheit denn Tugend zu nennen. So verstanden würde Barmherzigkeit nämlich auch *nicht* zu Gott *passen*. Darum wollte Gott seine unendliche Barmherzigkeit *so* kundtun, dass nichts darin seiner Gerechtigkeit Abbruch tun sollte. Und dies ist geschehen, indem er für uns Mensch wurde, um an unserer Stelle und zu unseren Gunsten Genugtuung zu leisten. Und genau darin kam uns gegenüber auch die Barmherzigkeit reicher und überströmender zum Vorschein, als wenn Gott die Sünde ohne Genugtuung erlassen hätte, hat er doch unsere Menschennatur ‚durch Menschwerdung und Sühnetod des Gottessohnes‘ mehr erhöht und für uns den Tod ertragen."[55]

Gerade der Gott, dem das ganzheitliche Heil des Menschen am Herzen lag, konnte in seinem Wirken an uns nicht auf eine Erbarmung setzen, die sich losgelöst vom Anspruch der Gerechtigkeit auswirkte. Schließlich verleitet eine Zusage der Misericordia *ohne* den Ernst und *gegen* die Logik der Gerechtigkeit den Empfänger dieser Erbarmung nur allzu geschwind zum Leichtsinn und zur Verachtung

---

in der Anerkennung der göttlichen Personen untereinander eine absolute und unendliche und damit auch unverbrüchliche Ehrung verwirklicht ist.

54   Man erinnere sich in diesem Kontext der Ausführungen Kardinal Walter Kaspers in Anm. 39!

55   III Sent. d. 1 q. 1 ad 4: „Quamvis Deus sit summe misericors, tamen sua misericordia nullo modo iustitiae eius obviat. Misericordia enim quae iustitiam tollit, magis stultitia quam virtus dici debet; et ita Deum non decet. Propter quod Deus misericordiam infinitam sic manifestare voluit, ut in nullo iustitiae eius derogaretur. Quod factum est, dum pro nobis homo factus est ut pro nobis satisfaceret. In quo etiam eius abundantior misericordia ostensa est ad nos quam si peccatum sine satisfactione dimisisset, inquantum naturam nostram magis exaltavit et pro nobis mortem pertulit."

des Spenders der Gnaden: „Gibt es doch jene Anmaßung (praesumptio)[56], aufgrund welcher jemand die göttliche Gerechtigkeit verachtet – und zwar gerade aus einem ungeordneten Vertrauen auf Gottes Barmherzigkeit heraus."[57]

Gottesverehrung ist folglich nach dem Aquinaten nicht geboten aus einem diktatorischen Impuls des Schöpfers heraus, womit dieser die menschliche Freiheit um jeden Preis unter seine Botmäßigkeit zwingen will, weil er selber es in seinem Machtbewusstsein nicht ertragen würde, wenn eine endliche Person der Geschichte sich seinem Herrschaftsanspruch entziehen würde. Gottesverehrung ist vielmehr eine Gabe und Aufgabe, die gerade seine *Barmherzigkeit* dem Menschen gewährt und zutraut, weil Gottes Weisheit von innen her sieht, wie sehr der Mensch für seine Lebensvollendung darauf angewiesen ist, in der ehrenden Unterordnung unter Gottes Hoheit und Liebe Orientierung, Halt und Heilsgewissheit zu finden. Der Mensch in seiner geistbedingten Offenheit für Unendlichkeit als „alles Mögliche" müsste sich aufs Ganze gesehen selber verlieren ohne gemüthafte und willentliche Ausrichtung auf die göttliche Unendlichkeit als „die Umfassung alles Wirklichen" bzw. als „alles in allem." Wie sehr Kult und Verherrlichung Gottes ein Werk der Gnade sind, erhellt auch aus der folgenden Stelle in jenem Artikel[58], welcher sich der Frage stellt, ob Barmherzigkeit die höchste der Tugenden sei: „Wir ehren Gott mit äußeren Opfergaben und Geschenken nicht zugunsten Gottes ‚als ob Gott das für sich nötig hätte', sondern um unseretwillen und um unserer Nächsten willen. Denn Gott hat unsere Opfergaben nicht nötig, sondern er verlangt, dass diese ihm dargebracht werden

---

56   Zur Vermessenheit als dem einen Extrem (der widergöttlich sorglosen und unverantwortlichen Selbstsicherheit dem Heil gegenüber), welches die Hoffnung korrumpiert – und zu ihrer Abgrenzung gegen das andere Extrem, der Verzweiflung, durch welche die Hoffnung genauso zugrunde gerichtet wird, siehe: M. Schulze, Ist die Hölle menschenmöglich, 322; für die existentiell-moraltheologischen Implikationen der Vermessenheit (praesumptio) im Phänomen des „Sündigens durch vermessentliches Vertrauen auf Gottes Barmherzigkeit" vgl.: J. Mausbach / G. Ermecke, Katholische Moraltheologie, Band 1, Münster / Westfalen ⁹1959, 355f.

57   S. Th. II II q. 130 a. 2 ad 1: „Praesumptio ... illa qua quis divinam iustitiam contemnit ex inordinata confidentia divinae misericordiae."

58   S. Th. II II q. 30 a. 4: „Utrum misericordia sit maxima virtutum."

um unserer religiösen Hingabe und um des Heilsnutzens unserer Nächsten willen."[59]

Diese Überzeugung verbindet den Aquinaten mit Anselm von Canterburys Ansatz – bei allen Differenzen, die bleiben[60]. Gottesverehrung ganz allgemein und im Gottmenschen Jesus Christus ganz besonders ist Heilsgeschehen *am* Menschen und *für den* Menschen. Darin sind sich die beiden großen Denker des Mittelalters einig. Wer könnte den Motivgleichklang überhören, der die Verwandtschaft der thomanischen These „Gott sucht seinen ‚äußeren' Ruhm nicht seinet-, sondern unseretwegen"[61] mit den Grundthesen Anselms[62] offenbart, welche in Greshakes zusammenfassender Darstellung so lauten: „Wenn Gott nach Anselm Genugtuung für seine verletzte Ehre fordert, so geht es nicht um Gott selbst; er erhebt die Forderung nicht nach Analogie eines beleidigten Privatmannes, wie Harnack es will, sondern als derjenige, der die Welt und ihre Ordnung wieder neu instand setzen möchte, indem die Menschheit ihn neu als Herrn anerkennt. Der Zweck der geforderten Genugtuung ist also nicht die Versöhnung eines erzürnten Herrn, sondern die Versöhnung der Welt. Nicht Gott hatte es nötig, sagt Anselm ausdrücklich, dass er *so* den Menschen rettete, sondern die menschliche Natur hatte es nötig, dass sie Gott auf diese Weise Genugtuung gab. ... Die Genugtuung, die Gott fordert, ist keine Strafe, sondern etwas rein Positives: die Menschheit hat Gott radikal die Ehre wiederzugeben, d. h. sie muss ihn erneut als Herrn anerkennen und ihm ihre Freiheit unterwerfen, da es nur so für die Welt Freiheit und Frieden, Recht und Sinnerfüllung gibt."[63]

---

59 S. Th. II II q. 30 a. 4 ad 1: „Deum non colimus per exteriora sacrificia aut munera propter ipsum, sed propter nos et propter proximos; non enim indiget sacrificiis nostris, sed vult sibi ea offerri propter nostram devotionem et proximorum utilitatem."

60 Auf welche Gisbert Greshake in seinem epochalen Artikel über Anselms „Cur Deus homo" hingewiesen hat: G. Greshake, Erlösung und Freiheit. Zur Neuinterpretation der Erlösungslehre Anselms von Canterbury, 335.

61 S. Th. II II q. 132 a. 1 ad 1: „Deus non quaerit gloriam suam propter se sed propter nos."

62 Vgl. auch: H. U. von Balthasar, Herrlichkeit. Eine theologische Ästhetik, Band 2 (Fächer der Stile), Einsiedeln 1962, 253f.

63 G. Greshake, Erlösung und Freiheit. Zur Neuinterpretation der Erlösungslehre Anselms von Canterbury, 334.

Entscheidend ist die thomanische Intuition, dass die aus Liebe erbrachte ‚satisfactio' des Gottmenschen Jesus Christus mit ihrer in der Haltung der Gerechtigkeit wurzelnden Dynamik der Ehrung und Verherrlichung[64] Gottes die ‚je reichere Barmherzigkeit'[65] bedeutet, weil es genau diese Dynamik ist, welche der mit Gott entzweite und doch bleibend auf Gott verwiesene Mensch mitten im barmherzigen Vorgang der Erlösung so nötig hat. Und so geschieht es nicht im Gegenzug zur Barmherzigkeit, sondern als deren Fortschreibung und Auswirkung, dass Gott auf der Wesensforderung der Gerechtigkeit besteht, jedem zu geben, was ihm zusteht – nun Gott eben die gottgemäße Ehrung und Verherrlichung, wie sie in der Genugtuung Christi einmalig konkret und universal gültig Gestalt angenommen hat.

Die Bilanz dieses christologischen Kapitels zur Vertiefung der Barmherzigkeitsthematik fällt wesentlich positiver aus als diejenige am Ende des eschatologischen Kapitels. Wir haben durch Thomas von Aquin vor Augen geführt bekommen, dass Gottes Barmherzigkeit den Ernst der Gerechtigkeit unbedingt mit einschließt – und zwar nicht nur so, dass Barmherzigkeit dazu führt, dass Gerechtigkeit sich in der Sprengung der eisernen Logik von Schuld und Strafe als kreativ[66] und lebensfördernd erweise, sondern auch so, dass Gerechtigkeit als inneres Moment der Barmherzigkeit dazu führt, dass diese sich umso reicher und strömender[67] betätigen kann.

Eine Barmherzigkeit, die unverbunden neben der Gerechtigkeit stünde und auf genugtuende Ehrung Gottes verzichtete, würde dem radikal erlösungsbedürftigen Menschen nicht gerecht. Das mag inzwischen einigermaßen deutlich geworden sein. Inwiefern aber wird nun unsere Rede von Gottes Barmherzigkeit Gott selber gerecht?

---

64 Auf die sich ja auch der christusgläubige Mensch einlassen soll!
65 Vgl. Anm. 55!
66 Vgl. Anm. 39!
67 Vgl. Anm. 55!

4. Die Barmherzigkeit und Gottes Wesen

4.1 Analyse des menschlichen Erbarmens als Voraussetzung einer Theologie der Barmherzigkeit Gottes

Was sagen wir eigentlich (und was nicht!), wenn wir mit unserer Glaubenstradition und insbesondere im Geist des Aquinaten *Gott* seinem Wesen nach barmherzig nennen? Um diese Frage als Menschen beantworten zu können, müssen wir noch eingehender als bisher[68] den Sinn und die Struktur der Misericordia erarbeiten, insofern sie uns an uns selber begegnet – also im Raum menschlicher Selbsterfahrung und Selbstreflexion. Wäre sie uns hier nicht eröffnet, so wären wir unfähig, mit dem Wort ‚Barmherzigkeit‘ einen realen menschlichen, und erst recht unfähig, einen realen gottbezogenen Inhalt zu verbinden.

Der menschlichen Barmherzigkeit eignen nach Thomas zwei sich gegenseitig durchdringende und doch voneinander unterscheidbare Impulse: einer nach innen, von emotional eher dunkel-schmerzlicher Tönung, ein anderer nach außen, der vorwiegend kraftvoll-erhellend in Erscheinung tritt.

Beim letzteren handelt es sich um den festen Willen, fremder Not Abhilfe zu schaffen, soweit es in den eigenen Kräften liegt. In diesem Sinn will und muss Barmherzigkeit beabsichtigen, nützlich zu sein, wenn sie nicht zu einer Kümmerform ihrer selbst degenerieren oder sich sogar gänzlich auflösen soll. Eine Haltung, welcher die Bereitschaft fehlte, Einsatz zu Gunsten leidender Mitmenschen zu leisten und insofern effektiv zu sein, hätte kein Anrecht auf den Namen ‚Barmherzigkeit‘. Zu ihrem Wesen gehört es nach Thomas, „dass jemand *tätig*[69] wird, um das Elend eines Andern zu vertreiben"[70].

Tätigkeit setzt aber eigenes Sein und eigene Lebensenergie voraus. Ist jemand vollständig entkräftet und selber erbarmungswürdig, ist jemand gefangen in eigener Qual, dann kann er nicht mehr wirken zur Behebung der Misere eines Mitmenschen und ist deswegen auch nicht mehr der Tugend der Barmherzigkeit mächtig. „Das eigene un-

---

68 Siehe Anm. 5 und Anm. 6!
69 Kursivdruck von uns!
70 S. Th. I q. 21 a. 3 corp.: „Quod operetur ad depellendam miseriam alterius."

mittelbare Bedrängtwerden durch reale und drohende Not" kann „die Fähigkeit, barmherzig zu sein, beeinträchtigen. Handeln aus Barmherzigkeit setzt demnach ein Vermögen voraus, zur eigenen Existenz in Distanz zu treten; nur dann weitet sich der Blick auf die anderen. Unmittelbare Bedrängnis raubt diese innere Freiheit..."[71] Ein besonders intensiver Fall solcher Bedrängnis ist die Angst. Furchtbesetzte Menschen können nicht Mitleid empfinden, „denn sie sind mit ihrer ganzen Aufmerksamkeit so sehr beim eigenen Leid, dass sie auf fremdes Elend nicht Acht haben"[72].

Eine gewisse Vitalität und Eigenmacht ist also die Voraussetzung für die aktiv-effektive Dimension, die helle Komponente menschlicher Erbarmung. Niemand aber wird diese für sich allein genommen bereits als ‚Barmherzigkeit' bezeichnen. Von einer solchen können wir Menschen zu Recht nur dann sprechen, wenn der dunkel-bedrängende Impuls dazukommt, den wir weiter oben bereits erwähnt haben. Gemeint ist die *schmerzliche* Betroffenheit durch die Not eines andern: „Es wird einer barmherzig genannt, insofern er ein elendes Herz hat, weil er durch die Misere eines andern von Trauer berührt wird, so als ob es seine eigene Misere wäre."[73] Oder in einer etwas anderen Wendung formuliert: „Insoweit empfindet ein bestimmter Mensch Trauer oder Schmerz über fremdes Elend, als er fremdes Elend als sein eigenes wahrnimmt."[74]

Während man nun den starken und effektiven Aspekt der Misericordia ihre *operationale* Seite nennen könnte, läge es nahe, von ihrer *kompassionalen* Seite dort zu sprechen, wo ihr dunkel affektiver, ihr erschütternder Impuls als Wesensgehalt zum Vorschein kommt. Operationalität und Kompassionalität, beide zusammen bilden die merkwürdig gegenläufige Doppelstruktur der nach innen drückend und nach außen befreiend wirkenden Barmherzigkeit, jenem menschli-

71　T. Marschler, Thomas von Aquin über die Barmherzigkeit, 102.

72　S. Th. II II q. 30 a. 2 ad 2: „Quia tantum intendunt propriae passioni quod non intendunt miseriae alienae."

73　S. Th. I q. 21 a. 3 corp.: „Misericors dicitur aliquis quasi habens miserum cor, quia scilicet afficitur ex miseria alterius per tristitiam, ac si esset eius propria miseria."

74　S. Th. II II q. 30 a. 2 corp.: „In tantum aliquis de miseria aliena tristatur aut dolet, in quantum miseriam alienam apprehendit ut suam."

chen von ‚Fremdelend' ausgelösten ‚Eigenelend', das die Behebung des ‚Fremdelends' motiviert.

Doch während, wie wir bereits gesehen haben[75], das Motiv der Operationalität von Thomas ohne epistemische Komplikationen[76] auf das Wesen des barmherzigen Gottes übertragen werden kann, bietet die Anwendung der Kompassionalität erhebliche Schwierigkeiten. Darum müssen wir die „compassio"[77] einer noch gründlicheren Analyse unterziehen, um im folgenden Abschnitt dann theologisch die Frage entscheiden zu können, ob der leiden-schaftliche Bestandteil der Erbarmung auf Gott eine *mehr* als bloß metaphorisch-bildliche, nämlich eine ontologisch verantwortbare reale[78] Übertragung zulässt – und, falls ja, unter welchen Voraussetzungen und in welchem Ausmaß.

„Compassio" ist, was immer sie auch sonst noch sein mag, allem zuvor eine Form der „passio". Der lateinische Sprachbefund ist für einmal deckungsgleich mit dem deutschen: „Mitleiden" ist, wie auch immer des nähern spezifiziert, ein besonderer Modus von „Leiden". Wir haben uns eben erst klar gemacht, dass zuviel *eigene* Bedrückung das „Mit" des „Mit-Leidens" aufhebt: Ein Übermaß an persönlicher Qual eines Menschen verhindert dessen Fähigkeit, die Qual des Nächsten an sich heranzulassen und heilsam zu beantworten. Genauso hinderlich wäre es in diesem Kontext, wenn nun jemand *zuwenig* Gespür für die eigene Fragilität und Leidanfälligkeit besäße, zuwenig Sinn dafür, wie bedroht von Widrigkeiten aller Art er selber ist.

Wer als Mensch keine Erfahrung, ja nicht einmal eine Ahnung davon besäße, dass auch er von Schmerz gepeinigt werden kann[79], und wer sich darum nicht vorzustellen vermöchte, was es für die Lebens-

---

75   Siehe Anm. 9 bis Anm. 13!

76   Natürlich unter Wahrung der Ähnlichkeitsunähnlichkeit, wie sie in der Analogie unserer menschlichen Rede von Gott enthalten ist: Vgl. B. Weissmahr, Philosophische Gotteslehre, Stuttgart 1983, 108.

77   S. Th. II II q. 30 a. 2 corp.

78   Nach Georgius Frankowski geht es um die Frage, ob Gott die Misericordia im „allereigentlichsten Sinne" („propriissime") zukomme: Siehe dazu G. Frankowski, De misericordia divina eiusque excellentia secundum S. Thomam, 44.

79   S. Th. II II q. 30 a. 2 corp.: „Jene, die meinen, glücklich und der Wirklichkeit gegenüber derart machtvoll zu sein, dass ihnen nichts Übles geschehen *könne*, haben nicht dieselbe Geneigtheit, Erbarmen zu üben, wie die Schwachen und Ängstlichen ‚Illi, qui reputant se esse felices, et in tantum potentes quod nihil mali putant se posse pati, non ita commiserentur'."

führung bedeutet, Opfer bedrückender Not zu sein, auch der wäre zur ‚Compassio' nicht imstande. Er müsste dem Appell fremden Leidens gegenüber im Letzten verständnislos bleiben: „Wem die eigene Schwäche aus dem Blick gerät, der verliert ... auch die Fähigkeit zum Mitgefühl. Thomas stellt dies ausdrücklich von den Hochmütigen fest, die mit der Haltung durchs Leben gehen, jeder Leidende sei für sein Schicksal selber verantwortlich."[80] Die seelische Disposition der Kompassionalität, ohne welche sich Barmherzigkeit nicht einstellen kann, ist eine lebendige Mitte zwischen der Gefangenschaft im privaten Schmerz und der Dauerflucht vor den unsicheren Seiten des eigenen Daseins. Intime Verzweiflung ist zu geschwächt, intime Selbstüberhebung ist zu eigenmächtig, um mit Leidenden mitzuleiden. Nur wer in der Stärke genug Sinn für die Schwäche[81], und in der Schwäche genug Elan zur Stärke besitzt, kann die Tugend der Barmherzigkeit in sich ausprägen und hilfreich nach außen treten lassen.

Doch ist mit dieser Überlegung ein wesentlicher Punkt noch nicht berührt. Nehmen wir einmal an, jemand würde all jene Dimensionen in sich vereinen, die im vorstehenden Abschnitt als Bedingungen dafür aufgezählt worden sind, dass Erbarmung überhaupt aufbrechen kann. Gehen wir also davon aus, dass der Betreffende nicht hochmütig, sondern sich seiner eigenen Leidanfälligkeit durchaus bewusst und somit von Sensibilität geprägt sei; setzen wir zudem voraus, dass nicht eine schwere Qual all seine Kraft zur Teilnahme aufzehrt, sondern in ihm die Energie, sich anderen zuzuwenden, verbleibt; überdies soll gelten, dass er mit offenen Augen durch Welt geht und darum auch sieht und so gerade nicht verdrängt, wenn einer seiner Mitmenschen sich quält. Warum genügen diese drei Ein-Sich-

---

80 T. Marschler, Thomas von Aquin über die Barmherzigkeit, 101f.
81 Wir wollen hier die Frage nicht ganz übergehen (obwohl ihre eingehende Behandlung in unserem Kontext zu weit führen würde), was das eben Bemerkte für Gottes Fähigkeit zur Misericordia bedeutet. Gott kennt ja in der Theologie des Aquinaten weder Schwäche noch Schwächung, folglich auch kein Gespür für die Beeinträchtigung seines Wesens. Heißt das nun, dass Gott eine Voraussetzung für echtes Erbarmen nicht erfüllt – nämlich eben die Sensibilität für die Not anderer, die zu tun hat mit der Sensibilität, die erwächst aus dem Sinn für die Möglichkeit eigener Brüchigkeit? Doch Gott muss nach Thomas nicht selber fragil sein, um die Fragilität seiner Geschöpfe zu verstehen, denn er ist ihr Schöpfer, er weiß um alles, was sie betrifft, aus Eigenem (vgl. unten Anm. 146!) – auch um das Übel: S. Th. I q. 14 a. 10 corp.: „Deus cognoscit etiam mala".

ten nicht, die Regung und die Haltung der leidenschaftlich bewegten Hilfsbereitschaft hervorzurufen? Warum braucht es den dunklen Impuls, jenes „*elende* Herz", das man hat, weil man an der Not des andern wie an der eigenen Not leidet, und das weiter oben in Anm. 78 bereits erwähnt wurde?

Aufschlussreich in dieser Hinsicht ist die Wendung ‚wie an der *eigenen* Not'! Was uns nicht wie etwas Eigenes trifft und angeht, das bewegt offenkundig nicht die tiefsten Schichten, dringt nicht bis zum Personkern vor. Wie es scheint, haben wir Menschen diese Bedrückung, die uns keine Ruhe lässt, bis wir die Hand zur Besserung einer fremden Lage bieten, *nötig*. Thomas spricht mit Augustinus davon, dass wir dazu durch die ‚compassio' „gedrängt, ja *getrieben* werden"[82]. Es hat den Anschein, als müsste damit ein Widerstand überwunden werden, der potentiell immer irgendwie in den Menschen gegeben ist und nur allzu oft auch wirklich vorkommt. Damit rückt die in unserem erbsündlich belasteten Inneren nie vollständig zu bannende Gefahr der „Verhärtung"[83] in den Blick: „Die Herzenskälte bzw. Herzenshärte ist eine Anlage, die sich dagegen wehrt, zu lieben."[84] Denn es gilt: „All das, was gefroren ist und kalt, ist in sich zusammengezogen, so dass es nicht leicht das Eindringen eines Anderen duldet."[85]

Eine besonders schwerwiegende Variante dieser Liebesverweigerung ist die Schadenfreude, wo die Erbarmungswürdigkeit eines Mitmenschen nicht nur keine Trauer auslöst, sondern sogar die verkehrte Reaktion „jubelnder Befriedigung"[86]. Die beeindruckend tiefgründige Phänomenologie dieser grausamen Gestimmtheit lässt Thomas von Aquin zum Schluss kommen, dass Schadenfreude im

---

82   „Compellimur", in: S. Th. II II q. 30 a. 1 corp.: „Misericordia est alienae miseriae in nostro corde compassio, qua utique si possemus, subvenire compellimur ‚Barmherzigkeit ist jenes in unserem Herzen angesiedelte Mitleid mit fremdem Elend, durch welches wir gedrängt, ja getrieben werden, zu helfen'."

83   Vgl. S. Th. I II q. 79 a. 3 corp.!

84   S. Th. I II q. 28 a. 5 corp.: „Cordis congelatio vel duritia est dispositio repugnans amori."

85   S. Th. I II q. 28 a. 5 corp.: „Ea enim quae sunt congelata, in seipsis constricta sunt, ut non possint de facili subintrationem alterius pati."

86   S. Th. II II q. 36 a. 4 ad 3: „Exultatio in adversis ‚das Jauchzen im Fall von Widerwärtigkeiten ‚die den Nächsten treffen'".

Grunde eine „Tochter des Neides"[87] ist. Denn wie der Neid[88] Betrübnis hervorruft, ausgerechnet über das, was eigentlich beglücken sollte: nämlich das Gut eines Anderen (dem man nicht gut ist – und dem man darum dieses Gut nicht zubilligt), so weckt eben – spiegelverkehrt dazu – die Schadenfreude Lust und Hochstimmung über dessen Schaden, d.h.: Gerade weil man dem Nächsten sein Wohl nicht gönnt, ‚gönnt' man ihm umso eher sein Wehe. Dahinter steht jedesmal die Verschlossenheit eines harten Herzens, das sich weigert, jene grundlegend wohlwollende Rücksicht zu gewähren, die den Kern von Gerechtigkeit und Liebe ausmacht.

Diese destruktive Ablehnung ist nach Thomas *nicht aktuell* in jedem von uns als unmittelbar wirksames Handlungsprinzip gegeben. Aber durch die von der Urschuld stammende ‚Verderbnis der menschlichen Natur'[89] empfängt der Mensch mit seiner Zeugung eine vierfache Wunde, die „Wunde der Unwissenheit, der Bosheit, der Schwäche und der ungeordneten Begierlichkeit"[90], woraus eine mehr oder minder starke Neigung zu Misstrauen und Widersetzlichkeit und damit auch zur Herzenskälte erwächst.

Nun wird besser verständlich, warum der Impuls der ‚compassio' den erschütternden und anstachelnden Druck vermittelt, der hin*treibt* zur Anteilnahme an fremdem Unglück und zur wirksamen Hilfeleistung. Als Gegenteil der Schadenfreude, die vom Leid des Anderen Bestätigung und Hochstimmung empfängt, löst Mitleid den umgekehrten Impuls aus – die schmerzliche Erregung, die offen-

---

87 Ebd.
88 M. Scheler, Vom Umsturz der Werte, Bern ⁵1972, 39f.
89 S. Th. I II q. 81 a. 1 ad 2: „Naturae infectio"
90 S. Th. I II q. 85 a. 3 corp.: „Insofern die Vernunft ihrer natürlich geordneten Beziehung entkleidet wird, ergibt sich die Wunde der Unwissenheit; insofern der Wille seiner natürlich geordneten Beziehung zum Guten entkleidet wird, ergibt sich die Wunde der Bosheit; insofern die aggressiv-iraszible Energie ihrer natürlich geordneten Beziehung zum anspruchsvollen Hochgut entkleidet wird, handelt es sich um die Schwäche; insofern das Verlangen der natürlich geordneten Beziehung zum begehrenswerten von der Vernunft geregelten Lustgut entkleidet wird, haben wir die Wunde der Begehrlichkeit vor uns ‚Inquantum ergo ratio destituitur suo ordine ad verum, est vulnus ignorantiae; in quantum vero voluntas destituitur ordine ad bonum, est vulnus malitiae; in quantum vero irascibilis destituitur suo ordine ad arduum, est vulnus infirmitatis; in quantum vero concupiscentia destituitur ordine ad delectabile moderatum ratione, est vulnus concupiscentiae'."

kundig macht, dass ein Herz vom Elend anderer getroffen und beunruhigt ist. Weil also der stets der Bedrohung durch die Verhärtung ausgesetzte Mensch in seiner Selbstgenügsamkeit dazu neigt, sich allzu unanfechtbar zu fühlen (und gerade so die wahre Sicherheit, die nur in der Liebe und in dem durch sie ermöglichten Frieden erreicht wird, zu verfehlen), ‚muss‘ die Erbarmung durch den irritierenden Stoß der ‚compassio‘ genau diese Verschanzung des menschlichen Herzens aufbrechen und dieses über sich hinauswachsen lassen.

Allerdings sollte man sich nach unseren bisherigen Ausführungen hüten, nur noch die *lastende* Seite der Kompassionalität zu sehen – also jene gegen die mögliche Liebesweigerung des selbstherrlichen Menschen angehende Energie, welche diesem dunkel, d.h. unverständlich und unangenehm, vorkommen *muss*, solange er mit ihrer Logik nicht einverstanden ist, d.h. sich ihr nicht ergeben hat. Denn Kompassionalität ist eigentlich von Anfang an im Bunde mit dem, was das Herz des Menschen im Grund erstrebt – mit dem Geschehen und der Haltung der Liebe. So tritt Mitleiden in unserer Geschichte zwar auch als Trauer in Erscheinung, wird es meist als schmerzlicher Druck empfunden, aber in seinem Kern ist es die Schwingung der Liebe[91], die betroffene Güte bzw. das gütige Betroffensein durch den andern und durch das, was *diesen* getroffen hat. So offenbart Kompassionalität selber noch einmal zwei Seiten[92], welche sich in der Zusammensetzung dieses Begriffs andeuten. Im Bestandteil „Kom-“ von „Kompassionalität“ zeigt sich die starke und erfüllende Dimension, das Wohlwollen gegenüber dem Anderen, welches die reine Leistungsdynamik als nutzbringende Funktionalität des Helfers an funktionalen Störungen des Bedürftigen[93] übersteigt und dies beinhaltet, dass der Barmherzige mit der Mitte seiner Person Anteil nimmt am Andern und Anteil gibt an sich selbst, im Bilde gesagt: dass er nicht nur die Hände rührt, sondern in seinem Herzen berührt und – im tiefsten und schönsten Sinn des Wortes – selber angetan ist von der

---

91 Was darin deutlich wird, dass Thomas die Misericordia eine ‚besondere Bewandtnis ‚specialis ratio‘ der ‚Liebe ‚caritas‘ nennt: S. Th. II II q. 30 a. 3 ad 3.

92 Wie die Barmherzigkeit, an welcher neben der Kompassionalität die Operationalität als entscheidende Dimension namhaft gemacht worden war: Vgl. Anm. 13 und den Text im Umfeld von Anm. 80!

93 Welche letztlich in der Behebung mancher Notdurft des Leibes ja schließlich auch von einem Roboter geleistet werden könnte!

Person und der Lage dessen, dem er sich zuwendet. ‚Angetan-Sein' heißt in der Terminologie des Aquinaten ‚Affectus'[94], darum schlagen wir vor, diesen Bestandteil der ‚Kompassionalität' die ‚Affektivität' zu nennen, den beschattet-schmerzlichen derselben hingegen die ‚Passionalität'.

Menschliche Misericordia gliedert sich – das soll zusammenfassend festgehalten sein – grundlegend in ‚Operationalität / Effektivität' und in ‚Kompassionalität'– und die Kompassionalität selber lässt sich noch einmal in ‚Affektivität' und ‚Passionalität im engeren Sinne' auseinanderfalten.

4.2 Wieviel bleibt bei Thomas von der leidenschaftlichen Seite des Erbarmens, wenn man es auf Gott überträgt?

Nun sind wir mit unseren Überlegungen an jenem Punkt einer Theologie der Barmherzigkeit angelangt, an welchem sich, wie wir bereits zu Beginn unseres Artikels angedeutet haben, die Originalität und Synthesefähigkeit des Thomas von Aquin in besonderer Weise bewährt. Seine Kommentatoren teilen sich in zwei Gruppen[95], in diejenige, die ‚Misericordia' von Gott nur metaphorisch ausgesagt wissen möchte, und in die andere, die daran festhält, dass ‚Misericordia' Gott nicht nur bildlich, sondern ‚proprie' bzw. gar ‚propriissime'[96] zugesprochen werden kann. Beide nehmen für sich in Anspruch, die Lehrmeinung des Doctor communis wiederzugeben. Doch wir wollen zeigen, dass nur die These vom eigentlichen Sinn der gottbezogenen Barmherzigkeitsrede dessen Ansicht trifft.

Da zum einen Thomas die Lehre vertritt, Gott sei die volle Verwirklichung seines Wesens, ‚actus purus'[97], weswegen sich im Inneren seines Seins keine Beeinträchtigung einstellen könne, zum andern aber ihm und unserer menschlichen Erfahrung zufolge Barmherzigkeit mit einer bestimmten Art von Schmerzlichkeit behaftet ist, wird die Frage unausweichlich, ob Gott die ‚Misericordia' wirklich sensu proprio zukommt. Einiges spricht dafür, anderes dagegen.

---

94 S. Th. I q. 21 a. 3 corp.
95 Siehe Anm. 8 bis Anm. 11 und Anm. 13!
96 Siehe Anm. 83!
97 S. Th. I q. 3 a. 2 corp.

Dafür kann man geltend machen, dass Erbarmen, wie wir schon gesehen haben, nur wirksam ist in dem, der selber nicht von eigener Not zerdrückt und dadurch erbarmungswürdig wird[98]. Eigenmacht und Bewegungsspielraum der besten Kräfte sind Voraussetzung dafür, aus Barmherzigkeit helfen zu können. Dazu aber ist Gott eben darum imstande, weil er actus purus, nicht zu schmälernde Fülle des Seins überhaupt ist. So ist es ausgerechnet die in der traditionellen Theologie (der auch Thomas zugehört) nie in Abrede gestellte „Leidensunfähigkeit"[99], welche Gott im aktiv-effektiven Sinne zum unverbrüchlichen Inhaber der Erbarmung befähigt. Diesen Gedanken stützt die Überzeugung des Aquinaten, dass ein Elend nur durch eine bestimmte ‚Vollkommenheit'[100] aufgehoben bzw. wenigstens gelindert zu werden vermag: „Es kommt Gott in höchstem Maße zu, das Elend eines anderen zu beheben, sofern wir unter Elend irgendeine Form von Mangel verstehen. Mängel aber werden nur behoben durch die Vollkommenheit irgendeiner Güte. Der allererste Ursprung von Güte aber ist Gott."[101] Am Grund aller menschlichen Misere aber wohnt als kapitaler Defekt das Un-Glück, die Abwesenheit dessen, was einer mit der Kraft seines Wesens erstrebt und ersehnt: „Elend ist der Gegensatz zum Glück. Nun aber macht es den Begriff von Glück bzw. Glückseligkeit aus, dass einer erlangt, was er will, und dass dies Gewollte der Gerechtigkeit nicht zuwiderläuft, denn es gilt, was Augustinus sagt: ‚Glückselig ist einer, der alles hat, was er will'[102], und nichts Schlechtes will.' Und darum gehört es zum Elend, dass ein

---

98 Anm. 76 und Anm. 77!

99 Zum Beispiel als Unfähigkeit zur Trauer: S. Th. I q. 21 a. 3 obi. 1 und ad 1!

100 Wobei unter Vollkommenheit eine Wirklichkeit zu verstehen ist, die auf der ihr entsprechenden Seinsebene zur Fülle dessen hingefunden hat, was mit ihrem Wesen gemeint und angezeigt ist: „Ad perfectionem alicuius rei dupliciter aliquid pertinet. Uno modo ad constituendam essentiam rei, sicut anima requiritur ad perfectionem hominis. Alio modo requiritur ad perfectionem rei, quod pertinet ad bene esse eius, sicut pulchritudo corporis et velocitas ingenii pertinet ad perfectionem hominis." (S. Th. I II a. 4 a 5 corp.)

101 S. Th. I q. 21 a. 3 corp.: „Repellere miseriam alterius, hoc maxime ‚Deo' competit, ut per miseriam quemcumque defectum intelligamus. Defectus autem non tolluntur, nisi per alicuius bonitatis perfectionem: prima autem origo bonitatis Deus est."

102 Vgl. dazu auch J. Pieper, Glück und Kontemplation, München 1957, 63: „Ein Wort Augustins, aus seinem Buch über den dreieinigen Gott; es ist ein Wort von jener schlagenden Einfachheit, die nur die ganz Großen zu wagen scheinen: Beatus est, qui habet omnia quae vult, ‚glückselig ist, wer alles hat, was er will'."

Mensch erduldet, was er nicht will."[103] Nun stelle man sich vor, Gott
wäre im eben dargestellten Verständnis von ‚Un-Glück' selber elend,
würde also dessen ermangeln, was er kraft seines Soseins erstrebt
und will. Wie könnte Gott mit diesem Mangel an wesensgemäßer
Vollkommenheit und Glückseligkeit barmherzig und tröstlich denen
begegnen, die die Misere des Unglücks zu tragen haben? Darum besteht einer der Pfeiler der kirchlichen Gotteslehre in dem Glaubens-
satz, dass Gott vollkommen glücklich[104] ist: „Gott kommt Glückseligkeit im höchsten Maße zu."[105]

Der *notwendige* Zusammenhang zwischen der Seinsfülle und der
Fähigkeit zur Erbarmung in Gott ist nicht ein Zierstück der Gotteslehre, das gegebenenfalls auch fehlen könnte; vielmehr handelt
es sich dabei um ein Element, auf das man für eine verantwortbare Theorie von der Barmherzigkeit als eines *göttlichen* Attributs nicht
verzichten kann: Wer barmherzig sein können will, muss in einer
gewissen Souveränität über den Dingen stehen, er muss „Superior
‚Der Höherstehende'"[106] sein. Das bestätigt sich bei Thomas vor allem im Blick auf die Einheit von Misericordia und Allmacht: „Es gehört zum Erbarmen, dass es sich auf die anderen ergießt und – was
mehr ist – der Schwäche der anderen aufhilft: und das gerade ist Sache des Höherstehenden. *Deshalb*[107] wird das Erbarmen gerade Gott
als Wesensmerkmal zuerkannt; und es heißt, dass darin am meisten[108] seine Allmacht offenbar wird."[109] Die „Mitteilung von Vollkom-

---

103 S. Th. II II q. 30 a. 1 corp.: „Miseria autem felicitati opponitur."
104 Ch. Schönborn, Leben für die Kirche. Die Fastenexerzitien des Papstes, Frei-
     burg / Basel / Wien ²1998, 11/16: „Gott ist in sich unendlich vollkommen und
     glücklich. Mit diesen Worten beginnt der Katechismus der katholischen Kirche.
     ... Das erste Wort des Katechismus ist *Gott*. Die erste Aussage des Katechismus
     ist – fast möchte ich sagen – ein *Jubelruf*: ‚Gott ist in sich unendlich glücklich und
     vollkommen.' In diesem ersten, grundlegenden Bekenntnis klingt die *Anbetung*
     an: *Gott* ist unendlich anbetungswürdig. Ihn zu loben bedarf keiner Rechtferti-
     gung. Er ist unendlich lobwürdig. Doch bedarf er des Lobes nicht. Es kann Ihm
     nichts hinzufügen. Nichts fehlt Ihm; Gott ist in sich *unendlich glücklich*. Ihn zu
     betrachten, zu loben, anzubeten, dazu ist Er selber Grund genug."
105 S. Th. I q. 26 a. 1corp.: „Beatitudo maxime convenit Deo."
106 S. Th. II II q. 30 a. 4 corp.
107 Kursivdruck zur Betonung durch den Autor dieses Artikels!
108 Siehe Anm. 16, Anm. 17 und Anm. 18!
109 S. Th. II II q. 30 a. 4 corp.: „Pertinet enim ad misericordiam quod alii effundat;
     et, quod plus est, quod defectus aliorum sublevet; et hoc est maxime superioris;
     et in hoc maxime dicitur eius omnipotentia manifestari."

menheiten an die von Mangel Gezeichneten"[110] – das ist Misericordia. Wie sollte es, so gesehen, Barmherzigkeit geben ohne Vollkommenheit(en) in Gott?

Was aber spricht nun *dagegen*, Gott die Misericordia als sein Attribut im eigentlichen Sinne[111] zuzusprechen?

Weiter oben[112] haben wir gezeigt, dass jemand, der nicht um seine eigene Fragilität und Bedrohtheit weiß, der sich nicht aus Erfahrung vergegenwärtigen kann, was es bedeutet, von Leid bedroht bzw. belastet zu sein, nicht so zum Erbarmen geneigt ist wie diejenigen, die durchgemacht haben, was Leben und Geschick an Not mit sich bringen.

Gott aber ist, so Thomas, weder körperlicher Pein noch seelischgeistiger Beeinträchtigung ausgesetzt. Gott kennt nicht die verdüsternde Gemütsbewegung der Traurigkeit: „Barmherzigkeit ist eine Gattung der Traurigkeit. Aber Traurigkeit ist nicht in Gott."[113] Wie also sollte Gottes vollkommenes Sein, das in seiner Fülle und Ganzheit durch nichts gemindert werden kann, von dem Schmerz getroffen werden, den der Schmerz anderer im Mitleidenden auslöst?

Wenn aber Gott das Mitleiden nicht auch in gewisser Weise erleidet, wie soll er Barmherzigkeit kennen? Was wäre denn Barmherzigkeit noch ohne die Leidenschaft der ‚compassio'? Gilt denn nicht auch für Gott, was Eberhard Jüngel in einer Predigt als Zusammenfassung menschlicher Erfahrung so formuliert hat: „Wer sich wirklich freuen kann, der wird sensibel fürs Leiden. Wer die hellen Seiten des Lebens zu schätzen weiß, den schmerzen die dunklen Seiten erst recht. Wer die Gerechtigkeit liebt, den empört das Unrecht besonders."[114] Was, wenn die dunklen Seiten Gott gar nicht *schmerzen*? Was soll dann noch die Attribution der Barmherzigkeit an Gott besagen?

---

110 S. Th. I q. 21 a. 3 corp.: „Communicatio enim perfectionum absolute considerata pertinet ad bonitatem; ... sed in quantum perfectiones rebus a Deo dantur secundum earum proportionem , pertinet ad iustitiam; ... in quantum vero non attribuit rebus perfectiones propter utilitatem suam, sed solum propter suam bonitatem, pertinet ad liberalitatem; in quantum vero perfectiones datae rebus a Deo omnem defectum expellunt, pertinet ad misericordiam."

111 Siehe Anm. 100!

112 Siehe Anm. 84 und Anm. 85!

113 S. Th. I q. 21 a. 3 obi. 1: „Misericordia ... est species tristitiae ... Sed tristitia non est in Deo."

114 E. Jüngel, Geistesgegenwart. Predigten, München 1974, 119.

Wird der Begriff der Misericordia dadurch nicht hoffnungslos ausgehöhlt und leer?

Andrerseits ist – wie in den vorstehenden Abschnitten deutlich gemacht wurde – eine bestimmte Freiheit von eignen Leiden eine innere Voraussetzung dafür, wirksam leidlösende Erbarmung an den Tag legen zu können. Stehen sich möglicherweise Effektivität und Leidenschaftlichkeit des Betroffen-Seins im Wege? Und gar dann, wenn man sie beide im Absoluten identifiziert?

Keine Frage: Nach Thomas von Aquin und der Tradition, in der er steht, liebt Gott ohne ‚passio'[115]. Wir geben diese Aussage im Deutschen meist so wieder: ‚Gott liebt ohne Leidenschaft'." Daraus folgern wir dann: Gott *ist* leidenschaftslos. Für unsere Ohren bedeutet das: Gott ist kalt, unbeteiligt. Gott ist nicht bewegt von dem, was uns bewegt. Er existiert in stoischer Ruhe, erhaben über der Welt. Die Welt kann sich nicht einmischen in seine Befindlichkeit. Und von dieser Intuition aus ist nur ein kleiner Schritt zur Behauptung: Gott mischt sich auch nicht ein in die Belange der Welt. Damit stünden wir vor dem Deismus – und zugleich vor dem Verrat des biblischen Gottesverständnisses. Und so hätten wir – scheinbar – einmal mehr einen Beweis dafür, dass das ‚griechische Seinsdenken' das biblische Denken von Gottes Anteilnahme und Wirksamkeit verraten hat: „Wie ... war es möglich, dass gerade im Christentum, das sich ganz und gar von der Leidensgeschichte des Jesus von Nazareth, den es als Christus und Sohn Gottes bekennt, herleitet, die Lehre von der Apathie, der Leidens-Unfähigkeit Gottes, so lange triumphierte?"[116]

Noch einmal: Nach Thomas liebt Gott ohne ‚passio'. Was aber heißt für den Aquinaten ‚passio' genau? Wenn uns die Bedeutung dieses Begriffs nicht aufgegangen ist, werden wir auch nicht verstehen, warum ihn Thomas von der Kennzeichnung der göttlichen Liebe ausschließt. Und warum schließt er ihn aus? Um etwa damit anzudeuten, dass in Gott weniger oder überhaupt keine ‚Leidenschaft' sei? Das Gegenteil ist wahr – und es ist ein geistesgeschichtliches Unglück ersten Ranges, dass genau dieser Punkt immer wieder falsch interpretiert wird.

115 S. Th. I q. 20 a. 1 obi. 1, vor allem S. Th. I q. 20 a. 1 ad 1.
116 G. Schiwy, Ist Gott ‚apathisch'? in: Günther Schiwy, Abschied vom allmächtigen Gott, München 1995, 56f.

Thomas von Aquin verneint die Anwesenheit von ‚passio' in Gott, weil er mit der ganzen Kraft seiner Glaubensüberzeugung herausschälen und klar machen will, dass in Gott unendlich viel *mehr* Leidenschaft und Interesse für seine Kreatur brennt, als sich in jedem endlichen Wesen findet, das von ‚passio' geprägt und bewegt wird – denn: ‚passio' meint nach ihm eine *Entwicklung* hin zur Liebe – und eben gerade nicht schon das volle *Sein* der Liebe, eine Entwicklung, wie sie sich in uns *leibgebundenen* Menschen vollzieht und die ihre wesentliche Signatur empfängt vonseiten des darin notwendig mitgegebenen *sinnlichen* Prozesses, dessen, was Thomas „Transmutatio corporalis"[117] nennt: „Die Regungen und Verwirklichungen des *sinnlichen* Strebevermögens (Appetits[118]), insofern ihnen jeweils eine bestimmte Veränderung der *leiblichen* Befindlichkeit beigemischt ist, werden ‚passiones' genannt."[119]

Und wer wollte derartige Körperprozesse in einem theologisch verantwortbaren Sinne von Gott aussagen? Zwei Gründe also bringen den Doctor communis dazu, ‚passio' als mit Gottes Wesen unvereinbare Kategorie aus seiner Rede vom göttlichen Erbarmen auszuscheiden: ihre Körperlichkeit / Sinnlichkeitsbezogenheit und ihr Charakter als zeitlich ablaufendes Veränderungsgeschehen. Gott als Ewiger braucht keine zeitlichen Vorgänge zu durchlaufen, wie sie mit ‚passio' nun einmal von innen her verknüpft sind. Er muss Liebe nicht *suchen* wie wir Menschen, die wir auf die nicht je schon verstandene und uns darum oft dunkel vorkommende Stoßkraft der ‚passio' angewiesen[120] sind, um die natürliche und erbsündlich belastete Schwerkraft der Verhaftung an uns selbst zu überwinden; Gott muss Liebe

---

117 S. Th. I q. 20 a. 1 ad 1.

118 Zur Verdeutlichung des Unterschieds zwischen sinnlicher Wahrnehmung und geistigem Verstehen siehe: M. Schulze, Leibhaft und unsterblich. Zur Schau der Seele in der Anthropologie und Theologie des Hl. Thomas von Aquin (Studia Friburgensia, N. F., 76), Freiburg / Schweiz 1992, 41–51. Zur Differenz von sinnlichem Appetit und geistigem Wollen siehe Joannes Josephus Urráburu, Institutiones philosophicae, Volumen IV, Pars 1, Valladolid 1894, 918–920, und J. J. Urráburu, Institutiones philosophicae, Volumen V, Pars 2, Valladolid 1896, 108–125.

119 S. Th. I q. 20 a. 1 ad 1.

120 Man erinnere sich dessen, was wir im Zusammenhang mit dem zentralen Begriff des ‚Compelli / Getriebenwerdens' angemerkt haben: Siehe Anm. 86, wo ausgeführt wurde, dass wir Menschen ‚compellimur / getrieben werden' durch die Passionalität in der Kom-Passionalität!

nicht suchen, er *ist* Liebe – in der ewig vollkommenen Bejahungsaktu-
alität seiner unendlichen Güte.

Dass es sich bei unseren Ausführungen hier nicht um eine eigen-
willige und sachlich nur schwer begründbare Auslegung des thomanischen Gedankengutes handelt, zeigt sich in der von Thomas an
allen einschlägigen Stellen durchgehaltenen, sehr präzisen Terminologie, die leider manchmal nur verstümmelt in die maßgeblichen
Werke der thomistischen Tradition übergegangen ist. Man kann viele
der schulbildenden Manualien aufschlagen, beinahe immer begegnet
man der (allzu) einfachen Entgegensetzung: Gott ist barmherzig bezüglich des ‚effectus', aber nicht in Hinblick auf den ‚affectus'[121]: „Die
Barmherzigkeit, als Affekt gefasst, ... ist ... von Gott im eigentlichen
Sinne nicht prädizierbar,"[122] oder ähnlich: „Damit du verstehst, *wie* in
Gott Barmherzigkeit ist, unterscheide mit Thomas bei dieser Tugendhaltung zwischen Affekt und Effekt!"[123]

Schon vor Thomas hat sich Theologie die Sache mit der Barmherzigkeit in Gott in der dargestellten Weise zurechtgelegt – so etwa Anselm im Proslogion: „Wenn Du, o Gott, uns in unserem Elend an-
schaust, so verspüren wir des Barmherzigen Effekt, Du aber nicht
dessen Affekt"[124], bzw. in einer anderen Passage: „Du bist barmherzig
in Rücksicht auf uns und nicht in Hinsicht auf Dich. ... Du bist barmherzig, nicht weil Du einen Affekt verspürst, sondern weil wir den Effekt verspüren."[125] Und auch Thomas selbst hat – so scheint es – diese
Unterscheidungstradition fortgeführt, schreibt er doch an maßgebli-
cher Stelle: „Barmherzigkeit ist Gott in höchstem Maße zuzuerken-
nen, aber gemäß deren Effekt und nicht gemäß ...."[126]

---

121 Siehe Anm. 13!
122 J.Brinktrine, Die Lehre von Gott, Band 1, Paderborn 1953, 199.
123 F. Egger, Enchiridion theologiae dogmaticae specialis, Brixen 1915, 108: „Ut vero
     intelligas, *quomodo* in Deo sit misericordia, distingue cum S. Thoma inter *affec-
     tum* et *effectum* huius virtutis!"
124 A. v. Canterbury, Proslogion VIII: „Cum tu respicis nos miseros, nos sentimus
     misericordis effectum, tu non sentis affectum."
125 A. v. Canterbury, Proslogion X: „Misericors es secundum nos et non secun-
     dum te. ... Misericors es, non quia tu sentias affectum, sed quia nos sentimus
     effectum."
126 S. Th. I q. 21 a. 3 corp.: „Misericordia est Deo maxime attribuenda, tamen secun-
     dum effectum, non secundum"

Wie geht es weiter im Thomaszitat? Nach allem bisherigen müsste man erwarten, dass der Text lautet: „... aber gemäß deren Effekt und *nicht gemäß deren Affekt.*" Aber so heißt es nur beinahe, nicht ganz. Und dieses ,nicht ganz' entscheidet über alles Folgende. Es steht da zu lesen: „... aber gemäß deren Effekt und *nicht gemäß dem Affekt einer* ,passio'", lateinisch: „tamen secundum effectum, non secundum *passionis* affectum."[127]

Nun haben viele Thomasschüler den Fehler begangen, anzunehmen, dass der Aquinate mit der Passionalität auch die Affektivität von Gottes Misericordia ausgeschlossen hätte. Das ,non secundum passionis affectum' wäre dann so auszulegen, als wolle der Doctor communis sagen: Barmherzigkeit hat nichts mit Affekt zu tun – und schon gar nicht mit einem von Passionalität durchwalteten Affekt. Doch das ist nicht des Thomas wirkliche Meinung, denn er schreibt Gott in gewichtigen Zusammenhängen sehr wohl Affektivität zu – nur eben nicht diejenige, die von ,passio' geprägt ist. Nach Thomas ist Gott folglich radikal, d. h. von der Wurzel seines Seins her, angetan von seinen Geschöpfen und deren Ergehen – allerdings ohne körperliche Veränderungsphänomene und ohne niederdrückende Schattenseiten, aber deswegen nicht weniger, sondern nur umso mehr ,leidenschaftlich'.

Schon einer der meisterlichen Thomasinterpreten des ausgehenden 19. Jahrhunderts, Juan José Urráburu, der sich für seine Zeit erstaunlich intensiv mit der Barmherzigkeit als Gottesattribut auseinandergesetzt[128] hat, macht in seiner klugen Ausdrucksweise darauf aufmerksam, dass Effekt und Affekt in Gott gar nicht zu trennen sind, dass vielmehr Gottes *Wille* zur Effektivität des Helfens *selber*

---

127   S. Th. I q. 21 a. 3 corp.: „Misericordia est Deo maxime attribuenda, tamen secundum effectum, non secundum passionis affectum." Dass es sich bei dieser Stelle, wo nur ein bestimmter Modus von Affekt von Gott verneint wird, nicht um Affekt überhaupt und insgesamt handelt, zeigt etwa S. Th. I q. 21 a. 3 ad 1, wo Thomas in seiner Antwort auf den Einwand, dass Barmherzigkeit von Gott nicht prädizierbar sei, weil es sich bei ihr um eine Art von Traurigkeit handele, denselben Ausdruck wie eben noch einmal gebraucht: „Dieser Einwand geht von Barmherzigkeit aus, insofern es sich um den Affekt einer ,passio' handelt, ,und trifft infolgedessen nicht zu!' ,Obiectio illa procedit de misericordia, quantum ad passionis affectum'."

128   J. J. Urráburu, Institutiones philosophicae, Theodicaeae Volumen VIII/2, Valladolid 1900, 636–644.

schon *Affektivität*, leidenschaftliche Hinneigung zu den Geschöpfen, ist: „Einige, wie Pater Salmeron[129], haben sich dagegen ausgesprochen, Gott im eigentlichen Sinn und ohne Metaphorik Barmherzigkeit zuzuschreiben, wie man Gott ja auch Zorn so nicht zuschreibt. Viele andere aber haben die Ansicht ausgesprochen, dass Gott im eigentlichen Sinn und formell Barmherzigkeit innewohne ... Und dieser Auffassung schließe auch ich mich gerne an. ... Denn, wie die häufig vorgetragene These gelehrter Männer es besagt, so gehört zwar die Leiden machende Passionalität nicht zum formellen Wesensbegriff der Misericordia, wohl aber die *Affektivität* des Willens, fremde Not zu erleichtern, wodurch einsichtig wird, dass diese Neigung zu helfen nicht eine gemischte, sondern eine durchweg reine Vollkommenheit beinhaltet und folglich ohne Einschränkung von Gottes Wesen ausgesagt werden muss."[130]

Es wäre interessant zu verfolgen, wie wenigstens einzelne große Repräsentanten theologischer Reflexion durch die Jahrhunderte hin die thomanische Intuition von Gottes Affektivität aufgegriffen und entwickelt haben – wie etwa Leonardus Lessius von der göttlichen Misericordia ausführt, sie besage „eine vollkommen schlichte und schlicht vollkommene *Affektivität* des Willens, einem anderen Hilfe zu bringen"[131] oder einfach den „affectus caritatis"[132]. Doch in unserem Kontext ist entscheidend, deutlich zu sehen, dass der Sinngehalt des Terminus ,affectus' bei *Thomas von Aquin* zentrale Bedeutung besitzt für sein biblisch fundiertes und ontologisch geklärtes Sprechen von dem Gott, von dessen Wesen Leidensfähigkeit als Einfallstor für Beeinträchtigung und Seinsminderung ausgeschlossen wird – nicht,

---

129 So auch J. B. [sic!]Nazarius, wie wir gesehen haben: Vgl. Anm. 8!

130 J. J. Urráburu, Institutiones philosophicae, Theodicaeae Volumen VIII/2, Valladolid 1900, 638: „Quidam, ut P. Salmeron, negant Deo tribuendam esse proprie ac sine metaphora misericordiam, sicut nec tribuitur ira. Alii tamen multi arbitrantur, proprie ac formaliter inesse Deo misericordiam. ... Quam sententiam ego quoque libenter amplector. ... Cum ergo frequentissima doctissimorum virorum sententia teneat, compassionem non esse de formali ratione misericordiae, sed solum affectum sublevandi alienam miseriam, quae purissima est perfectio, nulli essentialiter admixta imperfectioni; misericordia Deo proprie ac sine metaphora tribuenda est."

131 L. Lessius, De perfectionibus moribusque divinis, Freiburg im Breisgau 1861, 196: „Est de ratione misericordiae, quae simplicem affectum voluntatis ad opitulandum alteri significat."

132 L. Lessius, a. a. O., 195.

um einen apathischen Gott zu proklamieren, sondern um im Gegenteil zum Vorschein zu bringen, dass Gott ‚lauter Leidenschaft' ist.

Schon auf den ersten Seiten seiner theologischen Summe, wo er von der ‚simplicitas dei' handelt, verweist der Aquinate auf den ‚affectus', um eine schwierige Stelle aus dem Buch Hiob zu interpretieren, die Gott jene Dimensionen zuspricht, die einen Körper ausmachen: „Er ist höher als der Himmel, was willst du tun? Tiefer als die Unterwelt, woher willst du ihn erkennen? Länger als die Erde ist sein Maß und breiter als das Meer."[133] Höhe und Tiefe, Länge und Breite: Ist Gott etwa ein Körper? Thomas widerspricht und fasst die genannten Bestimmungen als sinnliche Bilder für etwas Anderes – für Gottes Geist, seine Wirklichkeit und sein Bedeutung. Und wodurch zeichnet sich dieses Innerste von Gottes Gottsein aus? „Die Heilige Schrift versteht unter ‚Tiefe' ‚Gottes' Kraft, das zu erkennen, was verborgen ist; unter ‚Höhe' die Erhabenheit seiner Kraft über alle Dinge; unter ‚Länge' die Dauer seines ewigen Seins; unter ‚Breite' die Leidenschaftlichkeit bzw. Affektivität seiner Liebe."[134] Bemerkenswert ist hier, dass Thomas den Affekt auf *einer* Ebene mit typischen Absolutheitsattributen, die fraglos das Göttliche an Gott namhaft machen wollen: Allwissenheit, Ewigkeit und Allmacht, zur Sprache bringt. Affektivität[135]

---

133 S. Th. I q. 3 a. 1 obi. 1: „Sacra scriptura attribuit Deo trinam dimensionem: dicitur enim Job 11: ‚Excelsior caelo est, et quid facies? Profundior inferno, et unde cognosces? Longior terra mensura eius, et latior mari'."

134 S. Th. I q. 3 a. 1 ad 1: „Cum sacra scriptura trinam dimensionem Deo attribuit ... designat ... per profunditatem virtutem ad cognoscendum occulta; per altitudinem excellentiam virtutis super omnia; per longitudinem durationem sui esse; per latitudinem affectum dilectionis ad omnia."

135 Es stellt ein Kuriosum in der Geschichte des Thomismus dar, dass in DThA Band 1 (Seite 54) ‚affectus' (so steht es auch in dieser Edition unten im lateinischen Textteil) im Deutschen mit ‚Wirkung' übersetzt wird – also so, als ob Thomas den Begriff ‚*effectus*' verwendet hätte. Dann aber müsste der Übersetzer das im Text enthaltene ‚affectus' in ‚effectus' umschreiben, was er jedoch nicht getan hat. Abgesehen von überlieferungsgeschichtlichen Problemen (die einzige Ausgabe, die tatsächlich ‚effectus' bringt, ist: Saint Thomas d'Aquin, Somme théologique (Édition de la Revue des Jeunes), Tome Premier, traduit par Antonin-Gilbert Sertillanges, Paris / Tournai / Rome 1947, 88, wo im lateinischen Textteil „per latitudinem *effectum* dilectionis ad omnia" zu finden ist – zu Unrecht, wie gleich deutlich werden soll), also: abgesehen von überlieferungsgeschichtlichen Problemen muss schon aus Gründen der Systematik und der inneren Textlogik ‚affectus' stehen, denn mit ‚effectus' würde eine ganz andere Ebene berührt als diejenige der drei übrigen unendlichkeitsbezogenen Gottesattributionen – womit die Logik der ‚Divisio' ohne Gewinn zerbrochen wäre.

gehört also nach dem Doctor communis genauso zu Gott wie die erwähnten Seinsweisen der Unendlichkeit, die unserem menschlichen
Fassungsvermögen das Unvergleichlich-Eigene an Gott nahezubrin-
gen vermögen.

Nach diesen Überlegungen sind wir nun instand gestellt, eine
Unterscheidung, die wir gegen Ende des vorstehenden Unterkapitels[136] angeführt haben, für unsere Rede von Gottes Barmherzigkeit
auszuwerten und anzuwenden. Wir sagten dort, dass sich in der Misericordia nicht nur die Doppelstruktur von Effektivität und Kompassionalität findet, sondern dass die Kompassionalität selber eine
Doppelstruktur aufweist: die *Passionalität* als Inbegriff der oft be-
drückenden Dunkelheit des Stoßes, der in der Kraft des Mitleids als
eine Art von ‚Selber-Leiden' unser Herz trifft, und die *Affektivität*, die
der eigentliche Sinn der Passionalität ist: das hingegebene und bren-
nende Wohlwollen dem bedürftigen Mitmenschen gegenüber, ohne
welches Hilfestellung eine rein funktionale Angelegenheit bleiben
würde, die dem belasteten Nächsten nicht wirklich Erleichterung zu
bringen vermöchte, da Unglück nur geheilt werden kann durch eine
wenigstens anfanghafte Ahnung vom Glück des Liebens.

Auf unsere Aussagen über Gott angewendet bedeutet dies: Kompassionalität als *Affektivität* kann theologisch verantwortet in unsere
Gottesrede aufgenommen werden, Kompassionalität als *Passionalität
im engeren Sinne* nicht. Denn Gott ist von sich aus je schon da, wo wir
Menschen erst hinkommen und wohinein wir wachsen sollen: liebend zu sein[137]. Wie hoch bzw. radikal Thomas von Aquin dieses göttliche Lieben uns gegenüber veranschlagt, ersehen wir daraus, dass
er, ganz im Geist seiner Freundschaftstheologie[138], Gottes Liebe zu

---

136 Siehe Anm. 96 und Anm. 98!
137 Vgl. J. Kardinal Ratzinger, Salz der Erde. Christentum und katholische Kirche
      an der Jahrtausendwende. Ein Gespräch mit Peter Seewald, Stuttgart 1996, 302:
      „‚Peter Seewald': Und was will Gott wirklich von uns? – ‚Joseph Kardinal Ratzin-
      ger': Dass wir Liebende werden, dann sind wir nämlich seine Ebenbilder. Denn
      er ist, wie uns der Heilige Johannes sagt, die Liebe, und er möchte, dass es Ge-
      schöpfe gibt, die ihm ähnlich sind und die dadurch aus der Freiheit ihres eigenen
      Liebens heraus wie er werden und mit ihm zusammengehören und damit sozu-
      sagen das Leuchten seiner selbst ausbreiten."
138 Siehe: U. Kühn, Erkenntnis und Liebe als Weg zum Glück. Thomas von Aquin
      zu Sinn und Ziel unseres Daseins, in: W. Achleitner u.a. (Hg.), Gottesgeschich-
      ten. Beiträge zur systematischen Theologie (FS Gottfried Bachl), Freiburg / Ba-
      sel / Wien 1992, 239–253.

uns in innigste Verbindung bringt mit der Liebe, die Gott zu sich selber hat, wodurch deutlich wird, dass Gott in einem einzigen Liebesakt sich selber und uns liebt: „Gott hat Erbarmen nur wegen seiner Liebe, sofern er uns liebt wie etwas von ihm selbst (bzw. etwas vom Seinigen[139])"[140].

Dieser in seiner letzten Konsequenz geradezu bestürzende Gedanke wird nur dann einigermaßen verständlich, wenn man intellektuell erstnimmt, dass für Thomas als gläubigen Denker das Verhältnis zu Gott, wie Gott selber es uns zugedacht hat, radikale Freundschaftsliebe ist. Denn Freundschaft ist der einzige Fall, wo Liebe zu sich selbst und Liebe zum Anderen ungetrennt eins sind. Denn würde reine *Begehrens*liebe in einer Person wirken, so richtete sich deren Wille auf einen Andern nur zu *ihrem* eigenen Vorteil, was bedeuten würde, dass der Andere für das Verhältnis zwischen beiden keine konstitutive Bedeutung besäße, denn hier würde gelten: Ist der intendierte Nutzen erreicht, wird der Andere für die begehrende Person überflüssig. Dasselbe gälte spiegelverkehrt, wenn der Andere seinerseits mit der genannten Person nur in reiner Begehrensliebe zu tun haben wollte.

Demgegenüber ist in der Freundschaftsliebe enthalten, dass der eine nicht ohne den Anderen und dieser nicht ohne den Einen sein will, woraus sich ergibt, dass der eine sich nicht lieben will, ohne den andern zu lieben, und den Anderen nicht lieben will, ohne sich selbst zu lieben: „Wenn jemand einen liebt mit der Liebe der Freundschaft, will er ihm Gutes, wie er auch sich Gutes will. Mithin erfasst er ihn als sein anderes Ich, sofern er ihm Gutes will wie auch sich selbst. Daher kommt es, dass der Freund das zweite Ich genannt wird. Und Augustinus sagt in seinen Bekenntnissen: ,Gut hat einer von einem Freunde gesagt, er sei die Hälfte seiner Seele'."[141]

---

139 Im lateinischen Original steht ‚aliquid sui': Der Genetiv ‚sui' kann abgeleitet sein von ‚se', dann muss die Übersetzung lauten: ‚wie etwas von ihm selbst', oder von ‚suum', dann muss es heißen: ‚wie etwas vom Seinigen'. Zu möglichen Bedenken bezüglich Pantheismus: Vgl. DThA Band 17A, 377f.

140 S. Th. II II q. 30 a. 2 ad 1: „Deus non miseretur nisi propter amorem, inquantum amat nos tamquam aliquid sui."

141 S. Th. I II q. 28 a. 1 corp.: „Cum aliquis amat aliquem amore amicitiae, vult ei bonum sicut et sibi vult bonum: unde apprehendit eum ut alterum se, inquantum scilicet vult ei bonum sicut et sibi ipsi. Et inde est quod amicus dicitur esse ‚alter ipse'. Et Augustinus dicit in IV Confessionum: ‚Bene quidam dixit de amico suo, dimidium animae suae'."

Im Licht des Glaubens versteht es sich von selber, dass das Moment der *Gegenseitigkeit*, wie es zum Wesen der Freundschaft gehört, in Gott und im Menschen *nicht* im *gleichen* Maß seinen Grund hat, sondern darin ermöglicht ist, dass *Gott* in seiner Güte den Menschen bleibend zum Freund haben und ihm Freund sein will[142] – dergestalt, dass er sich nicht lieben will ohne den Menschen und (natürlich) nicht den Menschen ohne sich.

Nun dürfte das ganze Gewicht zum Vorschein gekommen sein, welches für das Gottesverständnis des Thomas dem Satz zukommt: „Gott hat Erbarmen nur wegen seiner Liebe, sofern er uns liebt wie etwas von ihm selbst"[143].

Aber kann eine solche Liebe zu Gottes *Sein* gehören? Wie ist es denkbar, dass der Grundsatz von Liebe und Erbarmen ‚Gott will sich nicht ohne uns, uns nicht ohne sich lieben' dem *Wesen* Gottes innerlich eigen sein soll, wenn doch die Gegenseitigkeit der Freundschaftsliebe als *konkrete* Wirklichkeit davon abhängt, dass es uns Menschen überhaupt *gibt*, wir aber doch nachweislich nicht immer existierten? Was war dann mit dem Wesen Gottes vor der Schöpfung der Welt und der Menschen in ihr? Ist denn nicht die *Erschaffung* der menschlichen Bundespartner die Voraussetzung dafür, Liebe und Erbarmen im eben skizzierten Sinn erweisen zu können? Solange aber die Schöpfungspläne nicht in Wirklichkeit überführt sind, ist für Gott keine Gelegenheit, sein Wohlwollen liebevoll und mitfühlend zu schenken. Was bedeutet das aber für Gottes Wesen? Müsste man angesichts dieser Schwierigkeiten nicht sagen, dass Gottes Wesen vor Beginn des Kosmos und der Freiheitsgeschichte unvollständig war? Wie würde das aber zusammenstimmen mit der thomanischen These vom ‚Actus purus'[144]?

Doch nach Thomas ist in Gott das Wesensgefüge der Liebe auch unabhängig von der konkreten Realisierung der Schöpfung gegeben.

---

142 S. Th. II II q. 23 a. 1 corp.: „Mutua benevolentia fundatur super aliqua communicatione. Cum igitur sit aliqua communicatio hominis ad Deum secundum quod nobis suam beatitudinem communicat, super hac communicatione oportet aliquam amicitiam fundari. ... Amor autem super hac communicatione fundatus est caritas. Unde manifestum est quod caritas amicitia quaedam est hominis ad Deum."
143 Siehe Anm. 144!
144 Vgl. Anm. 101!

Wie kann das sein? Wie stellt sich das der Doctor communis vor?
Der Ausgangspunkt für den Nachvollzug dieser Intuition liegt im folgenden Satz: ‚Auch ohne das eigenständige Dasein der Kreaturen in
Raum und Zeit gilt, dass alles, insofern Gott es *erkennt* und *weiß*, immer schon in Gott vor Gott ist'. Doch woher weiß Gott das Andere
von sich? Er weiß es, so der Aquinate, durch sich selber, woraus folgt,
dass Gottes Selbsterkenntnis in einem und zugleich Fremderkenntnis, d. h. die Erkenntnis des Anderen ist, und entsprechend Fremderkenntnis in Gott übereinkommt mit Selbsterkenntnis. Es ist un-
übersehbar, dass hier dieselbe Sinnstruktur wie in der Freundschaft
waltet (der eine nicht ohne den Anderen und der Andere nicht ohne
den einen), nur ganz hineingelegt in Gottes ewigen *Selbst*vollzug, der
ineins fällt mit Gottes wissender *Ekstase* von sich auf Anderes hin,
welche Ekstase aber eben (als *Aus-Sein* Gottes auf das durch ihn ermöglichte und irgendwann einmal von ihm Verwirklichte) ganz *in*
ihm ist als Selbstvollzug seines Wesens und seines Lebens.

Aus-Sein auf Anderes – ganz als Selbstvollzug: Darin verbinden
sich in einer Weise, wie sie uns erfahrungsverwiesenen Menschen
direkt nicht offensteht, Souveränität und Verwiesenheit: Souveränität
zeigt sich darin, dass Gott für die Erkenntnis des Anderen nicht auf
den realen Eigenstand dieses Anderen angewiesen ist, dass er vielmehr dafür ganz aus sich schöpft; Verwiesenheit aber macht sich
bemerkbar darin, dass der göttliche Selbstvollzug den erkennenden
Vollzug des Außergöttlichen mit *ein*schließt. Für zeitgenössische Ohren hört sich ‚Souveränität' an wie ein Gegensatz zur liebend-wissen-
den Beziehung zum Anderen; doch nach der ontologischen Tiefen-
sicht des Thomas ist die Unabhängigkeit Gottes auch im Wissen des
Anderen die Voraussetzung dieses Anderen, denn hätte es Gott nicht
je schon in seiner Erkennbarkeit vor sich, so vermöchte er es auch
nicht zu schaffen, dann aber wäre es überhaupt noch nicht einmal
möglich.

Den Zusammenhang von Selbsterkenntnis und Fremderkenntnis erläutert der Aquinate mit folgendem Gedankengang: „Gott erkennt notwendig[145] Außergöttliches. Denn es ist offensichtlich, dass
er sich selbst *vollkommen* erkennt. Andernfalls wäre sein Sein nicht

---

145 Also genau mit derselben absoluten Qualität (eben Notwendigkeit), mit der er
existiert!

vollkommen, da sein Sein sein Erkennen ist. Wenn aber etwas vollkommen erkannt wird, dann muss notwendig auch dessen Wirkkraft vollkommen mit erkannt werden. Die Wirkkraft aber einer Wirklichkeit wird nur dann vollkommen erkannt, wenn das erkannt wird, worauf diese Wirkkraft sich erstreckt. Da nun die göttliche Wirkkraft sich auf Außergöttliches erstreckt, weil sie die erste Wirkursache alles Seienden ist, so muss Gott notwendig Außergöttliches erkennen. Dies wird noch klarer, wenn man dazu bedenkt, dass das Sein dieser ersten Wirkursache, nämlich das Sein Gottes, ihr *Erkennen ist*. Folglich müssen alle Wirkungen, die in Gott als in ihrer ersten Ursache vorherbestehen, auch in Seinem Erkennen vorherbestehen."[146]

Geht es in einem weiteren Schritt darum, möglichst deutlich zu machen, wie sich die Erkennbarkeit der Dinge aus Gottes Selbsterkenntnis ergibt, welcher Konnex die beiden Dimensionen göttlichen Wissens verbindet, so sind wir verwiesen auf jene Stelle, die als das wichtigste Dokument der Überzeugung des Aquinaten vom Ineinander von Selbsterkenntnis und Fremderkenntnis in Gott zu gelten hat: „Gott erkennt seine Wesenheit in vollkommener Weise. Also erkennt er sie nach jeder Weise, nach der sie erkennbar ist. Sie kann aber erkannt werden nicht nur nach dem, was sie in sich selbst ist, sondern auch insofern sie in irgendeiner Weise der Ähnlichkeit von Seiten der Geschöpfe durch Teilhabe nachahmbar[147] ist. Jedes Geschöpf aber besitzt seine eigene Art, auf Grund deren es in gewisser Weise teilhat an der Ähnlichkeit mit der göttlichen Wesenheit. Insofern also Gott seine Wesenheit erkennt als von einem bestimmten Geschöpfe in dieser Weise nachahmbar, erkennt er sie ... als Idee dieses Geschöpfes", – und damit bringt Thomas noch einmal zum Aus-

---

146 S. Th. I q. 14 a. 5 corp.: „Necesse est Deum cognoscere alia a se. Manifestum est enim quod seipsum perfecte intelligit: alioquin suum esse non esset perfectum, cum suum esse sit suum intelligere. Si autem aliquid perfecte cognoscitur, necesse est quod virtus eius perfecte cognoscatur. Virtus autem alicuius rei perfecte cognosci non potest, nisi cognoscantur ea ad quae virtus se extendit. Unde, cum virtus divina se extendit ad alia, eo quod ipsa est prima causa effectiva entium ... necesse est quod Deus alia a se cognoscat. Et hoc etiam evidentius fit, si adiungatur quod ipsum esse causae agentis primae, scilicet Dei, est eius intelligere; et quod omnia sunt in eo secundum intelligibilem modum, nam omne quod est in altero, est in eo secundum modum eius in quo est."

147 So DThA Band 2, 71. Eigentlich sollte es heißen teilhabbar (lateinisch: participabilis).

druck, dass erkennender Selbstbezug Bezug auf das Andere bedeutet, weil dieses Selbst als unendliches Sein teilhabbar ist durch die Geschöpfe, und vermittels dieser Teilhabbarkeit seines eigenen Wesens ist darin Gott alles Außergöttliche zugleich als Erkanntes gegeben. Gott kann sich also nur vollkommen verstehen, wenn er durch erkennendes Gegenwärtighaben das Andere von sich, das ja auf ihm als Ursache aufruht, versteht; ohne das durch ihn ermöglichte Andere als Gewusstes ist Gott sich selber nicht zur Gänze gegeben und verständlich. Erkennen ist die Weise, *wie*[148] Gott das Andere von sich ganz *in* sich hat als das, was er in sich – wissend – *vor* sich hat. Damit aber zeigt schon der Erkenntnisaufbau in Gott, dass Gott seinem Wesen nach Liebe ist: Selbstsein und Aussein auf das Andere in einem. Dass dieses Aussein Gottes auf das Andere keine Notwendigkeit zur Erschaffung bedeutet[149], dass Gott – anders gesagt – zur konkreten Verwirklichung des Möglichen hinein in dessen realen Eigenstand frei bleibt, weist Thomas an verschiedenen Scharnierpunkten[150] seiner Gotteslehre auf.

Bevor wir schließen, müssen wir noch eine Frage aufgreifen, die sich aus der Entwicklung der Gedanken bis hierher unausweichlich ergibt. Es könnte scheinen, als hätten wir unser eigentliches Formalobjekt, die Anwendbarkeit des Prädikates ‚*barmherzig*' auf Gott aus den Augen verloren. In den zuletzt gebotenen Abschnitten war ten-

---

148 Eben als Gewusstes, was jeden Pantheismus ausschließt, denn nach diesem ist das Andere von Gott in Gott nicht nach Art des göttlichen Wissens, sondern nach Art des eigenen kreatürlichen Seins, was in Gott eine Verwischung von Absolutheit und Kontingenz setzen würde.

149 Das wäre ja nur dann der Fall, wenn dieses Andere selber notwendig (absolut im ontologischen Sinne) wäre; dass es dies aber nicht ist, zeigt sich allein darin, dass Gott nicht alles an sich Mögliche gleichermaßen konkret verwirklichen kann, dass er also wählen muss, wenn er Schöpfung in Raum und Zeit realisieren will. Beim Notwendigen aber gibt es nichts zu wählen.

150 ScG I 82 ad 4: „Gottes Wille will in dem einen und selben Akt sowohl sich als auch Anderes. Aber die Hinordnung dieses Aktes auf sich selbst ist notwendig und wesenhaft gegeben; seine Hinordnung jedoch auf Anderes von sich steht zwar in einer gewissen Übereinstimmung mit seinem Wesen, ist aber selber nicht notwendig und wesenhaft gegeben, sondern willentlich ‚Voluntas sua uno et eodem actu vult se et alia. Sed habitudo eius ad se est necessaria et naturalis; habitudo autem eius ad alia est secundum convenientiam quandam, non quidem necessaria et naturalis, ... sed voluntaria'." Zudem: QD de pot. Q 3 a 16 corp.; S. Th. I q. 19 a. 3: „Ob Gott, was immer er wolle, aus Notwendigkeit wolle ‚Utrum quidquid Deus vult, ex necessitate velit'."

denziell nur mehr von ‚Liebe' die Rede, die Nennung der Barmherzigkeit ging nach und nach zurück. Aber Barmherzigkeit unterscheidet sich ja von Liebe überhaupt und insgesamt durch ihren Bezug
zur Not des Anderen[151]. Folglich kann Barmherzigkeit sich auch in
Gott erst dann aus der Liebe heraus hilfreich betätigen, wenn der Fall
einer Not vorliegt. Damit aber würde die Idee, dass die Misericordia in
Gottes Sein und Wesen selbst hineingehört, möglicherweise hinfällig
werden. Alles was man sagen könnte, wäre dies: Gott *ist* Liebe – immer schon, ewig. Doch Barmherzigkeit wäre eine Folgeerscheinung
der Liebe in der *Zeit*, wo allein im Gang der Entwicklung endlicher
Wesen Mangel und Pein sich ereignen können. Damit aber käme
man doch nicht umhin, Barmherzigkeit einzustufen also ‚gemischte Vollkommenheit'[152] – und dies hätte zur Folge, dass sie Gott nicht
‚im eigentlichen Sinn / proprie'[153] und schon gar nicht ‚propriissime'[154]
beigelegt werden könnte. So müsste man schließlich den Anspruch
Gonets[155] und der meisten Thomisten, die formelle Prädizierbarkeit
der Barmherzigkeit in der Gottesrede aufgewiesen zu haben, als un-
begründet zumindest stehenlassen, wenn nicht gar zurückweisen.

Doch gibt uns Thomas von Aquin einen Wink, der hier eine Perspektive öffnet, die zu einer Lösung führen könnte. Um diesen Wink
in seiner Bedeutsamkeit zu ermessen, müssen wir ausgehen von der
thomanischen Annahme, dass sich in *jedem* Werk[156] Gottes die Barmherzigkeit offenbart[157]. Diese ist die „erste Wurzel"[158] dafür, dass Gott
über sich hinaus wirkt. Barmherzigkeit: Die erste Wurzel? In *jedem*
Werk? Diese These gutzuheißen, fällt schwer. Denn mindestens in
einem Werk Gottes kann Barmherzigkeit noch nicht greifen, nämlich in der Schöpfung des endlichen Seienden aus nichts. Denn wie

---

151 Siehe Anm. 113!
152 Siehe Anm. 9!
153 Siehe Anm. 13!
154 Siehe Anm. 100!
155 Siehe Anm. 13!
156 Auch und gerade in jedem Werk der Gerechtigkeit, was noch einmal ein erhel-
lendes Licht auf das Verhältnis von Gerechtigkeit und Barmherzigkeit wirft: Vgl.
Anm. 33 und Anm. 39! Einschlägig bei Thomas: S. Th. I q. 21 a 4 corp.: „Ein Werk
der göttlichen Gerechtigkeit ... setzt immer ein Werk der Barmherzigkeit voraus
und gründet in ihm ‚Opus autem divinae iustitiae semper praesupponit opus misericordiae et in eo fundatur'."
157 S. Th. I q. 21 a. 4 corp.: „In quolibet opere Domini apparet misericordia."
158 Ebd.

der Name ‚creatio ex nihilo' sagt, setzt der Schöpfungsakt – das Sein Gottes ausgenommen – nichts voraus, da alles, was man als vorausgesetzt statuieren könnte, ja zu allererst durch den Schöpfungsakt hervorgebracht wird. ‚Creatio ex nihilo' ist ‚creatio *sine praesupposito*'[159], voraussetzungsloses Gewähren von Sein, oder – wenn man es vom Kreatürlichen her sehen möchte – „radikales und totales Verdanktsein"[160]. Barmherzigkeit aber „setzt in ihren Werken etwas voraus"[161] – nämlich die Lage der Hilfsbedürftigkeit dessen, dem man liebend zugewandt ist. So scheint es unausweichlich, dass Erbarmung nicht im selben Sinne Gottes Wesen und Wirken zugesprochen werden kann wie die Unendlichkeit und die Liebe, denn diese setzen im Unterschied zur Misericordia nichts außer Gott selbst voraus, damit er kreatorisch und vollendend tätig zu werden vermag.

Doch diese scheinbar notwendige Schlussfolgerung gilt nach Thomas nicht. Denn Gottes Barmherzigkeit ist auch vor der Erschaffung von Welt und Mensch essentiell und aktiv in Gott anwesend und wirksam. Wie ist das aber möglich, da Barmherzigkeit etwas voraussetzt, Schöpfung aber nicht? Der Aquinate antwortet darauf: „Zwar ist bei der Erschaffung nichts vorausgesetzt von Seiten des Dinges, wohl aber in der Erkenntnis[162] Gottes. Und in dieser Hinsicht ... bleibt auch hier Begriff bzw. Wesen der Barmherzigkeit gewahrt, insofern die geschaffene Wirklichkeit aus dem Nichtsein in das Sein übergeht."[163] Das gilt, „sofern nämlich das Nicht-Sein der Gipfelpunkt ... des Elends ist. Denn jeder Mangel ... bedeutet ... eine Annäherung an das absolute Nicht-Sein. Auf der anderen Seite bedeutet jede Vollkommenheit, die dem Ding von Gott geschenkt wird, an erster Stelle das Sein selbst, die Aufhebung des Nicht-Seins und damit eine unsag-

159 S. Th. I q. 45 a. 2 corp.
160 P.-W. Scheele, Geschöpflichkeit als radikales und totales Verdanktsein, in: T. Franke / M. Knapp / J. Schmid (Hg.), Creatio ex amore. Beiträge zu einer Theologie der Liebe (FS Alexandre Ganoczy), Würzburg 1989, 210.
161 S. Th. I q. 21 a. 4 obi. 4: „Tam iustitia quam misericordia aliquid praesupponit in suo opere."
162 Man beachte hier noch einmal die ausschlaggebende Bedeutung des Erkenntnisphänomens für den Zusammenhang von Gottes Liebe und dem Sein der Kreaturen: Siehe dazu: Anm. 150!
163 S. Th. I q. 21 a. 4 ad 4: „Licet creationi non praesupponatur aliquid in re, tamen praesupponitur aliquid in Dei cognitione. Et secundum hoc etiam salvatur quodammodo ratio misericordiae, inquantum res de non esse in esse mutatur."

bar große Wohltat, eine Tat der Liebe, der Güte und der Barmherzigkeit."[164] Barmherzigkeit ist folglich auch die Wurzel der Schöpfung.
Sie ist die Sein verleihende Liebe unter der Hinsicht der Bedürftig-
keit der Dinge, die aus Eigenem das Nichtsein nicht zu überwinden
imstande, sondern dafür ganz auf Gottes ihrem Elend des Nichtseins
entgegenkommende Liebe angewiesen sind, welche als solche zurecht den Namen ‚Barmherzigkeit' trägt. So waltet tatsächlich in allen göttlichen Werken (das der creatio ex nihilo eingeschlossen) Gottes Barmherzigkeit – und darum ist *sie* vorausgesetzt für alles, was
Gott an Außergöttlichem verwirklicht, und folglich gehört sie ins
Sein Gottes selbst als Wirklichkeit und Neigung hinein, auch wenn
sie *in* Gott für ihre Spezifikation als Misericordia nochmals die Liebe bzw. die lautere Güte Gottes überhaupt voraussetzt. Was also bleibt
(um auf die Titelfrage dieses Unterkapitels zu antworten) von der Affektivität / Leidenschaftlichkeit des Erbarmens, wie es uns Menschen
aufgeht, wenn wir deren Wesensbegriff auf Gott übertragen?
    Die Frage ist schief gestellt, denn es bleibt *nicht etwas* übrig von
Leidenschaftlichkeit bzw. Affektivität, diese kommt überhaupt erst
rein zum Vorschein, wenn sie in *Gott* gesichtet ist, dessen Wille zur
Mitteilung von Sein und Güte reine Leidenschaft ohne Passionalität,
lauterer Wille zum Schenken und damit ‚affectus voluntarius'[165] ist,
Leidenschaftlichkeit, die mit dem unendlich weisen und vernünfti-
gen Willen Gottes real eins ist. Insofern also Gottes unendliche Liebe bezogen ist auf das Elend des Nichtseins der Kreaturen (und das
ist sie schon *vor* aller Schöpfung als *Ermöglichung* von Schöpfung!),
ist sie als dem Wesen Gottes im eigentlichen Sinn attribuierbare Bestimmung Barmherzigkeit zu nennen und wird so vor unserem Bewusstsein tatsächlich als „erste Wurzel allen göttlichen Handelns
nach außen"[166] offenbar.

---

164 DThA, Band 2, 319, Anm. 40.
165 Siehe Anm. 27!
166 Siehe Anm. 19!

Dirk Ansorge

Eine andere Gerechtigkeit?
Systematisch-theologische Überlegungen zum christlichen Erlösungsverständnis

Papst Franziskus hat „Barmherzigkeit" zum Leitwort seines Pontifikats erklärt. Um diese theologische wie pastorale Schwerpunktsetzung klarer zu profilieren, ist es hilfreich, noch einmal auf jenen Begriff zu blicken, der meist als Alternative zur Barmherzigkeit gilt: den der Gerechtigkeit. Denn erst in der wechselseitigen Bezogenheit von Gerechtigkeit und Barmherzigkeit treten Sinn und Bedeutung beider Begriffe klar hervor. Zugleich verspricht eine solche Betrachtung, einen weiterführenden Beitrag zum christlichen Verständnis dessen zu liefern, was „Erlösung" heißt. Denn angesichts der durch Leiden, Unrecht und Schuld gekennzeichneten Verfassung der Menschheit verbindet sich die christliche Hoffnung auf Erlösung zwar nicht ausschließlich, aber doch wesentlich mit der Erwartung, dass sich Gott sowohl gerecht als auch barmherzig erweisen möge.[1]

Dabei besteht zwischen Gerechtigkeit und Barmherzigkeit kein Verhältnis der Ausschließlichkeit. Es ist ja nicht etwa so, dass dort, wo Gerechtigkeit geübt wird, keine Barmherzigkeit zu finden wäre. Vielmehr beobachtete bereits Thomas von Aquin, dass eine erbarmungslose Gerechtigkeit zu Grausamkeit neigt, Barmherzigkeit ohne Gerechtigkeit aber „die Mutter der Auflösung" ist.[2]

---

1 Gegen eine Engführung der christlichen Erlösungshoffnung auf die Schuldthematik hat immer wieder Johann Baptist Metz polemisiert, indem er völlig zu Recht auf die Provokation unschuldigen Leidens verwies; vgl. u. a. seine Beiträge in: J. B. Metz, Memoria passionis. Ein provozierendes Gedächtnis in pluralistischer Gesellschaft, Freiburg – Basel – Wien, ³2007, bes. 179–184.

2 Vgl. Th. von Aquin, Expos. In Matth. Evang. 2, cap. 5, lect. II, 429: „Iustitia sine misericordia crudelitas est, et misericordia sine iustitia mater est dissolutionis." Vgl. auch ders., In III Sent., dist. 1, q. 1, a. 2 ad 4: „Quamvis Deus sit summe misericors, sua tamen misericordia nullo modo iustitiae suae obviat. Misericordia enim quae iustitiam tollit, magis stultitia quam virtus dici debet; et ita Deum non decet: propter quod Deus misericordiam infinitam sic manifestare voluit,

Wie aber verhalten sich Gerechtigkeit und Barmherzigkeit zueinander? Die Frage stellt sich nicht nur im zwischenmenschlichen Bereich. Auch die Theologie kann ihr nicht ausweichen. Was bedeutet
es, von Gottes Gerechtigkeit zu sprechen? Und wie verhält sich Gottes Gerechtigkeit zu seiner Barmherzigkeit?

Kardinal Walter Kasper hat vorgeschlagen, von einer „eigenen Gerechtigkeit" Gottes zu sprechen – und diese Gerechtigkeit „Barmherzigkeit" zu nennen: „Die Barmherzigkeit muss als die Gott eigene Gerechtigkeit und als seine Heiligkeit verstanden werden."[3] Was
aber ist damit gemeint? Und was hieße es genau, von einer „eigenen",
„anderen" oder „größeren" Gerechtigkeit Gottes zu sprechen?

Herausgefordert durch solche Fragen wird im Folgenden im Anschluss an eine vertiefende theologische Problemskizze zunächst
ein philosophischer Vorbegriff von Gerechtigkeit entworfen. Von
ihm her ergeben sich nicht nur hilfreiche Klärungen eines biblisch-
offenbarungstheologisch gewonnenen Begriffs göttlicher Gerechtigkeit. Vielmehr lässt eine philosophische Besinnung auf einen Begriff
vollkommener Gerechtigkeit die Notwendigkeit einer unbedingten
Barmherzigkeit erkennen, wie sie christlicher Glaube bezeugt. Gerade so zeigt sich dabei aber auch, dass Gerechtigkeit und Barmherzigkeit Gottes nicht einfach miteinander identifiziert werden dürfen.
Vielmehr gibt die unaufhebbare Spannung zwischen Gerechtigkeit
und Barmherzigkeit einer Pluralität soteriologischer Modelle Raum.

1. Theologische Überlegungen zur Gerechtigkeit Gottes

Zunächst und vor allem: die Rede von Gottes Gerechtigkeit und seiner Barmherzigkeit setzt ein personales Gottesverständnis voraus.
Insofern stellt sie vor allem eine begriffliche Herausforderung für die
drei monotheistischen Religionen dar.

---

ut in nullo eius iustitiae derogaretur" (Scriptum super Libros Sententiarum, ed.
Moos,t III, p. 16). Vgl. M. Gerwing, „Misericordia" nach Thomas von Aquin. Bemerkungen zum Barmherzigkeitsverständnis, in: Internationale katholische
Zeitschrift Communio 45 (2016), S. 230–238. Vgl. auch den Beitrag von M. Schulze in diesem Band.

3   W. Kasper, Barmherzigkeit: Grundbegriff des Evangeliums – Schlüssel christlichen Lebens, Freiburg – Basel – Wien 2012, S. 22; vgl. ebd., S. 27.

Dass Gott *gerecht* ist, bezeugen viele Texte in den Heiligen Schriften nicht nur des Judentums und des Christentum, sondern auch des Islam.[4] Aber auch das Umgekehrte gilt: Dass Gott *ungerecht* ist, beklagen viele, denen ihre Mitmenschen übel mitgespielt haben und denen niemand – auch kein Gott – zu Hilfe geeilt ist.

Dass Gott überhaupt nicht ist, argwöhnen deshalb viele, die angesichts des himmelschreienden Unrechts in der Welt den Glauben an einen gerechten Gott für blauäugig, ja zynisch halten. Und umgekehrt: Dass Gott gerecht sein möge, ersehnen, ja erflehen Menschen, die unter Unrecht leiden und oft keine Aussicht haben, dass ihnen Menschen beistehen und zu ihrem Recht verhelfen.

Trotz aller Beachtung, die Gottes Barmherzigkeit in jüngster Zeit findet, ist deshalb die Frage nach Gottes Gerechtigkeit keineswegs obsolet. Denn, so etwa Jürgen Moltmann: „Auf die Frage nach der Gottesgerechtigkeit zu verzichten hieße, sich mit dem ungerechten Leiden der Opfer, mit dem rechtlosen Tun der Täter und dem institutionalisierten Bösen abzufinden und das Böse nicht mehr böse, das Unrecht nicht mehr Unrecht, die Lüge nicht mehr Lüge und das Leiden nicht mehr Leiden zu nennen".[5]

Und in der Tat: Nicht mehr nach Gottes Gerechtigkeit fragen, entspräche weder dem biblischen Zeugnis vom guten Gott Israels und vom liebenden Vater Jesu Christi noch den abgründigen Erfahrungen von Leid und Unrecht, denen Menschen immer wieder ausgeliefert sind.

Seit jeher versprach die Hoffnung auf einen gerechten – und womöglich sogar rächenden – Gott Trost im Unheil und im Leid. Ja, selbst Menschen, die sich selbst als schuldig erfuhren, konnten Gottes Gerechtigkeit als trostreich erfahren, insofern sie sich von einem gerechten Gott in ihrer Schuld ernst genommen wussten.[6]

---

4   Vgl. u. a. E. A. Phillips, The tilted balance. Early rabbinic perceptions of God's justice, in: Bulletin for Biblical Research 14 (2004), S. 223–240; A. Middelbeck-Varwick, Über göttliche Gerechtigkeit und menschliche Erkenntnis bei ʿAbd al-Ğabbār (gest. 1024). Dialog mit einer muʿtazilitischen Rechtfertigung Gottes, in: Heil in Christentum und Islam. Erlösung oder Rechtleitung? (Hohenheimer Protokolle 61), Stuttgart 2004, S. 167–184.

5   J. Moltmann, Die Rechtfertigung Gottes, in: R. Weth (Hg.), Das Kreuz Jesu. Gewalt – Opfer – Sühne, Neukirchen-Vluyn 2001, S. 120–141, hier 125.

6   Man denke hierzu nur an die Beter der Bußpsalmen (wie Ps 51). Vgl. auch den Versuch von Julia Knop, die Rede von Sünde und Schuld in ihrer möglicherweise

Daran zu erinnern bedeutet keineswegs, die Rede von Gottes Barmherzigkeit zurückzunehmen oder auch nur zu relativieren. Denn auch das ist ja wahr: Jahrhunderte lang haben Predigt und Verkündigung der göttlichen Gerechtigkeit Angst und Schrecken verbreitet. Jahrhunderte lang sind Menschen nicht im Vertrauen auf Gottes Barmherzigkeit gestorben, sondern in Angst vor dem göttlichen Richter. Man kann bezweifeln, ob der Empfang der Sterbesakramente ihnen viel von dieser Angst genommen hat.

So wenig also mit der Rede von Gottes Barmherzigkeit einem „Abschied von Gottes heiliger Majestät" Vorschub geleistet ist, wie manche besorgte Katholiken fürchten,[7] so wenig soll der nun folgende Blick auf Gottes Gerechtigkeit Höllenängste schüren. Vielmehr geht es darum, genauer zu erfassen, was Christen glauben, wenn sie auf einen Gott setzen, der eben nicht nur Sündern barmherzig begegnet, sondern ihnen und letztendlich allen Menschen Gerechtigkeit widerfahren lässt.

2. Gottes Gerechtigkeit in biblischem Verständnis

Einigkeit dürfte inzwischen darin bestehen, dass „Gerechtigkeit Gottes" im biblischen Verständnis vor allem das Wirken der rettenden, heilenden, Recht schaffenden Allmacht Gottes meint. Eine Vielzahl exegetischer Untersuchungen hat in den zurückliegenden Jahren die verschiedenen Bedeutungen der Begriffe *zedakah* und *dikaiosyné* ausgelotet.[8] Nicht zuletzt Martin Luther hat mit seinem Begriff

---

konstruktiven Dimension zu profilieren: Schuld und Vergebung. Überlegungen zum anthropologischen und hermeneutischen Potenzial des Sündenbegriffs, in: J. Enxing (Hg.), Schuld. Theologische Erkundungen eines unbequemen Phänomens, Ostfildern 2015, S. 76–97.

7   Vgl. etwa W. Hoeres, Die verratene Gerechtigkeit. Nach dem Abschied von Gottes heiliger Majestät (Patrimonium Philosophicum), Aachen 2016.

8   Vgl. B. Janowski (Hg.), Die rettende Gerechtigkeit. Beiträge zur Theologie des Alten Testaments, Bd. 2, Neukirchen-Vluyn 1999; S. Fischer, Der alttestamentliche Begriff der Gerechtigkeit in seinem geschichtlichen und theologischen Wandel, in: H. Seubert / J. Thiessen (Hgg.), Die Königsherrschaft Jahwes (FS H.H. Klement; Studien zu Theologie und Bibel 13), Wien 2015, S. 61–74; J. Assmann / B. Janowski / M. Welker, Richten und Retten. Zur Aktualität der altorientalischen und biblischen Gerechtigkeitskonzeption, in: dies. (Hgg.), Gerechtigkeit. Richten und Retten in der abendländischen Tradition und ihren altorientalischen Ursprüngen, München 1998, 9–35.

der „passiven Gerechtigkeit" *(iustitia passiva)* in Erinnerung gerufen, dass Gottes Gerechtigkeit nicht zunächst ein Maßstab ist, nach dem menschliches Handeln beurteilt wird, sondern Gottes den Sünder rechtfertigendes und ihn so rettendes Handeln.

Zwar lässt sich kaum bestreiten, dass der Begriff einer „rettenden Gerechtigkeit" Gottes, wie ihn etwa Bernd Janowski mit Blick auf den biblischen Terminus *zedakah* vorschlägt, dem der Barmherzigkeit nicht fern steht. In den Psalmen beispielsweise können beide Termini parallel gebraucht werden.[9] Dennoch bleiben beide Begriffe unhintergehbar darin unterschieden, dass der eine – Gerechtigkeit – von einer substantiellen Gleichstellung der Partner ausgeht, der andere – Barmherzigkeit – ein hierarchisches Gefälle voraussetzt.[10] Eben diese Asymmetrie gibt heutzutage nicht selten dazu Anlass, Barmherzigkeit als eine Haltung herrschaftlicher „Herablassung" zu misstrauen.[11]

Als „rettende Gerechtigkeit" ist Gottes Gerechtigkeit ganz und gar nichts Rätselhaftes, nichts Unverständliches.[12] Selbst dort noch in der Bibel, wo Gottes Gerechtigkeit in Frage gestellt ist – so grundlegend etwa im Buch Hiob – ist der jeweils in Anspruch genommene Gerechtigkeitsbegriff so gefasst, dass er menschlichem Gerechtigkeitsempfinden jedenfalls nicht widerspricht. Anders nämlich wäre Hiobs Protest gar nicht verständlich. Erst Gottes Rede im Wettersturm (Ijob 38,1–40,2; 40,6–41,26) diskreditiert Ijobs Verlangen nach Gerechtigkeit als überheblich und deutet eine alternative Gotteserkenntnis an: „Vom Hörensagen hatte ich von dir gehört; jetzt aber hat mein Auge dich gesehen. Darum gebe ich auf und tröste mich im Staub und in der Asche" (42,5f).

---

9   Vgl. etwa Ps 116,5: „Gnädig ist der Herr und gerecht, und unser Gott ist barmherzig."

10   Vgl. H. Zaborowski, Barmherzigkeit. Philosophische Annäherungen, in: G. Augustin (Hg.), Barmherzigkeit leben – Eine Neuentdeckung der christlichen Berufung, Freiburg – Basel – Wien 2016, S. 103–119.

11   Vgl. Zaborowski, Barmherzigkeit, S. 109f. Einleitend zitiert Zaborowski Friedrich Nietzsches Invektive gegen das Christentum, das er zu Beginn von „Der Antichrist" [1888] mit dem „Mitleiden der That mit allen Missrathenen und Schwachen" identifiziert.

12   Vgl. etwa Ps 71,2: „In deiner Gerechtigkeit rette und befreie mich, neige zu mir dein Ohr und hilf mir." Vgl. auch H. Hoping, Wenn alles Maskenspiel und Unrecht endet. Vom Gericht Gottes über die Menschen, in: Internationale Katholische Zeitschrift Communio 41 (2012), S. 20–30.

Doch genau dieser Bescheid erscheint uns heute mehr als problematisch. Denn widerspricht nicht der Hinweis auf Gottes Verbor-
genheit dem biblischen Zeugnis von seiner Offenbarung in der Geschichte des Volkes Israel und in der Person Jesu von Nazareth? Ist
nicht von daher eine unmissverständliche Bestimmung dessen zu erwarten, was „Gerechtigkeit Gottes" meint – seine unbedingte Zuwendung nämlich zu den Leidenden, den Armen und den Sündern? Mit
Blick darauf, dass sich Gott im Verlauf der Heilsgeschichte immer
klarer als unbedingt für den Menschen entschiedene Liebe geoffen-
bart hat, sind katholische Theologen Luthers Rede vom „deus absconditus" (vgl. Jes 45,15 Vulg.) seit jeher skeptisch begegnet.[13]
    Unbedingte Liebe aber ist verlässlich und treu. Sie lässt keinen
Raum für Willkür und Unberechenbarkeit. Deshalb wird man im
Anschluss an Walter Kasper sagen dürfen: Gottes Gerechtigkeit wie
auch seine Barmherzigkeit sind Ausweis der Treue Gottes zu sich
selbst und Manifestation seiner dreifaltigen Liebe.[14] Insofern wird
man erwarten dürfen, dass auch der Begriff der „Gerechtigkeit Gottes" aus dem Begriff der *Liebe* heraus zu bestimmen ist – auch wenn
damit noch längst nicht ausgemacht ist, was konkret mit dem Walten
göttlicher Gerechtigkeit zu verbinden ist.

3. Eine „andere Gerechtigkeit"?

Der Vorschlag, „Gerechtigkeit Gottes" aus dem Begriff der Liebe zu
bestimmen, muss überraschen. Denn es ist schon erstaunlich: Während die christliche Frömmigkeit über Jahrhunderte hinweg in nahezu allen christlichen Kirchen – und übrigens auch in den Kirchen der
Reformation! – vom Gedanken der vergeltenden und strafenden Gerechtigkeit Gottes dominiert wurde, ist seit etwa der Mitte des zwan-

---

13   Zur „deus absconditus"-Problematik bei Luther vgl. V. Leppin, Deus absconditus
     und Deus revelatus. Transformationen mittelalterlicher Theologie in der Gottes-
     lehre von „De servo arbitrio"; in: Berliner Theologische Zeitschrift 22 (2005), S.
     55–69. Zum Verhältnis von Offenbarung und Geheimnishaftigkeit Gottes nicht
     nur in Auseinandersetzung mit Luther, sondern im Gespräch mit sehr unter-
     schiedlichen theologischen Traditionen bis hin zu Johann Baptist Metz vgl. M.
     Striet, Offenbares Geheimnis. Zur Kritik der negativen Theologie (ratio fidei 14),
     Regensburg 2003, bes. S. 47–146.
14   Vgl. Kasper, Barmherzigkeit, S. 98f.

zigsten Jahrhunderts der Gedanke der *Güte* Gottes ins Zentrum von Theologie und Verkündigung getreten.[15] Von dort her hat er auch den Begriff der „Gerechtigkeit Gottes" in einem neuen Licht erscheinen lassen.

Eine lehramtliche Bekräftigung erfuhr dieser Umbruch unter anderem in der heutzutage ein wenig in den Hintergrund getretenen zweiten Enzyklika Johannes Pauls II. *Dives in misericordia* vom 30. November 1980.[16] Darin sieht der Papst – wohl auch Gedanken der von ihm im Jahr 2000 heiliggesprochenen Schwester Faustyna Kowalska (1905–1938) aufgreifend – im Erbarmen „die tiefste Quelle der Gerechtigkeit" (Nr. 14; a.a.O., S. 62). Zwar braucht das Erbarmen als grundlegende Struktur immer die Gerechtigkeit. „Aber es hat die Kraft, der Gerechtigkeit einen neuen Inhalt zu geben" (ebd.). Differenziert entfaltet der Papst die wechselseitige Bezogenheit von Gerechtigkeit und Barmherzigkeit Gottes und betont ihre Bedeutung für die Praxis der Kirche.

Dennoch bleibt der Begriff der Gerechtigkeit in der Enzyklika merkwürdig unbestimmt. Wie etwa ist es zu verstehen, wenn der Papst mit Bezug auf Mt 18,22 schreibt: „Die richtig verstandene Gerechtigkeit ist sozusagen der Zweck des Verzeihens" (Nr. 14; a.a.O., S. 66)? Widerstreitet ein solcher Gerechtigkeitsbegriff nicht jedem landläufigen Verständnis von Gerechtigkeit?

Schon deshalb wird gegenwärtige Theologie nicht darauf verzichten können, darüber Rechenschaft abzulegen, was sie meint, wenn sie von Gottes Gerechtigkeit spricht. Dabei wird sie sich – wie auch sonst – auf vernunftgeleitete Überlegungen stützen, stellen diese doch die Anschlussfähigkeit christlicher Glaubensreflexion an die humane Vernunft sicher. Zugleich darf die Theologie von der philosophischen Reflexion Hinweise für ihre eigene Begriffsklärung erwarten.

---

15 Trotz Luthers „Entdeckung", dass im biblischen Verständnis „Gerechtigkeit Gottes" nicht vergeltend und strafend, sondern rechtfertigend gemeint ist, beherrschte doch das Bild eines über die Sünder zornig richtenden Gottes auch die reformatorische Theologie und Frömmigkeit. Vgl. K. Stock, Gott der Richter. Der Gerichtsgedanke als Horizont der Rechtfertigungslehre, in: Evangelische Theologie 40 (1980), S. 240–256.

16 Johannes Paul II., Enzyklika „Dives in misericordia" (Verlautbarungen des Apostolischen Stuhles 26, hg. v. Sekretariat der Deutschen Bischofskonferenz, Bonn 2005 [korrig. Aufl.]).

Zwar wäre es durchaus vorstellbar, dass sich Gottes Gerechtigkeit an anderen Kriterien orientierte als jenen menschlicher Gerechtigkeit. Das verstörende Gleichnis von den Arbeitern im Weinberg beispielsweise (Mt 20) deutet an, dass Gott womöglich nach Maßstäben urteilt und handelt, die sich von denen der Menschen unterscheiden.[17] Doch wird man auch hier mit Blick auf die biblische Offenbarung im Ganzen kaum sagen dürfen, Gott sei ein nach freier Willkür urteilender Richter.

Gewiss wird man nicht fehl gehen, sich mit Blick auf das Wesen und das Wirken Gottes an das Analogieprinzip des IV. Laterankonzils zu erinnern, demzufolge die Unähnlichkeit zwischen Schöpfer und Geschöpf deren Ähnlichkeit überwiegt.[18] Dennoch hat gerade die katholische Theologie immer auch auf der Möglichkeit positiver Bestimmungen beharrt, die sich von der biblisch bezeugten Offenbarung her und aus der Erkenntnis der Schöpfung für die Wirklichkeit Gottes ergeben. Andernfalls nämlich liefe man letztendlich Gefahr, den Begriff der „Gerechtigkeit Gottes" seiner bestimmbaren Bedeutung zu entleeren. Und was bliebe dann noch von Gottes erhoffter, ja erflehter Gerechtigkeit, deren Unverzichtbarkeit Moltmann und Andere mit Recht betonen? Müsste man beide Begriff nicht doch klarer profilieren und so in ihrer Bedeutung auch voneinander abheben?

4. Ein philosophischer Vorbegriff von Gerechtigkeit

Nun könnten sich diejenigen, die für den Begriff einer „anderen Gerechtigkeit" Gottes plädieren, womöglich darauf berufen, dass bereits im zwischenmenschlichen Bereich von „Gerechtigkeit" in sehr unterschiedlicher Weise die Rede ist. So nennt beispielsweise der Tübinger Philosoph Otfried Höffe in seiner Einführung in den Begriff der Ge-

---

17   Manche Exegeten erblicken im Gleichnis von den Arbeitern im Weinberg den Versuch Jesu, dem Streben nach Reichtum und Besitz eine „Ökonomie der Gabe" entgegen zu setzen. Doch lässt sich das Gleichnis tatsächlich als Kritik am Ideal ökonomischer Gerechtigkeit verteidigen? Lassen sich diejenigen, welche „die Hitze des Tages" ertragen mussten, tatsächlich von einer „Logik des Überflusses" überzeugen – und sei diese göttlichen Ursprungs? Oder haben sie nicht doch auch Recht, wenn sie eingedenk ihrer Mühen das Verhalten des Gutsherrn als ungerecht empfinden?

18   Vgl. Lateranum IV [1215], Const. „Firmiter", cap. 3 (COeD 232 / DzH 806).

rechtigkeit eine Vielzahl von Feldern, auf denen der Begriff der „Gerechtigkeit" jeweils in ganz unterschiedlicher Bedeutung begegnet.[19] Zu diesen Feldern zählen die Politik, die Justiz, das Soziale, die Ökologie, aber auch das individuelle Verhalten. Begriffe wie „politische Gerechtigkeit", „Tauschgerechtigkeit", „soziale Gerechtigkeit", „Strafgerechtigkeit", „Verfahrensgerechtigkeit", aber auch „globale" oder „anamnetische Gerechtigkeit" verweisen auf die Komplexität der Lebenszusammenhänge, in denen je anderes von „Gerechtigkeit" gesprochen wird.[20] Die eine Gerechtigkeit gibt es nicht, so scheint es; der jeweilige Begriff von Gerechtigkeit resultiert vielmehr aus sehr unterschiedlichen Deutungen der Wirklichkeit und aus auf diese bezogenen Werturteilen.[21]

Formal betrachtet fordert Gerechtigkeit, dass Wesen derselben Wesenskategorie auf dieselbe Art und Weise zu beurteilen und zu behandeln sind.[22] Demnach lässt sich gerechtes Handeln von Zweierlei leiten: zum einen von der Wahrnehmung und den Interpretation eines bestimmten Wirklichkeitsbereiches, zum anderen von Maximen, die das darauf bezogene Handeln im Grundsatz orientieren. „Gerechtigkeit" ist niemals unmittelbar gegeben, sondern immer Resultat von Wahrnehmungen, Interpretationen und normativen Set-

---

19 Vgl. O. Höffe, Gerechtigkeit. Eine philosophische Einführung, München [2]2004.

20 So spricht man von Gerechtigkeit im sozialen, ökonomischen und politischen Bereich, im Strafrecht, in der Pädagogik und in vielen anderen Bereichen menschlichen Lebens. Entsprechend vielfältig sind die begrifflichen Bestimmungen von „Gerechtigkeit".

21 Bereits Aristoteles stellt im fünften Kapitel seiner *Nikomachischen Ethik*, in dem er von der Gerechtigkeit handelt, verschiedene Bedeutungen des Begriffs vor. Galt Gerechtigkeit in der Antike vorrangig als individuelle Tugend, so herrscht heutzutage ein Verständnis vor, wonach Gerechtigkeit einen erstrebenswerten Zustand des sozialen Miteinanders bezeichnet. In einem gerechten Sozialwesen gibt es idealerweise einen angemessenen, unparteilichen und einklagbaren Ausgleich der Interessen und der Verteilung von Gütern und Chancen zwischen beteiligten Personen oder Gruppen. Vgl. C. Lumer, Art. „Gerechtigkeit", in: Enzyklopädie Philosophie, Hamburg 2005, 464b; O. Schwemmer, Art. „Gerechtigkeit", in: J. Mittelstraß (Hg.), Enzyklopädie Philosophie und Wissenschaftstheorie, Bd. 1, Stuttgart 1995, S. 746; Höffe, Gerechtigkeit, S. 27.

22 Vgl. C. Perelman, Über die Gerechtigkeit (Beck'sche schwarze Reihe 45), München 1967, S. 28. Dabei ist sich Perelman dessen wohl bewusst, dass ein solcher formaler Begriff „alle Divergenzen bezüglich der konkreten Gerechtigkeit unberührt lässt".

zungen. Dann aber ist die Frage unabweislich, nach welchen Kategorien solche normativen Setzungen und – daran anknüpfend – ein wechselseitiges Abwägen erfolgen können.

Das seit der Antike geläufige, durch die Nationalsozialisten freilich kontaminierte Gerechtigkeitsprinzip „suum cuique tribuere" – „jedem das Seine"[23] – kann dies verdeutlichen. Bedeutet das Prinzip so viel wie „Jedem nach seinen Bedürfnissen"? Oder „Jedem nach seiner Leistung"? Oder „Jedem gemäß seiner sozialen Stellung"?[24] Je nachdem, welche Kriterien von Gerechtigkeit als maßgeblich gelten soll, kann die daraus resultierende Praxis sehr unterschiedlich ausfallen, ohne damit nach ihren eigenen Maßstäben ungerecht zu sein.

Diese Maßstäbe aber sind – zumindest in liberalen Gesellschaften – unablässig Gegenstand öffentlicher Kritik. Hier sind Konflikte zwischen unterschiedlichen Gerechtigkeitskriterien nahezu unvermeidlich. Sie sind sogar erstrebenswert, um der Komplexität sozialer, politischer und ökonomischer Verhältnisse auch nur einigermaßen gerecht werden zu können. Unweigerlich ist deshalb die Praxis der Gerechtigkeit in liberalen Gesellschaften dadurch charakterisiert, dass die angestrebte Gleichbehandlung immer nur näherungsweise gelingt. Aufgrund der Komplexität der Wirklichkeit gelangen Gerechtigkeit und Recht niemals vollständig zur Deckung. Auch deshalb erweist sich die Praxis menschlicher Gerechtigkeit in Gesetzgebung und Rechtsprechung unausweichlich als konfliktträchtig.

Was aber wären die Bedingungen für eine vollkommene Praxis der Gerechtigkeit? Otfried Höffe fordert von einem *in jeder Hinsicht* gerechten Richter „eine Allwissenheit sowohl hinsichtlich des geltenden Rechts als auch dessen, was geschehen ist; eine Allklugheit, die alles Geschehene im Lichte des geltenden Rechts richtig zu beurteilen fähig ist; eine vollkommene persönliche Gerechtigkeit, die alles gerecht zu beurteilen auch willens ist." Und schließlich, viertens, müsste das Gerichtswesen nach Höffe „über eine Allmacht verfügen, die die gerechten Urteile durchzusetzen vermag".[25]

---

23   Vgl. neben Aristoteles, Nikom. Ethik V, bes. 1131, auch Platon, Politeia IV 433a–e; Cicero, De legibus I 6,19; De officiis I 15; Justinian, Corpus Iuris Civilis I, Inst. I 1,3; Ulpian, Corpus Iuris Civilis, Digesta I 1,10: „Iustitia est constans et perpetua voluntas ius suum cuique tribuendi".
24   Vgl. Perelman, Gerechtigkeit, 29–41.
25   Höffe, Gerechtigkeit, S. 54f.

Unüberhörbar lassen Höffes Zielbestimmungen die wesentlichen Gottesprädikate der klassischen Metaphysik laut werden: Allwissenheit, Allgüte, Allmacht. So scheint es verlockend, von ihnen her Gott die Vollkommenheit des Urteils zuzuschreiben und in seinem Handeln den Inbegriff der Gerechtigkeit zu erblicken. In der Tat wird eine „perfect being theology" nicht umhin können, Gott die Prädikate Allwissenheit, Allgüte und Allmacht zuzuschreiben.

Insofern nun „Gerechtigkeit" nicht bloß abstrakte Eigenschaft ist, sondern sich in der Praxis bewährt – theologisch gesprochen: nicht Wesens-, sondern Tat-Attribut Gottes ist – muss darüber hinaus gefragt werden, in welcher Weise Gottes Gerechtigkeit in Bezug auf die Schöpfung wirksam wird. Damit ist nicht nur die zentrale theologische Herausforderung verbunden, einen Begriff vom Handeln Gottes in der Welt zu gewinnen.[26] Vielmehr ist auch der anthropologischen Einsicht Rechnung zu tragen, dass Gottes als vollkommen zu denkende Gerechtigkeit eine für sie unhintergehbare Grenze an der freien Subjektivität der Menschen findet. Diese These gilt es im Folgenden zu begründen.

5. Gerechtigkeit Gottes und Allwissenheit

Im unruhigen Jahr 1968 hat der Schweizer Schriftsteller und Nobelpreisträger Friedrich Dürrenmatt einen von ihm so genannten „Monstervortrag über Gerechtigkeit und Recht" gehalten. Darin erzählt er eine Geschichte aus *Tausendundeiner Nacht* nach:

Der Prophet Mohamed sitzt in einer einsamen Gegend auf einem Hügel. Am Fuße des Hügels befindet sich eine Quelle. Ein Reiter kommt. Während der Reiter sein Pferd tränkt, fällt ihm ein Geldbeutel aus dem Sattel. Der Reiter entfernt sich, ohne den Verlust des Geldbeutels zu bemerken. Ein zweiter Reiter kommt, findet den Geldbeutel und reitet damit davon. Ein dritter kommt und tränkt sein Pferd an der Quelle. Der erste Reiter hat inzwischen den Verlust des Geldbeutels bemerkt und kehrt zurück Er glaubt, der dritte Reiter habe

---

26 Vgl. hierzu u. a. K. von Stosch, Gott – Macht – Geschichte. Versuch einer theodizeesensiblen Rede vom Handeln Gottes in der Welt, Freiburg – Basel – Wien 2006; C. Böttigheimer, Wie handelt Gott in der Welt? Reflexionen im Spannungsfeld von Theologie und Naturwissenschaft, Freiburg – Basel – Wien 2013.

ihm das Geld gestohlen, es kommt zum Streit. Der erste Reiter tötet den dritten Reiter, stutzt, wie er keinen Geldbeutel findet, und macht sich aus dem Staube. Der Prophet auf dem Hügel ist verzweifelt. „Allah" ruft er aus, „die Welt ist ungerecht. Ein Dieb kommt ungestraft davon, und ein Unschuldiger wird erschlagen." Allah, sonst schweigend, antwortet: „Du Narr! Was verstehst du von meiner Gerechtigkeit! Der erste Reiter hatte das Geld, das er verlor, dem Vater des zweiten Reiters gestohlen. Der zweite Reiter nahm zu sich, was ihm schon gehörte. Der dritte Reiter hatte die Frau des Ersten Reiters vergewaltigt. Der erste Reiter, indem er den dritten Reiter erschlug, rächte seine Frau." Dann schwieg Allah wieder. Der Prophet, nachdem er die Stimme Allahs vernommen hat, lobt dessen Gerechtigkeit.[27]

Ähnlich wie Höffe betont Dürrenmatt mit seiner Parabel, dass vollkommene Gerechtigkeit vollkommenes Wissen voraussetzt. Allwissenheit aber ist eine Eigenschaft Gottes, die ihm als „perfect being" zugeschrieben werden muss. Weil Gott also über die Eigenschaft der Allwissenheit verfügt, urteilt er ohne jede Einschränkung gerecht.

Anders der Mensch: aufgrund seines begrenzten Einsichtsvermögens kann sein Richterspruch niemals vollkommen gerecht sein. Denn zu keinem Zeitpunkt verfügt ein Mensch über ein vollständiges Wissen von allen für ein Urteil notwendigen Umständen. Ein solches Wissen aber wäre wenngleich nicht hinreichend, so doch notwendige Bedingung dafür, ein vollkommen gerechtes Urteil zu fällen.

Üblicherweise versteht man unter „Allwissenheit" die Eigenschaft bzw. das Vermögen, alle überhaupt wissbaren Sachverhalte – d. h. alle wahren Sätze – tatsächlich auch zu wissen.[28] Philosophen haben freilich darauf aufmerksam gemacht, dass es für eine so verstandene Allwissenheit Grenzen gibt. So beinhaltet ein Wissen, das sich auf alle wahren Sätze bezieht, kein Wissen um Zukünftiges. Denn das Zukünftige ist kontingent und insofern nicht-notwendig. Als nicht-not-

---

27   F. Dürrenmatt, Monstervortrag über Gerechtigkeit und Recht, nebst einem Helvetischem Zwischenspiel (1968/69), in: Philosophie und Naturwissenschaft. Essays, Gedichte und Reden, Zürich 1980, S. 38f. Höffe zitiert die Parabel in Gerechtigkeit, S. 33f, als „Intermezzo". Für den Tübinger Philosophen ist damit das Thema „Gerechtigkeit Gottes" erledigt.

28   Vgl. E. Wierenga, Art. „Omniscience", in: T. P. Flint / M. Rea (Hgg.), The Oxford Handbook of Philosophical Theology, Oxford – New York 2009, S. 129–144.

wendiger Sachverhalt kann das Zukünftige (noch) keine Wahrheit beanspruchen. Insofern fällt es auch nicht unter jene Gesamtheit wahrer Sätze, die Gottes Allwissenheit zum Inhalt hat.

Nicht zuletzt mit Blick auf die Unbedingtheit menschlicher Freiheitsentscheidungen vertreten viele Theologen heutzutage die Auffassung, dass die Zukunft auch für Gott unbestimmt und „offen" ist. Gott habe weder ein Wissen von künftigen Freiheitsentscheidungen der Menschen noch überhaupt von den „futura contingentia".[29] Gott habe ein vollständiges Wissen nur vom Vergangenen und Gegenwärtigen.

Diese in der angelsächsischen Philosophie meist als „Offener Theismus" (*open theism*) charakterisierte Auffassung bietet zwar eine Erklärung für das Problem, ob endliche Freiheit real ist, stellt die Theologie aber zugleich vor neue Herausforderungen. Diese betreffen insbesondere das klassische Gottesprädikat der absoluten Vollkommenheit als „actus purus" und die daraus abgeleitete Unveränderlichkeit Gottes.

Für die Frage, ob Gottes Gerechtigkeit als eine vollkommene Gerechtigkeit gedacht werden kann, ist womöglich noch eine zweite Grenze göttlicher Allwissenheit entscheidender. Diese erblicken viele Religionsphilosophen im endlichen Zeitbewusstsein des Menschen und in seinem Ich-Bewusstsein. Dabei meint das Zeitbewusstsein das Bewusstsein endlicher Wesen, sich hier und jetzt an einem bestimmten Ort und an einer bestimmten Zeitstelle zu befinden. Das Ich-Bewusstsein wiederum betrifft ein Wissen, das in der Philosophie oft unter dem Stichwort „Wissen *de se*" verhandelt wird. Beides – das Zeitbewusstsein wie das Wissen *de se* – ist unlösbar mit der sogenannten „Erste-Person-Perspektive" verknüpft, der freien Subjektivität des Menschen.

Ein naheliegendes Beispiel liefert der von mir hier und jetzt womöglich empfundene Zahnschmerz. Ist meine Schmerzempfindung

---

29 Zur Diskussion um die „futura contingentia" vgl. u.a. J. S. Grössl, Die Freiheit des Menschen als Risiko Gottes. Der Offene Theismus als Konzeption der Vereinbarkeit von menschlicher Freiheit und göttlicher Allwissenheit (Studien zur systematischen Theologie, Ethik und Philosophie 3), Münster 2015; M. Hailer, Gottes Vorherwissen als theologisches Problem, in: Th Marschler / Th. Schärtl (Hgg.), Eigenschaften Gottes. Ein Gespräch zwischen systematischer Theologie und analytischer Philosophie (Studien zur systematischen Theologie, Ethik und Philosophie 6), Münster 2016, S. 329–345.

nicht durch eine letzte Unmitteilbarkeit ausgezeichnet – eine Unmitteilbarkeit, die meinen Schmerz als den *jemeinigen* erscheinen lässt?
Jedenfalls scheint es unwahrscheinlich, dass Gott meinen Zahnschmerz genauso wahrnimmt wie ich selbst. Andernfalls wäre der
Zahnschmerz *unser* Schmerz und nicht allein meiner.[30] Nähme Gott
meinen Zahnschmerz genauso wahr wie ich selbst, dann wären Gott
und ich letztendlich identisch. Dies aber wäre eine Konsequenz, die
aus theologischen wie aus schöpfungstheologischen Gründen auszuschließen ist.[31] Natürlich bedeutet diese Schlussfolgerung keineswegs, dass Gott um meinen Zahnschmerz nicht weiß. Sein *Wissen* um meinen Schmerz ist aber etwas gänzlich anderes als mein
Schmerzempfinden.

Doch widerspricht dieser Gedanken nicht der theologischen Tradition? Heißt es doch in Psalm 139,1f: „Herr, du hast mich erforscht,
und du kennst mich. Ob ich sitze oder stehe, du weißt es; du verstehst meine Gedanken von fern." Augustinus zufolge ist Christus
dem Menschen näher als dieser sich selbst: „interior intimo meo".[32]
Weitere Texte ließen sich mühelos anführen. Sie zeugen von der Zu-
versicht, in der Nähe Gottes auch dann geborgen zu sein, wenn Menschen sich selbst womöglich rätselhaft und fremd geworden sind.
Theologisch freilich bleibt die Herausforderung, ob das in solchen
Texten Ausgesprochene auch zu *denken* ist.

Und hier scheint die Logik der vernunftgeleiteten Argumentation
doch triftig zu sein – und zwar auch dann, wenn damit letzten Endes eine unhintergehbare Einsamkeit des Menschen indiziert wäre.
Es wäre eine Einsamkeit des Empfindens: der Freude ebenso wie des
Leidens. Denn Gott wüsste zwar um das Leid seiner Kreatur, aber es
wäre eben nicht *sein* Leiden. Das subjektiv erfahrene Leiden bliebe
ganz und gar *menschliches* Leiden.[33] Entsprechendes gälte im Übrigen
für positive Empfindungen: Gott *wüsste* zwar um die Freude und das

---

30 Vgl. u. a. J. L. Kvanvig, The Possibility of an All-knowing God, London 1986; ders.,
    The Knowability Paradox, Oxford 2006.
31 Vgl. hierzu die Verwerfung seitens des Ersten Vatikanischen Konzil in den
    Kanones zur dogmatischen Konstitution „Dei Filius" (1870): „Si quis dixerit
    unam eandemque esse Dei et erum omnium substantiam vel essentiam: a.s."
    (can. I,3: COeD 810f / DzH 3023).
32 Augustinus, Bekenntnisse III 6,11 (Corpus christianom series latina 27, 33 58).
33 Hier scheint im Übrigen auch die Wahrheit des antiken *apatheia*-Axioms zu
    liegen.

Glück von Menschen; ihre subjektiven *Empfindungen* hingegen teilte er nicht.

Will man nicht einem monistischen Pantheismus das Wort reden, dann wird man also bezweifeln müssen, ob Gott in seiner Unendlichkeit und Ewigkeit tatsächlich wissen kann, wie es ist, ein endliches Wesen in Raum und Zeit zu sein. Eine Minderung göttlicher Vollkommenheit steht dabei nicht zu befürchten. Wurzelt doch die Grenze seiner Allwissenheit in der von ihm selbst geschaffenen Welt. Diese ist nun einmal so strukturiert, dass es in ihr endliche Wesen gibt, die ein in Raum und Zeit sich vollziehendes Ich-Bewusstsein besitzen. Schöpfungstheologisch gesprochen: Gott wollte die Autonomie einer Schöpfung in der es das von ihm selbst Unterschiedene gibt – den Menschen und seine freie Subjektivität.[34]

In einem einzigen Fall freilich hat Gott tatsächlich erfahren, wie es ist, ein endliches Wesen zu sein, und sich seiner selbst als ein solches bewusst zu sein und zu empfinden: in der Menschwerdung des göttlichen Logos und im irdischen Leben Jesu von Nazareth. „In allem uns gleich außer der Sünde" – das heißt eben auch in der Unmittelbarkeit der Ich-Perspektive und in der letzten Einsamkeit selbstbewusster Subjektivität.

Wenn es also in jedem Menschen eine Instanz gibt, an der Gottes Allwissenheit eine für ihn prinzipiell nicht zu überschreitende Grenze findet – das Ich-Bewusstsein –, dann drängt sich die Frage auf, ob diese Grenze für Gottes gerechtes oder barmherziges Handeln belangvoll ist. Wäre sie belangvoll, dann könnte nicht von einem rettenden und erlösenden, barmherzigen und vergebenden Handeln Gottes gesprochen werden, das dem Menschen in jeder Hinsicht entspricht. Wäre sie *nicht* belangvoll, dann dürften Gottes Gerechtigkeit und seine Barmherzigkeit weiterhin „vollkommen" genannt werden.

---

34 Vgl. hierzu Rahners tiefsinnige theologische Meditation über den Menschen als „Chiffre Gottes": „Dass er als seine Wirklichkeit genau das sagt, was wir sind, macht den Inhalt unseres Wesens und unserer Geschichte erlöst, offen in die Freiheit Gottes, sagt, was wir sind [...]. Man könnte von daher den Menschen [...] definieren als das, was entsteht, wenn die Selbstaussage Gottes, sein Wort, in das Leere des gottlosen Nichts liebend hinausgesagt wird" (Grundkurs des Glaubens, 222f). Vgl. auch K. Rahner, Zur Theologie der Menschwerdung (Sämtliche Werke 12, Freiburg–Basel–Wien 2005, S. 309–322, hier: S.319).

Und hier hilft wohl doch die Analogie zu menschlichem Richten und Urteilen weiter. Ebenso wie der gerechte Richter die subjektiven Empfindungen von Opfern und Tätern nicht teilen muss, um gerecht urteilen zu können, so muss Gott nicht die subjektiven Wahrnehmungen der Wirklichkeit und jede Empfindung teilen, um sich Menschen gegenüber als gerecht oder auch barmherzig, ja als vollkommen gerecht und barmherzig zu erweisen.

6. Gerechtigkeit und Gewissen

Ein weiterer Schritt ist noch zu gehen. Otfried Höffe fordert für die Praxis vollkommener Gerechtigkeit, dass das Gerichtswesen hinreichend mächtig ist, die gerechten Urteile auch durchzusetzen. Zu fragen ist deshalb, ob Gottes Gerechtigkeit nur dann beim Menschen wirksam werden kann, wenn sie unter ihnen Anerkennung findet.

Schon die antiken Philosophen waren sich dessen bewusst, dass Gerechtigkeit in einem Gemeinwesen nur dann wirksam werden kann, wenn sie sich Geltung verschaffen und gegebenenfalls auch gegen Widerstand durchsetzen kann. Platon hat deshalb bemerkt, dass geltendes Recht grundsätzlich gewaltsam ist. Gewaltsam ist es einmal, weil es sich gegenüber den Konfliktparteien durchsetzen muss. Gewaltsam ist das Recht aber auch, insofern es die allgemeine Idee der Gerechtigkeit auf den Einzelfall hin zuspitzt.[35] Und eben hier lauert die Gefahr, dass Recht zu Unrecht wird: „summum ius summa iniuria", heißt es deshalb zutreffend bei Cicero.[36]

Um dieser Gefahr zu entgehen, plädierte schon Platon für einen Herrscher, dessen Autorität über die des geschriebenen Gesetzes hinausreicht, und dessen Weisheit es gestattet, in jedem Einzelfall eine angemessene Entscheidung zu treffen.[37] Die Autorität des guten Herrschers aber wäre wirkungslos, vermöchte sie sich unter Umständen nicht auch gegen geltendes Recht durchzusetzen.

Die Frage nach der Wirksamkeit einer vollkommenen Gerechtigkeit hat im 20. Jahrhundert eine weit verzweigte Diskus-

---

35 Vgl. Platon, Politikos 294bc.
36 Vgl. Cicerio, De officiis, I, 33.
37 Vgl. Platon, Politeia, bes. 473cd.

sion ausgelöst. Sie reicht von Walter Benjamins Begriff der „göttlichen Gerechtigkeit" und ihrer Kritik bei Jacques Derrida über Carl Schmitts Bemerkungen zum „Ausnahmezustand" bis hin zu Giorgio Agambens Reflexionen zum Begriff der Souveränität und zu Christoph Menkes Überlegungen zum Verhältnis von Recht und Gewalt.[38]

Geben diese Überlegung einen Hinweis darauf, wie der Begriff einer göttlichen Gerechtigkeit zu denken ist? Bei aller Unterschiedenheit der vorgelegten Entwürfe kann die Theologie aus ihnen lernen, dass Begriff und Praxis von Recht und Gerechtigkeit weit davon entfernt sind, ein abgeschlossenes System darzustellen – ein System, in dem es ausschließlich darum ginge, eine allgemeine Rechtsregel auf einen konkreten Einzelfall anzuwenden. Vielmehr gibt es – mit Montaigne gesprochen – in der Praxis der Rechtsetzung wie auch der Rechtsprechung einen „mystischen Grund" der Autorität, eine letzte Unhintergehbarkeit der Geltung des Rechts, eine letzte Unhintergehbarkeit aber auch des richterlichen Urteilens.[39]

Damit der richterliche Spruch nicht zur Willkür entartet, steht er nach Derrida – anders bei Montaigne – immer unter dem Gericht der Gerechtigkeit. Freilich: was Gerechtigkeit ist, bleibt unbestimmt. Nach Derrida ist es gerade die „Forderung nach unendlicher Gerechtigkeit, die unendliche Forderung nach Gerechtigkeit"[40], die einen prinzipiell nicht abschließbaren Diskurs darüber eröffnet, was als gerecht zu gelten hat und was nicht. In diesem Diskurs geht es immer wieder und je neu darum, die Idee der vollkommenen Gerechtigkeit in ein Entsprechungsverhältnis zu den jeweiligen Gegebenheiten zu bringen.

---

38 Vgl. W. Benjamin, Zur Kritik der Gewalt, in: Gesammelte Schriften II.1, Frankfurt 1999, 179–204; C. Schmitt, Politische Theologie. Vier Kapitel zur Lehre von der Souveränität, Berlin 1993; J. Derrida, Gesetzeskraft. Der „mystische Grund der Autorität", Frankfurt 1999; G. Agamben, Ausnahmezustand (Homo sacer II.1), Frankfurt 2004; Chr. Menke, Recht und Gewalt (Kleine Edition 4), Berlin 2011.

39 Vgl. Montaigne, Essais III,13: „Die Gesetze genießen ein dauerhaftes Ansehen und verfügen über einen Kredit, nicht etwa, weil sie gerecht sind, sondern weil sie Gesetz sind: das ist der mystische Grund ihrer Autorität; [...] Wer immer auch den Gesetzen gehorcht, weil sie gerecht sind, folgt ihnen nicht auf angemessene Weise so, wie er ihnen folgen soll und muss."

40 Vgl. Derrida, Gesetzeskraft, S. 40.

In einem politischen Gemeinwesen obliegt diese Aufgabe dem Gerichtswesen bzw. dem Richter. Der Richter befindet möglichst unpar-
teiisch über die unterschiedlichen Ansprüche, die ihm zur Entscheidung vorgelegt werden. Dabei anerkennt er zunächst die Legitimität
unterschiedlicher Interpretationen der Wirklichkeit und die daraus
resultierenden Rechtsansprüche. Die konkurrierenden Parteien wiederum anerkennen sich wechselseitig als im gerichtlichen Verfahren
gleichberechtigt.

Der Frankfurter Philosoph Christoph Menke hat darauf aufmerksam gemacht, dass die Anerkennung des Rechts durch freie Bürger
seine fortschreitende Verinnerlichung erzwingt. „Das Recht muss
das autonome Subjekt hervorbringen", so Menke.[41] Denn nur so ist
es möglich, dass auch derjenige, der vor Gericht scheitert, den Richterspruch über sich zu akzeptieren bereit ist.

Letztendlich wird das autonome Subjekt das Ideal der Gerechtigkeit so sehr verinnerlichen, dass in ihm eine Instanz wach wird, die
es seiner Taten auch dann anklagt, wenn kein äußerer Kläger vorhanden ist. Die Etablierung des Rechts vollendet sich im Spruch, ja möglicherweise sogar in der Anklage des Gewissens.

Es ist nun gerade die Idee einer vollkommenen Gerechtigkeit, die
im Menschen die oft schmerzhafte Einsicht reifen lässt, hinter seinen Möglichkeiten zurückgeblieben zu sein. Soll der Mensch an dieser Einsicht nicht verzweifeln, bedarf es einer liebenden Zuwendung,
die ihn in aller Schwäche und trotz aller Schuld annimmt und in seinem Sein-Dürfen anerkennt.[42]

Verlangt der Begriff einer vollkommenen Gerechtigkeit eine Verinnerlichung im Gewissen, so manifestiert sich in dessen unaus-
weichlicher Selbstanklage der Ruf nach einer unbedingten Barmherzigkeit, deren Zusage allein den Menschen nicht in die Verzweiflung
treibt. Von daher ergibt sich der formale Begriff einer unbedingten
Anerkennung des Menschen gerade auch in seiner Schuld.

So ist es die innere Dynamik der Gerechtigkeit selbst, die im Menschen das Verlangen weckt, von einer machtvollen Instanz bedingungslos angenommen zu sein. Diese Annahme kann umstandslos

---

41   Menke, Recht und Gewalt, S. 41.
42   Immanuel Kant hat an dieser Stelle seinen philosophischen Gnadenbegriff ein-
      geführt. Vgl. dazu H. Blumenberg, Kant und die Frage nach dem „gnädigen
      Gott", in: Studium generale 7 (1954), S. 554–570.

„Barmherzigkeit" genannt werden. Barmherzigkeit ist gerade die Annahme des Menschen in seiner Endlichkeit, Fehlbarkeit, Sündigkeit – aber auch in seiner Unergründlichkeit, im Letzten auch für Gott unhintergehbaren Einsamkeit.[43]

7. Gerechtigkeit Gottes und Erlösung

Um von einer realen Dramatik der Heilsgeschichte sprechen zu können, ist darauf zu bestehen, dass die freie Subjektivität des Menschen auch für Gott unhintergehbar ist. Mit Blick auf die Unbedingtheit freier Subjektivität ist es nun aber auch legitim, von einer realen Analogie zwischen göttlicher und menschlicher Gerechtigkeit zu sprechen. Denn das menschliche Verlangen nach Gerechtigkeit findet nur dann seine Entsprechung in einem auf die Welt bezogenen Handeln Gottes, wenn dieses irgendwie mit dem humanen Begriff von Gerechtigkeit korrespondiert.

Deshalb bedarf es keineswegs der Annahme einer „verborgenen", „anderen" oder wie auch immer bestimmten Gerechtigkeit Gottes, um jene Dynamik zu rekonstruieren, die den christlichen Glauben auszeichnet. Vielmehr ist getrost vorauszusetzen, dass das, was landläufig unter „Gerechtigkeit" verstanden wird, auch Gottes Handeln leitet. Anders gesagt: Will man überhaupt von einer „Heilsgeschichte" sprechen, muss an einer gehaltvollen Entsprechung von menschlicher und göttlicher Gerechtigkeit festgehalten werden. Auch in diesem Sinne ist der Mensch „Bild und Gleichnis Gottes" (Gen 1,26).

Hieraus freilich ergibt sich: Wie bereits im zwischenmenschlichen Bereich der Begriff „Gerechtigkeit" sehr unterschiedlich bestimmt werden kann, so begegnet auch der Begriff „Gerechtigkeit Gottes" nie losgelöst von Interpretationen, Wertsetzungen und Werturteilen. Immer gibt es deshalb eine unauflösliche Spannung zwischen einem unvermeidlich abstrakten Begriff „vollkommener Ge-

---

43 Dass diese letzte Einsamkeit des Menschen auch für Gott unhintergehbar ist, darf als Implikation seines Entschlusses betrachtet werden, eine endliche Welt zu erschaffen.

rechtigkeit" einerseits und ihrer konkreten Realisierung in Bezug auf endliche Subjekte andererseits.

Schon in sozialen und politischen Zusammenhängen ist es unvermeidlich strittig, was jeweils konkret „Gerechtigkeit" bedeutet. Die Problematik verschärft sich noch einmal im Kontext von Schuld, Vergebung und Versöhnung. Schon Immanuel Kant kritisierte, dass das Recht, Begnadigungen auszusprechen, „wohl unter allen Rechten des Souveräns das schlüpfrigste" sei, „um den Glanz seiner Hoheit zu beweisen und doch im hohen Grade unrecht zu tun".[44] Wegen ihres Endgültigkeitscharakters potenziert sich die Problematik in eschatologischer Perspektive. So kann etwa – darauf hat Emmanuel Levinas eindringlich hingewiesen – der mögliche Verzicht auf den gerechten Ausgleich von den Opfern von Unrecht als Ausdruck göttlicher Ungerechtigkeit empfunden werden.[45] Zugleich aber ist es immer auch möglich, Vergebung als Ausdruck göttlicher Liebe und Barmherzigkeit zu deuten.

Maßgeblich für eine christliche Rede von Gottes Gerechtigkeit und seiner Barmherzigkeit sind zweifellos die biblisch bezeugte Offenbarung und die Überlieferung der Kirche. In Ihrem Licht können geschichtliche Erfahrungen des Unheils, aber auch Erfahrungen geglückten Lebens als Manifestationen göttlicher Gerechtigkeit wie auch als Manifestation seiner Barmherzigkeit gedeutet werden.

Ein Zweites: Ein bestimmtes Ereignis in der Geschichte als Manifestation göttlichen Handelns zu identifizieren, setzt den Glauben und somit eine bestimmte Interpretation der Wirklichkeit voraus.[46] Deshalb ist auch das Walten göttlicher Gerechtigkeit kein von jeder menschlichen Deutung abzulösendes Faktum. Mit Blick auf das, was sie mit „Gottes Gerechtigkeit" verbinden, haben Christen insbesondere die Frage zu beantworten, was überhaupt in ein gerechtes Verhältnis zueinander gebracht werden soll, und welche Kriterien dafür in Anschlag zu bringen sind. Von daher wird einsichtig, warum Theologen immer wieder sehr unterschiedliche Erlösungsmo-

---

44 I. Kant, Metaphysik der Sitten: Metaphysische Anfangsgründe der Rechtslehre, § 49 II (Akademie-Ausgabe VI, 337).

45 Vgl. E. Levinas, Messianische Texte, in: Schwierige Freiheit. Versuch über das Judentum, Frankfurt 1992, S. 83.

46 Vgl. Joh 12,29: „Das Volk nun, das dabeistand und es hörte, sagte, es habe gedonnert. Andere sagten: Ein Engel hat mit ihm geredet."

delle entworfen haben.[47] Eine Vielzahl soteriologischer Vorstellungen begegnet ja bereits im Neuen Testament – man vergleiche hierzu nur das Johannesevangelium mit den Theologien der paulinischen Schriften oder des Hebräerbriefs.

Die von der griechischen Philosophie geprägten nachbiblischen Soteriologien sind maßgeblich durch ontologische Kategorien geprägt. Vielfach verstehen sie „Erlösung" als „Vergöttlichung" der menschlichen Natur. Dabei war der Begriff der „Vergöttlichung" jeweils näher zu bestimmen, um die schöpfungstheologische Differenz zwischen Gott und Mensch zu wahren.[48] Erst im Rahmen der christologischen Debatten nach dem Konzil von Chalkedon (451) eröffnete sich allmählich eine freiheitstheoretische Perspektive auf das Erlösungsgeschehen, die sich heute auch als anschlussfähig erweist für das neuzeitliche Subjekt- und Personenverständnis.[49]

Spätestens seit Tertullian und Cyprian ist der Vorstellungshorizont, in dem sich die lateinische Soteriologie entfaltet, der des römischen Rechts. Hier spielen Begriffe wie „Schuld" *(culpa)*, Strafe *(poena)*, Entschädigung *(compensatio)*, aber auch Sühne *(expiatio)* eine zentrale Rolle. Aufgabe eines Gerichtsverfahrens nach römischem Recht ist es, nach einem Vergehen *(crimen)* der Gerechtigkeit *(iustitia)* Geltung zu verschaffen, sie also wieder in ihr Recht einzusetzen. Schon lange vor Anselm von Canterbury also ist die rechtliche Akzentsetzung der lateinischen Soteriologie evident.[50] Beharrt Anselm um der Würde der Menschen willen auf einem Ausgleich von Schuld und Strafe, so erinnert Abaelard an Gottes Barmherzigkeit, menschliche Sünde auch ohne Gegenleistung zu vergeben.[51] Auch diese sote-

---

47 Vgl. J. Knop, Heil, Leben und Hoffnung. Erlösungsmodelle im diachronen Diskurs, in: M. Striet/J.-H. Tück (Hg.), Erlösung auf Golgota? Der Opfertod Jesu im Streit der Interpretationen, Freiburg – Basel – Wien 2014, S. 127–145, hier 144 Anm. 16.

48 Vgl. u. a. M. Lot-Borodine, La déification de l'homme selon la doctrine des Pères grecs, Paris 1970.

49 Vgl. G. Essen, Die Freiheit Jesu. Der neuchalkedonische Enhypostasiebegriff im Horizont neuzeitlicher Subjekt- und Personenphilosophie (ratiofidei 5), Regensburg 2001.

50 Vgl. G. Greshake, Der Wandel der Erlösungsvorstellungen in der Theologiegeschichte, in: L. Scheffczyk (Hg.), Erlösung und Emanzipation, Freiburg – Basel – Wien 1973, 63–101.

51 Vgl. Abaelard, Comm. in Rom II, zu Röm 3,26: „Es scheint uns aber, dass wir in dieser Hinsicht im Blut Christi gerechtfertigt und mit Gott versöhnt sind, dass er

riologischen Modelle ermöglichen heute eine Rezeption aus freiheitstheoretischer Perspektive.[52]

Bei alledem sind die unterschiedlichen soteriologischen Modelle keineswegs beliebig oder willkürlich gewählt. Immer geht es vielmehr darum, die Selbstbekundung Gottes in der Geschichte des Volkes Israel und in der Person Jesu von Nazareth *so* zur Geltung zu bringen, dass die Grundbotschaft der biblisch bezeugten Offenbarung deutlich wird. Diese wiederum erschließt sich nur in einer Perspektive, die eingedenk ihrer inneren Differenzierung die *Gesamtheit* der biblischen Schriften und der kirchlichen Überlieferung ins Auge fasst.

Ein Drittes und Letztes: Auch eine vollkommene Gerechtigkeit – und somit Gottes Gerechtigkeit – wird nicht ohne das Moment der Gewalt vorzustellen sein. Anders nämlich könnte sie sich keine Geltung verschaffen. Zwar ist jede Gewalt ohne Gerechtigkeit tyrannisch, so Blaise Pascal nüchtern und wohl realistisch. Doch zugleich gilt: „Gerechtigkeit ohne Gewalt ist machtlos. [...] Der Gerechtigkeit ohne Gewalt wird widersprochen, weil es immer Böse gibt".[53]

Schon deshalb dürfte es schwer fallen, die Gerechtigkeit Gottes mit seiner Barmherzigkeit zu identifizieren. Papst Franziskus etwa versteht unter Barmherzigkeit Gottes vor allem dessen liebende Zuwendung zu dem Sünder, die ihn in seiner Not annimmt und ihm auf diese Weise eine neue Zukunft erschließt: „Barmherzigkeit [...] öffnet das Herz für die Hoffnung, dass wir, trotz unserer Begrenztheit auf-

---

durch diese einzigartige Gnade, die er uns gezeigt hat –dass sein Sohn unsere Natur annahm und, um uns selbst durch sein Wort und sein Beispiel zu unterrichten, bis zum Tod durchhielt –, uns tiefer mit sich selbst durch Liebe verbunden hat [...] Unsere Erlösung ist somit jene höchste Liebe in uns durch das Leiden Christi; diese befreit nicht nur von der Knechtschaft der Sünde, sondern gibt uns die wahre Freiheit der Kinder Gottes, so dass wir mehr durch Liebe zu ihm als durch Furcht alles erfüllen; er hat uns eine so große Gnade gezeigt, wie man sie größer – wie er selbst bezeugt – nicht finden kann [...]" (Fontes Christiani 289–291).

52   Diese verspricht nicht zuletzt auch, lange vorherrschende Missverständnisse der sogenannten „Satisfaktionstheorie" zu überwinden. Vgl. G. Gäde, Eine andere Barmherzigkeit. Zum Verständnis der Erlösungslehre Anselms von Canterbury (Bonner dogmatische Studien 3), Würzburg 1989. Allerdings gibt es nicht wenige Theologen, die für eine vollständige Verabschiedung der Satisfaktionstheorie plädieren.

53   B. Pascal, Pensées: „La justice sans la force est impuissante ; la force sans la justice est tyrannique. La justice sans force est contredite, parce qu'il y a toujours des méchants" (Lafuma 103 / Brunschvicg 198).

grund unserer Schuld, für immer geliebt sind."[54] Gerechtigkeit hingegen ist immer auch machtvolles Handeln, ja mitunter gewaltsames Einschreiten.

Dies gilt auch für Gottes Gerechtigkeit. Die Autoren der biblischen Schriften verzichten jedenfalls keineswegs darauf, Gottes rettende Gerechtigkeit mit seinem machtvollen Eingreifen in die Geschichte zu verbinden – man denke nur an die Ereignisse in Verbindung mit Israels Auszug aus Ägypten. Und auch Jesus zögert nicht, jenen, die sich der Wirklichkeit des Gottesreiches entgegenstemmen, entschieden – und wenn man so will: auch gewaltsam – zu begegnen. Jesu Weherufe gegen die Schriftgelehrten und Pharisäer[55], die sogenannte „Reinigung" des Jerusalemer Tempels[56] oder auch die zahlreichen „Austreibungen" der Dämonen sprechen diesbezüglich eine unmissverständliche Sprache.

Zweifellos bedarf Gottes Gerechtigkeit eines Korrektivs durch seine Barmherzigkeit. Doch das Umgekehrte gilt eben auch: Gottes Barmherzigkeit zielt auf die Durchsetzung seiner Gerechtigkeit. Und diese ist im ursprünglichen und biblischen Verständnis keine abstrakte Gleichmacherei, sondern advokatorisches Eintreten für die Benachteiligten, Armen und Marginalisierten. Sie verheißt Rettung für die Opfer ungerechter Gewalt und Trost für die unschuldig Leidenden. Und gerade so ermutigt sie schon jetzt zum selbstlosen Engagement für die menschlichere Welt.

---

54 Vgl. hierzu auch Papst Franziskus, Bulle „Misericordiae vultus" (11. April 2015), Nr. 2: „Barmherzigkeit ist der letzte und endgültige Akt, mit dem Gott uns entgegentritt. Barmherzigkeit ist das grundlegende Gesetz, das im Herzen eines jeden Menschen ruht und den Blick bestimmt, wenn er aufrichtig auf den Bruder und die Schwester schaut, die ihm auf dem Weg des Lebens begegnen. Barmherzigkeit ist der Weg, der Gott und Mensch vereinigt, denn sie öffnet das Herz für die Hoffnung, dass wir, trotz unserer Begrenztheit aufgrund unserer Schuld, für immer geliebt sind."

55 Vgl. Mt 23,13–35; vgl. Mt 11,20.24.

56 Vgl. Mt 21,12–17; Mk 11,15–19; Lk 19,45–48; Joh 2,13–22.

Markus Graulich

Barmherzigkeit braucht Regeln
Kirchenrecht und Barmherzigkeit

Wer über die Barmherzigkeit nachdenkt, dem fällt vermutlich nicht zuerst das Kirchenrecht ein. Ganz im Gegenteil. Es wird von vielen als Gegenpol zur Barmherzigkeit betrachtet, mit der Strenge des Gesetzes und der Gesetzeslehrer sowie mit Strafe identifiziert, die wiederum mit der Kirche der Liebe und der Vergebung, der Barmherzigkeit und der Zärtlichkeit wenig, wenn überhaupt etwas zu tun hat.

Im Zeltlazarett Kirche, in dem man „einen Schwerverwundeten nicht nach Cholesterin oder nach hohem Zucker fragen, sondern die Wunden heilen muss",[1] gehört der *Codex Iuris Canonici* nicht zur Notfallausrüstung. Viele vertreten vielmehr die Meinung, im Feldlazarett Kirche würden Wunden behandelt und Probleme gelöst, welche die Menschen nicht hätten, gäbe es das Kirchenrecht nicht.

Aber, wie so oft sind die Dinge nicht so einfach, wie sie auf den ersten Blick erscheinen. Schaut man etwas tiefer und sieht das Kirchenrecht zunächst einmal als den der Kirche eigenen Ausdruck der Gerechtigkeit, beginnen sich Möglichkeiten des Dialogs und der Überlegung abzuzeichnen, welche auch Papst Franziskus in der Verkündigungsbulle zum Jahr der Barmherzigkeit erwähnt: „Es ist nicht sinnlos... auf die Beziehung zwischen *Gerechtigkeit* und *Barmherzigkeit* hinzuweisen. Es handelt sich dabei nicht um zwei gegensätzliche Aspekte, sondern um zwei Dimensionen einer einzigen Wirklichkeit, die sich fortschreitend entwickelt, bis sie ihren Höhepunkt in der Fülle der Liebe erreicht hat."[2]

1 Antonio Spadaro, Das Interview mit Papst Franziskus. Freiburg 2013, 48.
2 Franziskus, Misericordiae vultus, Verkündigungsbulle zum außerordentlichen Jubiläum der Barmherzigkeit 11. April 2015, Nr. 20.

1. Gerechtigkeit – Barmherzigkeit – Wahrheit

Für sich allein genommen kann die Gerechtigkeit ihren Sinn verfehlen und zum reinen Legalismus werden. Gerechtigkeit ist also nicht mit Gesetzesgerechtigkeit gleichzusetzen. „Die Gerechtigkeit alleine genügt nicht und die Erfahrung lehrt uns, dass wer nur an sie appelliert, Gefahr läuft, sie sogar zu zerstören. Darum überbietet Gott die Gerechtigkeit mit der Barmherzigkeit und der Vergebung. Das bedeutet keinesfalls, die Gerechtigkeit unterzubewerten oder sie überflüssig zu machen. Ganz im Gegenteil. Wer einen Fehler begeht, muss die Strafe verbüßen. Aber dies ist nicht der Endpunkt, sondern der Anfang der Bekehrung, in der man dann die Zärtlichkeit der Vergebung erfährt."[3]

Die Barmherzigkeit weist der Gerechtigkeit und damit auch dem Kirchenrecht den Weg zu den tieferen Quellen, aus denen es schöpft und denen es sich verdankt. Diese Quellen des Kirchenrechts liegen in den Wahrheiten des Glaubens. „Das Kirchenrecht [hat] in den Glaubenswahrheiten seine Grundlage und seinen Sinn ... und die lex agendi spiegelt sich in der lex credendi wider."[4]

Daher darf das Kirchenrecht nicht mit dem System der kirchlichen Gesetze gleichgesetzt werden. Es hat eine innere Beziehung zum göttlichen Recht und zur Sendung der Kirche. Kirchenrecht ist mehr als der Buchstabe des Gesetzes, denn das Gesetz wird vor einem weiten Hintergrund theologischer Einsichten erlassen, welche im Gesetzestext ihre juristische Übersetzung finden. Diese Grundlage wird häufig verkannt und das führt zu Fehlformen der Gesetzesanwendung in der Kirche.

Diese Fehlformen äußern sich auf der einen Seite in einem kirchenrechtlichen Positivismus, für den nur der Buchstabe des Gesetzes zählt und der die Grundlage der gesetzlichen Regelung außer Acht lässt. Dadurch wird verkannt, dass die gesetzlichen Regelungen des Kirchenrechts immer in dem durch das Lehramt der Kirche ausgelegten göttlichen Recht ihren Grund und ihre Grenze haben. Zudem gerät bei dieser Zugehensweise die salus animarum aus dem

---

3   Ebd., Nr. 21.
4   Benedikt XVI., Ansprache an die Rota Romana 2012.

Blick, welche der Gesetzgebung und der Gesetzesanwendung in der Kirche die Richtung vorgibt.

Auf der anderen Seite kommt es zur Ablehnung jeder gesetzlichen Regelung in der Kirche. Vor dieser Entwicklung hat Papst Benedikt XVI. in seiner Ansprache an die Rota Romana im Jahr 2012 gewarnt: „In letzter Zeit haben einige Denkströmungen vor einer übertriebenen Treue gegenüber den Gesetzen der Kirche, angefangen bei den Kodizes, gewarnt; sie fassen es als Ausdruck des Legalismus auf. Folglich wurden hermeneutische Wege vorgeschlagen, die einen Ansatz zulassen, der den theologischen Grundlagen und auch den pastoralen Anliegen der Kirchengesetzgebung besser entspricht. Dies hat zu einer Kreativität im rechtlichen Bereich geführt, bei der die einzelne Situation zum entscheidenden Faktor bei der Feststellung der wahren Bedeutung der Rechtsvorschrift im konkreten Fall wird. Barmherzigkeit, Gerechtigkeit, „oikonomia" – sehr geschätzt in der östlichen Tradition – sind einige der Begriffe, auf die man bei dieser Auslegungstätigkeit zurückgreift."[5]

Dadurch schwindet der Sinn für den objektiven Charakter des Rechts und der Ausleger schwingt sich im Namen der Barmherzigkeit und der Pastoral zum *Dominus legis*, zum Herrn des Gesetzes auf. Auf diese Weise wird das Recht der Kirche, dessen Aufgabe darin besteht, den Gliedern des Volkes Gottes dabei zu helfen, ihr Leben so zu ordnen und zu führen, dass es dem Willen Gottes entspricht, wie er in der Schöpfungs- und Erlösungsordnung zum Ausdruck kommt, seines Sinnes beraubt. Eine Ordnung, die dazu erlassen wurde, in der Gemeinschaft der Gläubigen ein geordnetes Miteinander zu gewährleisten, wird unversehens „zum Spielball von Überlegungen, die den Anspruch erheben, theologisch und pastoral zu sein, am Ende jedoch der Gefahr der Willkür ausgesetzt sind."[6]

Solche Willkür aber führt nicht zu einer barmherzigen Kirche, sondern hat sehr oft negative Folgen, wie Papst Benedikt im Zusammenhang mit der Anwendung des Strafrechts bei der Ahndung der Missbrauchsfälle festgestellt hat. „Seit der Mitte der, 60´er Jahre wurde [das kirchliche Strafrecht] einfach nicht mehr angewandt. Es herrschte das Bewusstsein, die Kirche dürfe nicht Rechtskirche, son-

---

5   Benedikt XVI., Ansprache an die Rota Romana 2012.
6   Ebd.

dern müsse Liebeskirche sein; sie dürfe nicht strafen. So war das Bewusstsein dafür, dass Strafe ein Akt der Liebe sein kann, erloschen. Damals kam es auch bei ganz guten Leuten zu einer merkwürdigen Verdunkelung des Denkens."[7]

Hier hat sich eine übertriebene Sorge um den Ruf der Kirche und eine falsch verstandene Barmherzigkeit gegenüber den Tätern in der Art ausgewirkt, dass kirchenrechtliche Normen, welche den Schutz der Würde des Menschen, vor allem des schutzlosen, sicherstellen sollten, nicht mehr angewandt wurden. Doch – wie kann eine dem Wesen und der Sendung der Kirche entsprechende Anwendung des Kirchenrechts erfolgen, die zugleich der Gerechtigkeit und der Barmherzigkeit gerecht wird?

„Um die wirkliche Bedeutung des Gesetzes zu erfassen, muss man stets auf die Wirklichkeit blicken, die geregelt wird, und zwar nicht nur dann, wenn das Gesetz vorwiegend das göttliche Recht zum Ausdruck bringt, sondern auch dann, wenn es in kontinuierlicher Form menschliche Regelungen einführt."[8]

Wer in der Kirche das Recht auszulegen und anzuwenden hat, muss zunächst einmal berücksichtigen, dass die Rechtsnormen nicht im luftleeren Raum entstanden sind, und nicht für sich stehen. Das wäre ein positivistischer Umgang mit der Norm, welcher im Gegensatz zur Rechtstradition der Kirche steht. „Für eine gesunde rechtliche Hermeneutik ist es ... unerlässlich, die Gerechtigkeit der Weisungen der Kirche zu erfassen und jede Aussage organisch in die Tradition einzubinden."[9]

Die Auslegung des Gesetzes hat also innerhalb der Kirche und vor dem Hintergrund ihrer Tradition zu geschehen. Dazu noch einmal Papst Benedikt: „Das *Sentire cum Ecclesia* hat auch in der Disziplin einen Sinn, aufgrund der lehramtlichen Grundlagen, die in den Rechtsvorschriften der Kirche stets gegenwärtig und wirksam sind. Auf diese Weise wird auch auf das kirchliche Gesetz jene Hermeneutik der Erneuerung in der Kontinuität angewandt, über die ich in Bezug auf das Zweite Vatikanische Konzil gesprochen habe, das mit der gegenwärtigen kanonischen Gesetzgebung so eng verbunden ist. Die

---

7   Benedikt XVI., Licht der Welt. Der Papst, die Kirche und die Zeichen der Zeit. Ein Gespräch mit Peter Seewald. Freiburg 2010, 43.
8   Benedikt XVI., Ansprache an die Rota Romana 2012.
9   Johannes Paul II., Ansprache an die Rota Romana 2005.

christliche Reife führt dazu, das Gesetz immer mehr zu lieben und es verstehen und treu anwenden zu wollen."[10]

Das in diesem Sinn bei der Auslegung und der Anwendung des Rechts angewandte *sentire cum Ecclesia* führt dazu, das Kirchenrecht richtig zu verstehen und seinen Sinn zu entdecken. „Nur auf diese Weise kann man die Fälle erkennen, in denen die konkreten Umstände eine ausgleichende Lösung verlangen, um zu der Gerechtigkeit zu gelangen, die die allgemeine menschliche Norm nicht vorhersehen konnte, und wird man in der Lage sein, im Geist der Gemeinschaft das aufzuzeigen, was dazu dienen kann, die rechtliche Lage zu verbessern."[11] Hier verbinden sich Gerechtigkeit und Barmherzigkeit mit der Wahrheit; nicht nur mit der Wahrheit des Rechts, sondern auch mit der Wahrheit des Menschen und seines Daseins vor Gott.

Bei der Anwendung des Rechts geht es daher – gerade auch in der Situation der Urteilsfindung – darum, die Wahrheit festzustellen und der Wahrheit des Menschen und seines Daseins zu entsprechen. „Die Deontologie des Richters hat *ihr inspirierendes Kriterium in der Wahrheitsliebe*. Er muss deshalb fest davon überzeugt sein, *dass es die Wahrheit gibt*. Deshalb ist es notwendig, sie zu suchen mit dem echten Verlangen, sie zu erkennen, trotz der Unannehmlichkeiten, die aus dieser Erkenntnis entstehen können. Man muss der *Angst vor der Wahrheit* widerstehen, die manchmal aus der Furcht erwachsen kann, die Personen zu irritieren. Die Wahrheit, die Christus selbst ist, macht uns frei von jeder Form des Kompromisses."[12]

Weder die Gerechtigkeit, noch die Barmherzigkeit können auf die Bezugnahme zur Wahrheit verzichten. Daher handelt gerade der barmherzige Richter in Gerechtigkeit und lässt sich nicht von falschem Mitleid, von einer missverstandenen Barmherzigkeit, beeinflussen. Dazu ist neben Klugheit und Gerechtigkeit auch die Tugend der Tapferkeit erforderlich. „Letztere wird dann besonders relevant, wenn der leichteste Weg die Ungerechtigkeit zu sein scheint, weil sie eine nachgiebige Haltung gegenüber den Wünschen und Erwartungen der Parteien oder den Einflüssen des sozialen Umfeldes impliziert."[13]

10 Benedikt XVI., Ansprache an die Rota Romana 2012.
11 Ebd.
12 Johannes Paul II., Ansprache an die Rota Romana 2005.
13 Benedikt XVI., Ansprache an die Rota Romana 2010.

Auf diese Weise kommen Barmherzigkeit und Liebe zum Menschen zum Ausdruck. „Liebe ohne Gerechtigkeit ist keine Liebe, sondern nur eine Verfälschung, weil die Liebe selbst jene Objektivität verlangt, die typisch ist für die Gerechtigkeit und die nicht mit menschlicher Kälte verwechselt werden darf."[14]

Gerechtigkeit und Liebe erfordern das Postulat der Wahrheitsliebe, denn sie dienen der Suche nach der Wahrheit, ohne die Liebe und Barmherzigkeit zur bloßen Sentimentalität abgleiten. In der Liebe zur Wahrheit treffen Recht und Barmherzigkeit aufeinander. „Wer mit dem Recht arbeitet, hat ... im Wesentlichen eine Vermittler-Rolle: er muss bei der Lösung des Einzelfalles dem Buchstaben der Norm die Stimme der Menschlichkeit verleihen und dem Recht der Kirche die Richtung auf sein letztes Ziel, die *salus animarum*, geben."[15]

Die der Wahrheit verpflichtete Rechtsanwendung soll ja dazu beitragen, dass der Einzelne in der Gemeinschaft der Glaubenden das Ziel seines Lebens nicht verfehlt, sondern in der Gemeinschaft mit Gott und der Kirche sein Leben zur Vollendung führen kann. Vorschnell als ‚pastoral' oder ‚barmherzig' postulierte Lösungen, die nicht in der Liebe zur Wahrheit (auch zur Wahrheit des eigenen Lebensweges) verankert sind, können auf Irrwege führen und die Menschen auf ihr Scheitern festlegen, statt sie daraus zu befreien.

2. Der Ort der Barmherzigkeit im Kirchenrecht

Neben diesen allgemeinen Prinzipien gibt es im Kirchenrecht selbst aber auch verschiedene rechtlich geregelte Institute, welche einen Zusammenhang von Gerechtigkeit, Kirchenrecht und Barmherzigkeit herstellen. All diese Mittel, welche eine gewisse Flexibilität des Kirchenrechts sicherstellen,[16] werden dem Rechtsanwender in die Hand gegeben. „Folglich wird von ihm das erforderliche Einfühlungsver-

---

14   Ebd.
15   Juan Ignacio Arrieta, Barmherzigkeit und kanonisches Recht. Die Erfahrung des lateinischen Kirchenrechts und die hermeneutische Aufgabe der Mediation, in AKathKR 184 (2015), 16–33; hier: 23.
16   Vgl. Markus Graulich, Unterwegs zu einer Theologie des Kirchenrechts. Die Grundlegung des Rechts bei Gottieb Söhngen (1892–1971) und die Konzepte der neueren Kirchenrechtswissenschaft. Paderborn 2006, 368–373.

mögen erwartet, um richtig einschätzen zu können, was die Barmherzigkeit im Einzelfall verlangt, und gleichzeitig – oder sogar vorrangig – muss er über das notwendige theologische Rüstzeug verfügen, das ihn zur Anwendung der Instrumente bringt, die das kanonische Recht bereithält."[17] Dazu seien drei Beispiele genannt: Die Dispens, die Dispositionen des Sakramentenrechts und einige Grundregeln des kirchlichen Strafrechts.

2.1 Die Dispens

Die in can. 85 geregelte Dispens, d. h. die Befreiung von einem recht kirchlichen Gesetz im Einzelfall. „Eine Dispens, d. h. die Befreiung von einem rein kirchlichen Gesetz in einem Einzelfall, kann innerhalb der Grenzen ihrer Zuständigkeit von denen gewährt werden, die ausführende Gewalt besitzen, sowie von jenen, denen die Dispensgewalt ausdrücklich oder einschlussweise zukommt, sei es von Rechts wegen, sei es kraft rechtmäßiger Delegation."[18]

Im Fall der Dispens handelt es sich um ein Rechtsinstitut, nicht um einen Gnadenakt. „Wegen der Verschiedenheit der Menschen und Sachen soll das Gesetz dann nicht angewandt werden, wenn der *rigor iuris* gegen die *misericordia* verstößt."[19] Wichtig ist hier der Anwendungsbereich der Dispens: dieser erstreckt sich auf rein kirchliche Gesetze *(leges mere ecclesiasticae)* und unterliegt daher einer Einschränkung, welche in der Kirchenrechtswissenschaft eine lange Geschichte hat. Schon Bonizio von Sutri unterscheidet zwischen notwendigen und dispensierbaren Gesetzen. Und Ivo von Chartres versucht, Barmherzigkeit und Gerechtigkeit dadurch in Einklang zu bringen, dass er zwischen wandelbaren und unwandelbaren Gesetzen unterscheidet. Von dem, was vom göttlichen Recht vorgegeben und für das Heil notwendig ist, kann nicht dispensiert werden. Denn das oberste Gesetz in der Kirche ist das Heil der Seelen und wenn eine Dispens dieses Heil gefährdet, darf sie nicht gewährt werden.

---

17 Arrieta, Barmherzigkeit (Anm. 15), 27.
18 Can. 85 CIC.
19 Mathias Schmoeckel, Dispensatio als Ausgleich zwischen iusitia, misericordia und prudentia: Aspekte einer Theologie der Gesetzesinterpretation, in: Franck Roumy u. a. (Hg.), Der Einfluss der Kanonistik auf die europäische Rechtskultur. Bd 2: Öffentliches Recht. Köln 2011, 155–184; hier: 158.

Doch auch wenn die Gewährung der Dispens möglich ist, hat der Dispensgewährer zu prüfen, ob für die Gewährung eine echte Notwendigkeit *(necessitas)* oder Nützlichkeit *(utilitas)* vorliegt. Dispensen sollen eine Ausnahme darstellen und nicht selbst zum Gesetz erhoben werden. Dadurch gibt Ivo Anleitung und bestimmt die Richtung, welche dann von Gratian und der mittelalterlichen Kanonistik weitergeführt wird.[20]

2.2 Das Sakramentenrecht

Die Sakramente der Kirche „sind von Christus dem Herrn eingesetzt und der Kirche anvertraut; als Handlungen Christi und der Kirche sind sie Zeichen und Mittel, durch die der Glaube ausgedrückt und bestärkt, Gott Verehrung erwiesen und die Heiligung der Menschen bewirkt wird; so tragen sie in sehr hohem Maße dazu bei, dass die kirchliche Gemeinschaft herbeigeführt, gestärkt und dargestellt wird; deshalb haben sowohl die geistlichen Amtsträger als auch die übrigen Gläubigen bei ihrer Feier mit höchster Ehrfurcht und der gebotenen Sorgfalt vorzugehen."[21]

Wegen ihrer grundlegenden Bedeutung für die Gemeinschaft der Glaubenden und für das Heil des Einzelnen wird vom Kirchenrecht im Hinblick auf die Sakramente all das genau geregelt, was für ihre gültige und erlaubte Feier erforderlich ist. Doch, gerade um die *salus animarum* sicherzustellen, kennt das Sakramentenrecht auch erstaunliche Ausnahmeregelungen.[22] „In manchen Fällen genügt die pastorale Notlage oder die spontane Bitte der Gläubigen, damit selbst ein nicht berechtigter Spender – weil er sich nicht im Stand der Gnade weiß (c. 916 CIC), oder mit einer Irregularität behaftet ist (c. 1048 CIC) oder er von einer nicht erklärten Beugestrafe betroffen ist (c. 1335 CIC) – die erbetenen Sakramente rechtmäßig spenden kann."[23]

Dies gilt etwa im Hinblick auf die Taufe, deren „tatsächlicher Empfang oder wenigstens das Verlangen danach zum Heil notwendig"

---

20 Vgl. ausführlicher zu diesem Thema: Markus Graulich, Kirchenrecht und Barmherzigkeit, in: George Augustin (Hg.), Barmherzigkeit leben. Eine Neuentdeckung der christlichen Berufung. Freiburg 2016, 320–336, hier: 330–331.
21 Can. 840 CIC.
22 Vgl. Arrieta, Barmherzigkeit (Anm. 15), 27–29.
23 Ebd., 28.

ist.[24] Wegen dieser Heilsnotwendigkeit kennt das Kirchenrecht Ausnahmen im Hinblick auf den ordentlichen Spender, welche so weit gehen, dass „im Notfall sogar jeder von der nötigen Intention geleitete Mensch"[25] – also auch der Nichtchrist – die Taufe gültig spenden kann.

Eine ähnliche Ausnahme kennt das Sakramentenrecht im Hinblick auf das Sakrament der Beichte: in Todesgefahr ist es nicht nur erlaubt, die Generalabsolution zu erteilen,[26] sondern in ihr kann jeder Priester, auch derjenige, der sein Priesteramt aufgegeben hat, die Absolution gültig erteilen,[27] obwohl im Allgemeinen im Hinblick auf die Beichtbefugnis sehr strenge Regeln gelten.

Bei Todesgefahr oder in einer anderen schweren Notlage können zwei Katholiken auch gültig und erlaubt eine Ehe schließen, ohne dass die so genannte Formpflicht eingehalten wird.[28] „In all, diesen Grenzfällen begnügt sich die kanonische Norm mit dem Vorliegen jener Voraussetzungen, die essentiell und daher für die Gültigkeit unverzichtbar sind. Sie tun dies, weil die Barmherzigkeit verlangt, den Bedürfnissen der Gläubigen entgegenzukommen."[29]

2.3 Das Strafrecht

Ein letztes Beispiel mag auf den ersten Blick erstaunen. Die Barmherzigkeit wird auch im kirchlichen Strafrecht deutlich.[30] Hier gilt die Grundregel: „Niemand wird bestraft, es sei denn, die von ihm begangene äußere Verletzung von Gesetz oder Verwaltungsbefehl ist wegen Vorsatz oder Fahrlässigkeit schwerwiegend zurechenbar."[31] Das Strafrecht soll in der Kirche daher nur angewandt werden, wenn „weder durch mitbrüderliche Ermahnung, noch durch Verweis noch durch

---

24 Can. 849 CIC.
25 Can. 861 §2 CIC.
26 Vgl. Can. 961 §1 CIC.
27 Vgl. Can. 976 und 986 §2.
28 Vgl. Can. 1116 CIC.
29 Arrieta, Barmherzigkeit (Anm. 15), 28.
30 Vgl. ebd., 29–30; John Anthony Renken, Penal Law: A Realization of the Misericordiae Vultus Ecclesiae, in: Studia Canonica 50 (2016), 95–143.
31 Can. 1321 CIC.

andere Wege des pastoralen Bemühens ein Ärgernis behoben, die Gerechtigkeit wiederhergestellt und der Täter gebessert werden kann."[32]

Damit sind auch die Ziele des kirchlichen Strafrechts benannt: es geht um die Sicherstellung der Umkehr des Täters, die Wiederherstellung der Gerechtigkeit und die Behebung des Ärgernisses, das in der Gemeinschaft der Glaubenden durch eine Straftat verursacht worden ist. Damit stellt sich das kirchliche Strafrecht in den Dienst des *salus animarum* und des *bonum commune* der Kirche.[33]

Die Besserung des Täters und seine Umkehr sind Ziel der Beugestrafen,[34] die Wiederherstellung der Gerechtigkeit und die Beseitigung des Ärgernisses Ziel der Sühnestrafen.[35] Während die Beugestrafen dann ausgesetzt werden, wenn der Täter Reue und Umkehr zeigt, werden die Sühnestrafen für eine bestimmte Zeit verhängt, um sicherzustellen, dass sie ihr Ziel erreichen.

Gerade bei den Beugestrafen, welche eine Umkehr des Täters bewirken sollen, wird der Zusammenhang mit der Barmherzigkeit deutlich. „Ohne Umkehr (Reue und Wiedergutmachung) ginge die Barmherzigkeit ins Leere; sie würde nicht heilend wirken; ja, bewusst in einer solchen Situation angewandt, würde sie zur Täuschung, zur Verfestigung der Sünde und des Unheils werden."[36] Im Blick auf die Missbrauchsskandale in der Kirche ist dieser Hintergrund deutlicher bewusst geworden, was auch dazu geführt hat, dass das kirchliche Strafrecht, das sich bis vor wenigen Jahren durch Nichtanwendung auszeichnete, derzeit nicht nur angewandt, sondern überarbeitet wird.[37]

Heute ist es daher auch möglich, die Strafe in der Kirche wieder in ihrer wahren Bedeutung zu erkennen. Sie „ist das drastische letzte Mittel der Barmherzigkeit. Man kann von einer erzieherischen und

---

32 Can. 1341 CIC.
33 Vgl. Renken, Penal Law (Anm. 30), 105: "Penal law, like all other ecclesiastical law, intends to promote the salus animarum. It seeks to assure the common good (which includes the individual good). It seeks to maintain right order and, when right order is violated, to restore it."
34 Vgl. can. 1331–1335 CIC.
35 Vgl. can. 1336–1338 CIC.
36 Helmit Pree, Kirchenrecht und Barmherzigkeit. Rechtstheologische und rechtstheoretische Aspekte, in: AKathKR 184 (2015), 57–74, hier: 63.
37 Vgl. Markus Graulich, Die große Strafrechtsreform der Päpste Benedikt XVI. und Franziskus, in: Matthias Pulte (Hg.), Tendenzen der kirchlichen Strafentwicklung. Paderborn 2017, 11–21.

medizinischen Bedeutung der Bußdisziplin sprechen. Letztlich hat sie eine eschatologische Bedeutung: sie nimmt das eschatologische Gericht vorweg und bewahrt mit der zeitlichen Strafe vor der ewigen Strafe. So verstanden ist sie nicht unbarmherzige Härte, sondern ein Akt der Barmherzigkeit."[38]

Zusätzlich enthält das Strafrecht der Kirche auch so etwas wie innere Sicherungen der Barmherzigkeit, die vor allen Dingen darin zum Ausdruck kommen, dass es viele Möglichkeiten gibt, straffrei zu bleiben[39] oder eine mildere Strafe zu erhalten.[40]

---

38 Walter Kasper, Barmherzigkeit. Grundbegriff des Evangeliums – Schlüssel christlichen Lebens. Freiburg 2012, 173.

39 Can. 1323 CIC: „Straffrei bleibt, wer bei Übertretung eines Gesetzes oder eines Verwaltungsbefehls: 1° das sechzehnte Lebensjahr noch nicht vollendet hat; 2° schuldlos nicht gewusst hat, ein Gesetz oder einen Verwaltungsbefehl zu übertreten; der Unkenntnis werden Unachtsamkeit und Irrtum gleichgestellt; 3° gehandelt hat aufgrund physischer Gewalt oder aufgrund eines Zufalls, den er nicht voraussehen oder, soweit vorhergesehen, nicht verhindern konnte; 4° aus schwerer Furcht, wenngleich nur relativ schwer, gezwungen oder aufgrund einer Notlage oder erheblicher Beschwernis gehandelt hat, sofern jedoch die Tat nicht in sich schlecht ist oder zum Schaden der Seelen gereicht; 5° aus Notwehr einen gegen sich oder einen anderen handelnden ungerechten Angreifer unter Beachtung der gebotenen Verhältnismäßigkeit abgewehrt hat."

40 Can. 1324 CIC: „§1 Der Straftäter bleibt nicht straffrei, aber die im Gesetz oder Verwaltungsbefehl festgesetzte Strafe muss gemildert werden oder an ihre Stelle muss eine Buße treten, wenn die Straftat begangen worden ist: 1° von jemandem, der einen nur geminderten Vernunftgebrauch hatte; 2° von jemandem, der schuldhaft wegen Trunkenheit oder ähnlich gearteter Geistestrübung ohne Vernunftgebrauch war; 3° aus schwerer Leidenschaft, die jedoch die Verstandesüberlegung und die willentliche Zustimmung nicht gänzlich ausschaltete und behinderte, und nur wenn die Leidenschaft selbst nicht willentlich hervorgerufen oder genährt wurde; 4° von einem Minderjährigen, der das sechzehnte Lebensjahr vollendet hat; 5° von jemandem, der durch schwere Furcht, wenngleich nur relativ schwer, gezwungen oder aufgrund einer Notlage oder erheblicher Beschwernis gehandelt hat, wenn die Straftat in sich schlecht ist oder zum Schaden der Seelen gereicht; 6° von jemandem, der aus gerechter Notwehr einen gegen sich oder einen anderen handelnden ungerechten Angreifer abgewehrt und dabei nicht die gebotene Verhältnismäßigkeit beachtet hat; 7° gegen einen, der schwer und ungerecht provoziert hat; 8° von jemandem, der irrtümlich, wenngleich schuldhaft, geglaubt hat, es läge einer der in can. 1323, nn. 4 oder 5 genannten Umstände vor; 9° von jemandem, der ohne Schuld nicht gewusst hat, dass dem Gesetz oder dem Verwaltungsbefehl eine Strafandrohung beigefügt ist; 10° von jemandem, der ohne volle Zurechenbarkeit eine Handlung vorgenommen hat, sofern nur die Zurechenbarkeit schwerwiegend bleibt. §2. Dasselbe kann der Richter tun, wenn ein anderer Umstand gegeben ist, der die Schwere der Straftat mindert."

3. Zusammenschau

Das Kirchenrecht ist eine Rechtsordnung eigener Art, in der Wahrheit, Gerechtigkeit, Barmherzigkeit, das *bonum commune* der Gemeinschaft der Glaubenden und das Seelenheil des Einzelnen *(salus animarum)* in einer ständigen Wechselwirkung stehen.

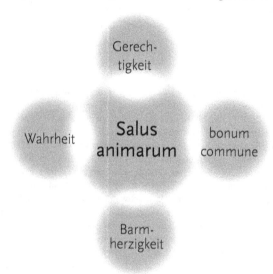

Um das *salus animarum* nicht zu gefährden und die Gläubigen auf dem Weg zu ihrem Heil zu begleiten, kann es in der Kirche keine Gerechtigkeit geben, ohne dass sie der Wahrheit, dem *bonum commune* und der Barmherzigkeit verpflichtet ist und auf sie hin offen bleibt.

Von Thomas von Aquin stammt der Satz: Gerechtigkeit ohne Barmherzigkeit ist Grausamkeit – Barmherzigkeit ohne Gerechtigkeit ist die Mutter aller Auflösung. Der Kirche ohne Recht droht die Willkür. Die Kirche, die sich auch der Mittel des Rechts bedient, und das Recht als Schutzmantel und nicht als starre Rüstung versteht, kann der Barmherzigkeit und damit auch dem Heil der Seelen dienen, welches in der Kirche immer das oberste Gesetz zu sein hat.

Philipp Müller

Die Beichte als Ressource der Barmherzigkeit
Eine pastoraltheologische Perspektive

Bei Papst Franziskus steht die Barmherzigkeit thematisch im Mittelpunkt seines Pontifikats. Es ist erstaunlich, wie griffsicher der jetzige Papst seinen Petrusdienst auf dieses Leitmotiv ausgerichtet hat, angefangen vom ersten Angelusgebet am 17. März 2013 auf dem Petersplatz, als er den Gläubigen der Welt das entsprechende Buch von Kardinal Kasper zur Lektüre empfahl,[1] über seine erste größere Reise, die ihn nach Lampedusa führte und mit der er nachhaltig auf das Schicksal von zahl- und namenlosen Ertrunkenen im Mittelmeer aufmerksam machte, bis hin zum „Heiligen Jahr der Barmherzigkeit" anno 2016.

Freilich ist Papst Franziskus nicht der erste Papst, der die Barmherzigkeit stark betont. Bereits seinen Vorgängern ist dieses Thema ein Herzensanliegen gewesen, was bei aller dynamischen Fortentwicklung ein Zeichen für die Kontinuität der päpstlichen Verkündigung ist. Die programmatische Antrittsenzyklika *Deus caritas est* von Papst Benedikt XVI. war der christlichen Liebe gewidmet, und die zweite Enzyklika von Papst Johannes Paul II. trägt den schönen Titel *Dives in misericordiae*, „Reich an Erbarmen". Letzterer hätte es vermutlich als göttliche Fügung gedeutet, wenn er gewusst hätte, dass er einmal an jenem Tag das Zeitliche segnen würde, den er selbst fünf Jahre zuvor bei der Heiligsprechung der polnischen Ordensschwester Maria Faustina Kowalska zum „Sonntag der Barmherzigkeit" erhoben hatte.[2] Trotz dieser Kontinuität lässt sich bei keinem der Ge-

---

1   Kasper, Walter: Barmherzigkeit. Grundbegriff des Evangeliums – Schlüssel christlichen Lebens. Freiburg – Basel – Wien ⁴2014.
2   Papst Johannes Paul II. ist am späten Sonnabend des 2. April 2005 gestorben; in der kirchlichen Tradition beginnt der Sonntag bereits am Vortag mit der Ersten Vesper.

nannten das Pontifikat so auf den Punkt bringen, wie dies bei Papst Franziskus mit dem Begriff „Barmherzigkeit" der Fall ist – zumindest nach allem, was sich zum jetzigen Zeitpunkt sagen lässt.

Dieser Beitrag geht in drei Schritten vor: Er weist zunächst biographisch nach, warum Papst Franziskus die Botschaft von der Barmherzigkeit Gottes immer wieder mit dem Sakrament der Versöhnung verknüpft (I.). Im Sinne einer pastoraltheologischen Kriteriologie gilt es anschließend aufzuzeigen, dass diese Verbindung von Barmherzigkeit und Umkehr elementar in der Verkündigung Jesu von Nazareth gründet und wie sich dessen Ruf zur Metanoia in der kirchlichen Bußpraxis entfaltet hat (II.). Abschließend wird die rückläufige Beichtpraxis in unserer Pastoral thematisiert und danach gefragt, wie das Sakrament der Versöhnung wieder an Bedeutung gewinnen kann (III.).

1. Warum die Beichte für Papst Franziskus sehr hohe Priorität hat

Papst Franziskus erntet mit seinem „Programm" der Barmherzigkeit weltweit großen Zuspruch, bei den eigenen Gläubigen und bei Menschen anderer Religionen, Kulturen und Weltanschauungen. Bei aller Begeisterung, die ihm derzeit entgegenschlägt, ist zu beachten, dass für ihn persönlich die Barmherzigkeit aufs engste mit der Metanoia verbunden ist, die sich auf herausragende Weise in der Beichte realisiert. Wer also mit Papst Franziskus der Tugend der Barmherzigkeit das Wort redet, darf die Metanoia nicht ausblenden. Wer ihm zujubelt und ihn verehrt, wird ihm nur dann gerecht, wenn er oder sie sich auch im eigenen Leben um eine Form der Barmherzigkeit bemüht, die in einer Haltung der Selbstrelativierung vor Gott und der Umkehrbereitschaft gründet.

Dieser Nexus von Barmherzigkeit und Metanoia ist bei Papst Franziskus zutiefst biographisch begründet.[3] Das Schlüsseldatum seiner Glaubensbiographie ist der 21. September, vermutlich des

3   Vgl. zu Folgendem Müller, Philipp: „Miserando atque eligendo". Die Beichte als Erfahrungsraum der göttlichen Barmherzigkeit. In: Augustin, George (Hrsg.): Barmherzigkeit leben. Eine Neuentdeckung der christlichen Berufung. Freiburg – Basel – Wien 2016, 203–214.

Jahres 1953.[4] Am Morgen dieses Wochentags stattet Jorge Mario Bergoglio, wie sonst öfter auch, seiner Pfarrkirche San José de Flores einen Besuch ab. Dort zieht es ihn förmlich in den Beichtstuhl, in dem gerade ein älterer Priester sitzt; es handelt sich um P. Carlos Duarte Ibarra, der nach Buenos Aires gekommen war, um sich gegen Leukämie behandeln zu lassen.[5] Bei ihm macht der junge Bergoglio eine Beichterfahrung, die sein ganzes Leben verändert und die später dazu führt, die Freundschaft mit einem Mädchen zu beenden und den Priesterberuf ergreifen zu wollen. Rückblickend sagt Papst Franziskus über diese Beichterfahrung, er habe sich „wirklich von der Barmherzigkeit Gottes angenommen gefühlt"[6]. Seine damalige persönliche Disposition schildert er als „offen und ungeschützt"[7], ohne näher auszuführen, was ihn damals mit 16 oder 17 Jahren so sensibel und verletzlich gemacht hat. Diese Offenheit und Ungeschütztheit ist der anthropologische Boden für die völlig überraschende und zutiefst personale Begegnung mit dem Auferstandenen. Dieser hat ihn nach eigenen Worten längst mit einer Barmherzigkeit erwartet und einer Ausschließlichkeit umworben, „wie es sie nur in der ersten Liebe gibt"[8].

Dieses Widerfahrnis spiegelt sich heute im Wahlspruch von Papst Franziskus *Miserando atque eligendo*, den er selbst mit „Barmherzigkeit schenkend und ihn erwählend"[9] übersetzt. Die Wendung ist der Lesehore des 21. September entnommen, an dem die römische Kirche das Fest des Hl. Matthäus begeht. Die Lesehore sieht an diesem

---

4 Papst Franziskus spricht selbst vom 21. September 1953 und dass er damals 17 Jahre alt war. Ders.: Der Name Gottes ist Barmherzigkeit. Ein Gespräch mit Andrea Tornielli. München ³2016, 31. Da Jorge Mario Bergoglio am 17. Dezember 1936 geboren wurde, kann diese Angabe nicht stimmen. Vermutlich handelt es sich um das Jahr 1953; denn drei Monate vor dem Geburtstag ist es in Lateinamerika nicht ganz unüblich, das noch nicht erreichte Alter zu nennen. In einem Interviewbuch, das aus seiner Zeit als Kardinal in Buenos Aires stammt, schreiben die Herausgeber salomonisch, dass er „damals um die 17 Jahre alt" war. Papst Franziskus: Mein Leben, mein Weg. El Jesuita. Die Gespräche mit Jorge Mario Bergoglio von Sergio Rubin und Francesca Ambrogetti. Freiburg – Basel – Wien 2013, 49.
5 P. Duarte Ibarra ist ein Jahr später an dieser Krankheit gestorben. Vgl. Papst Franziskus: Der Name Gottes ist Barmherzigkeit, 31.
6 Ebd.
7 Papst Franziskus: Mein Leben, mein Weg, 50.
8 Ebd.
9 Ders.: Der Name Gottes ist Barmherzigkeit, 32.

Tag einen Abschnitt aus einer Predigt des Beda Venerabilis (eines angelsächsischen Mönchs an der Wende vom 7. zum 8. Jahrhundert) vor, in der dieser die Berufung des Zöllners Matthäus (vgl. Mt 9,9) folgendermaßen interpretiert: „Jesus sah einen Mann namens Matthäus am Zoll sitzen und sagte zu ihm: ‚Folge mir nach!' Er sah ihn nicht so sehr mit dem Blick seiner leiblichen Augen, als vielmehr mit dem inneren Blick seines Erbarmens. Er sah den Zöllner, und weil er ihn mit dem Blick des Erbarmens und der Erwählung (im Lateinischen steht hier *miserando atque eligendo;* Ph. M.) anschaute, sprach er zu ihm: ‚Folge mir nach!'"[10] Wenn der jetzige Papst seinen Leitspruch diesem Text entnommen hat, dann deutet er damit an, sich in dem biblischen Zöllner Matthäus wiederzufinden, den Jesus trotz (oder gerade wegen) seiner menschlichen Unzulänglichkeit und Sündhaftigkeit in eine besondere Nachfolge berufen hat.

Dieser biographische Hintergrund macht verständlich, warum der jetzige Papst das Sakrament der Versöhnung so sehr in den Vordergrund stellt. Wohl kein Papst der letzten Jahrzehnte hat so häufig von der Beichte gesprochen und so engagiert für sie geworben wie er. Er selbst betont, dass auch das „Jahr der Barmherzigkeit" eine Konsequenz seiner positiven pastoralen Erfahrung als Beichtvater ist und damit der „vielen positiven und schönen Geschichten, die ich dabei zu hören bekommen habe"[11]. Papst Franziskus kann sich gut in das innere Erleben Beichtender einfühlen: Er weiß um das Gefühl der Scham und um die Überwindung, die der Schritt in den Beichtstuhl kostet, er kennt aber auch die tiefe Freude, die einem Sünder widerfährt, dem Gott die Schuld vergeben hat.[12] An die Beichtväter hat er klare Erwartungen, welche seelsorglichen Standards sie zu erfüllen haben; bekannt ist sein Wort aus *Evangelii gaudium,* „dass der Beichtstuhl kei-

10   Beda Venerabilis: Aus einer Homilie zum Festtag des Evangelisten Matthäus. In: Die Feier des Stundengebetes. Lektionar. Für die katholischen Bistümer des deutschen Sprachgebiets. Authentische Ausgabe für den liturgischen Gebrauch. Zweite Jahresreihe. Heft 7. Freiburg – Basel – Wien 1980, 270–272, bes. 270f. – Unübertroffener künstlerischer Ausdruck dieser biblischen Begebenheit ist das Gemälde des Caravaggio Michelangelo Merisi in der römischen Kirche *San Luigi dei Francesi* unweit der Piazza Navona; hier ist der Zöllner Matthäus ganz darin versunken, seine Einnahmen zu zählen, als ihn unvermittelt der Ruf Jesu trifft.
11   Papst Franziskus: Der Name Gottes ist Barmherzigkeit, 26.
12   Der jetzige Papst sieht in der Scham etwas Gutes, weil sie den Menschen demütig werden lässt. Ebd. 49.

ne Folterkammer sein darf, sondern ein Ort der Barmherzigkeit des Herrn, die uns anregt, das mögliche Gute zu tun"[13]. Diese Wendung zeugt von moraltheologischem bzw. pastoralem Realismus: Die Priester sollen die Beichtenden dabei unterstützen, das *jetzt* mögliche Gute zu tun, und sie nicht mit kirchlichen Normen überfordern, die sie frustrieren und daran hindern, an ihrem Leben etwas zu ändern.

2. Christsein geht nicht ohne Metanoia

Bergoglios Erfahrung illustriert auf eindrückliche Weise den Kern der Verkündigung Jesu: „Gott, der barmherzige Vater"[14] setzt alles daran, dass Menschen an ihn und seine Liebe glauben und sie anderen weiterschenken. Das Wort Jesu aus der Bergpredigt, „Seid also vollkommen, wie es auch euer himmlischer Vater ist" (Mt 5,48), ist in Kombination mit seiner Variante aus der lukanischen Feldrede zu lesen: „Seid barmherzig, wie es auch euer himmlischer Vater ist" (Lk 6,36). Vollkommen zu sein wie der Vater realisiert sich somit in der Haltung der Barmherzigkeit und Vergebungsbereitschaft gegenüber den Mitmenschen. An diesem Punkt duldet der sonst so sanftmütige Jesus keine Kompromisse. Im Gleichnis vom unbarmherzigen Verwalter (Mt 18,21–35) prangert er eine Einstellung an, die für sich selbst Barmherzigkeit reklamiert, aber nicht bereit ist, gegenüber seinen Mitmenschen Gnade vor Recht walten zu lassen. Auf diesem Hintergrund ist auch das drastische Gleichnis vom unfruchtbaren Feigenbaum aus Lk 13,6–9 zu verstehen; dieser soll gefällt werden, falls er in absehbarer Zeit keine Frucht bringen wird, die sich – so die Logik Jesu – in einem barmherzigen Verhalten gegenüber anderen zeigt.[15] Eine Vielzahl neutestamentlicher Belege verweist darauf, wie wichtig Jesus dieser Punkt gewesen ist. Erwähnt sei nur die Vaterun-

---

13　Ders.: Apostolisches Schreiben *Evangelii gaudium* über die Verkündigung des Evangeliums in der Welt von heute. 24. November 2013 (VAS 194), Bonn 2013, 38 (Nr. 44).

14　Mit diesen Worten beginnt die Absolutionsformel.

15　Hier muss die Frage offen bleiben, wie sich eine solche Aussage mit dem allgemeinen Heilswillen Gottes verträgt. Gleichwohl bilden um der Freiheit des Menschen willen Gottes Barmherzigkeit und die Möglichkeit, seinem Gericht zu verfallen, keine absoluten Gegensätze.

ser-Bitte: „Und erlass uns unsere Sünden, denn auch wir erlassen jedem, was er uns schuldig ist" (Lk 11,4; vgl. Mt 6,12).

Die Verkündigung von Gottes grenzenloser Barmherzigkeit und
Liebe ist bei Jesus von Nazareth eng an seine Person gebunden. Bezeichnenderweise lautet das programmatische Wort aus Mk 1,15 zu
Beginn seines öffentlichen Auftretens: „Die Zeit ist erfüllt, das Reich
Gottes ist nahe. Kehrt um und glaubt an das Evangelium." Hier ist
von einem Kairos die Rede, der sich damals vor 2000 Jahren ereignet
hat. Neben diesem welt- und heilsgeschichtlichen Kairos, der unsere Zeitrechnung in die Zeit vor und nach Christi Geburt einteilt, gibt
es auch so etwas wie einen persönlichen Kairos, den der Einzelnen
ergreifen oder dem er sich zumindest nicht verweigern soll.[16] „Ich
merkte, dass ich erwartet wurde"[17], war das Gefühl des jungen Bergoglio, als es ihn an jenem 21. September in der Kirche San José de
Flores in den Beichtstuhl zog. Diese Wendung lässt an das Wort Jesu
aus dem Johannesevangelium denken, „niemand kommt zu mir,
wenn der Vater ihn nicht zieht" (Joh 6,44). Gott wirkt sein Heil nicht
ohne menschliches Zutun und nicht gegen den Willen eines Menschen; aber wenn sich jemand auf das Evangelium einlässt, ist das bereits ein Zeichen für das Wirken von Gottes Gnade.

Bergoglio hat das Ereignis seiner Jugendzeit als einen Lockruf der
Liebe erlebt: „Gott, der einen mit einer Ausschließlichkeit umwirbt,
wie es sie nur in der ersten Liebe gibt. Man sucht Ihn, aber Er sucht
dich zuerst. Man möchte ihn finden, aber er findet uns zuerst."[18] Hier
spiegelt sich eine Erfahrung, die sich bereits beim Propheten Hosea andeutet, wenn dort Gott in bräutlicher Sprache zu seinem Volk
sagt: „Ich traue mich dir an auf ewig; ich traue mich dir an um den
Brautpreis von Gerechtigkeit und Recht, von Liebe und Erbarmen."
(Hos 2,21)[19] Dieses Motiv der bräutlichen Gottesliebe hat später das

---

16 Dieser Kairos ereignet sich auch im Hilferuf desjenigen, der unter die Räuber
    gefallen ist (Lk 10,30–37) und dessen Not man sich nicht einfach entziehen darf;
    denn im Antlitz des Notleidenden ist Christus selbst erkennbar (vgl. Mt 25).
17 Papst Franziskus: Mein Leben, mein Weg, 50. Vgl. auch ders.: Der Name Gottes
    ist Barmherzigkeit, 56.
18 Ders.: Mein Leben, mein Weg, 50.
19 In diesem Vers bilden Gerechtigkeit und Recht auf der einen sowie Barmherzigkeit und Liebe auf der anderen Seite keine Gegensätze, sondern stehen in einer
    Reihung – ein Hinweis darauf, dass die genannten Eigenschaften zusammengehören und nicht gegeneinander ausgespielt werden sollten.

„Lied der Lieder", das Hohelied, auf lyrisch-bezaubernde Weise entfaltet. Es erzählt, ohne explizit von Gott zu sprechen, vom Suchen und Finden zweier Liebender. „Ich gehöre meinem Geliebten, und ihn verlangt nach mir", heißt es dort (Hld 7,11), und der Geliebte weiß zu sagen: „Doch einzig ist meine Taube" (6,9a).[20] Das Hohelied, das der Gattung der Liebeslyrik zuzurechnen ist, hat Eingang in den Kanon der biblischen Bücher gefunden, weil sein Inhalt allegorisch auf die Liebe Gottes zu seinem Volk übertragen worden ist; dies war wiederum möglich, weil jüdische Gottsucher ihr religiös-spirituelles Erleben analogiehaft mit erotischen Liebeserfahrungen verglichen hatten. Wenn auch die Kirche das Hohelied zum Kanon ihrer Heiligen Schriften zählt, signalisiert sie damit, dass Erfahrungen des In-Gott-verliebt-seins in den Möglichkeitsrahmen des geistlichen Lebens von Christen gehören. Insofern kann folgender Satz aus dem Mund der Frau im Hohenlied spirituell gedeutet werden: „Des Nachts auf meinem Lager suchte ich, den meine Seele liebt. Ich suchte, aber ich fand ihn nicht." (Hld 3,1) Der Geliebte hat sich ihr entzogen, doch sie will nicht eher Ruhe geben, bis sie ihn gefunden hat. Zu welchen Konsequenzen eine solche Liebesmystik führen kann, zeigt auf atemberaubende Weise die geistliche Biographie der Heiligen Mutter Teresa von Kalkutta.[21] Diese hatte im April 1942 noch als Loreto-Schwester mit Zustimmung ihres Beichtvaters das Privatgelübde abgelegt, ihrem geliebten Jesus nichts verweigern zu wollen, was er von ihr möchte. Einige Jahre hat ihre Christusbeziehung etwas zutiefst Bräutliches, doch spätestens seit dem Jahr 1950 muss sie fast 50 Jahre bis zu ihrem Tod am 5. September 1997 die „dunkle Nacht" durchleben, in der sich Jesus ihr entzogen hat und sie innerlich nur Kälte und Leere spürt. Was ihr zugemutet wird, führt sie an die Grenze des Erträglichen; sie hat ausgekostet, was es heißt, Jesus zu „lieben, bis es wehtut"[22].

---

20 Im dem für die jüdische Glaubensgemeinschaft so wichtigen *Sch^ema Israel*, dem deuteronomischen Hauptgebot, heißt es ebenfalls, dass der Herr, unser Gott, „einzig" ist; darum ist Gott „mit ganzem Herzen, mit ganzer Seele und mit ganzer Kraft" zu lieben (Dtn 6,4f).

21 Vgl. hierzu Müller, Philipp: Eine Heilige der Dunkelheit. Mutter Teresa von Kalkutta und ihre Erfahrung der Gottesferne. In: Geist und Leben 89 (2016) 121–129.

22 Mutter Teresa in einem Brief an ihre Mitarbeiterinnen vom 1. März 1995. Dies.: Komm, sei mein Licht. Herausgegeben und kommentiert von B. Kolodiejchuk, Freiburg 2007, 173.

Doch zurück zum programmatischen Wort Jesu aus Mk 1,15 und dessen zweitem Halbsatz: „Die Zeit ist erfüllt, das Reich Gottes ist nahe. Kehrt um und glaubt an das Evangelium." Es wäre ein Missverständnis, den Aufruf zur Umkehr und den Glauben an das Evangelium als zwei separate Vorgänge zu verstehen, die nacheinander ablaufen. Denn ein Mensch, der umkehrt, ist bereits durch den Glauben an das Evangelium dazu motiviert. Insofern gehören aus biblischer Perspektive Glaube und Metanoia zuinnerst zusammen und sind gewissermaßen zwei Seiten derselben Medaille; das eine ist ohne das andere nicht zu haben. Das hat bedeutende Konsequenzen für die Bewertung theologischer Konzepte und pastoraler Entwürfe: Wenn die Dimension der Metanoia in einem theologischen Konzept oder einem pastoralen Entwurf keinen Raum hat, ist größte Skepsis angebracht. Denn dann steht mit dem Glauben im biblischen Sinn letztlich auch die Barmherzigkeit im Geiste Jesu zur Disposition. Diese wird dann schnell zu einer Form der Werkgerechtigkeit degenerieren, deren Defizite mit entsprechenden Dosen „Moralin" kompensiert werden.

Die Aufnahme in die christliche Glaubensgemeinschaft erfolgt seit biblischer Zeit durch die Taufe. Mit diesem Ritus ist die Ermächtigung und Verpflichtung verbunden, einen Lebensstil im Geiste Jesu zu pflegen. Das ist die entscheidende Pointe des biblischen „locus classicus" zur Tauftheologie in Röm 6,1–11. Diesem Passus scheint der Einwand eines jüdischen Diskussionspartners zugrunde zu liegen.[23] Dieser will die paulinische Rechtfertigungslehre durch die Behauptung ad absurdum führen, Christen könnten fröhlich an der Sünde festhalten, weil dann die Gnade umso mächtiger werde (V 1). Diesen Gedankengang, der das spätere Motiv einer „felix culpa" aus dem Exsultet der Osternacht überstrapaziert, weist Paulus mit einem schroffen „Keineswegs!" zurück (V 2). Wer die Taufe empfangen hat, der ist mit Christus gestorben und „frei geworden von der Sünde" (V 7). Entsprechend soll durch ihn die Barmherzigkeit Gottes erfahrbar werden. Dies ist nur möglich, wenn ein Mensch immer wieder zu dieser neuen Existenzweise umzukehren bereit ist. Insofern erweist sich die Metanoia, von der Jesus in Mk 1,15 spricht, nicht nur am Anfang

---

23 So Wilckens, Ulrich: Der Brief an die Römer. 2. Teilband, Röm 6–11. (EKK VI/2) 4., um Literatur ergänzte Aufl. Düsseldorf – Zürich / Neukirchen-Vluyn 2003, 8–11.

des Glaubenswegs als bedeutsam. Als Zwillingsschwester des Glaubens gehört sie zum Weg des Christseins tagaus, tagein dazu.

Es gibt kein authentisches christliches Leben ohne die stete Bereitschaft zur Umkehr. Das hat auch Martin Luther klar gesehen. Die erste seiner 95 Thesen, die vor genau 500 Jahren den Anstoß zur Reformation gaben, greift Mk 1,15 explizit auf: „Als unser Herr und Meister Jesus Christus sagte: ‚Tut Buße, denn das Himmelreich ist nahe herbeigekommen', wollte er, dass das ganze Leben der Glaubenden Buße sei."[24] Luther, der selbst zeitlebens gebeichtet hat, positioniert sich jedoch gegen eine in seinen Augen falsche Buß- und Beichtpraxis, die er als Ausdruck einer Werkgerechtigkeit und letztlich der Selbsterlösung wertet. Wie ist diese Positionierung aus Sicht katholischer Theologie heute zu beurteilen? Nach katholischem Verständnis gehört die Herzenseinstellung eines Menschen, die *contritio cordis*, wesentlich zur Beichte dazu. Einem Menschen, der sich die eigene Sündhaftigkeit aufrichtig eingesteht, wird sich der zur Vergebung bereite Gott nicht entziehen. Aufschlussreich ist die Frage, auf welchem Wege Gott einem Menschen die Sünden vergibt. Hier kennt die christliche Tradition eine ganze Reihe von Formen. Bereits nach Aussage des Alten und des Neuen Testaments haben Werke der Barmherzigkeit und der Liebe eine sündentilgende Kraft; denn sie können einem Menschen helfen, eine falsche Selbstbezogenheit zu durchbrechen und von Gott alles zu erwarten. Im Buch Tobit heißt es: „Denn Barmherzigkeit rettet vor dem Tod und reinigt von jeder Sünde. Wer barmherzig und gerecht ist, wird lange leben." (12,9) Und in 1 Petr 4,8 ist zu lesen: „Vor allem haltet fest an der Liebe zueinander; denn die Liebe deckt viele Sünden zu." Auch im Schuldbekenntnis der Heiligen Messe, in dem gemeinsamen Gebet vor dem Kommunionempfang (dem „Herr, ich bin nicht würdig ..."), im Bußgottesdienst, in der persönlichen Gewissenserforschung, im Meditieren der Heiligen Schrift sowie durch Fasten vermag Gott Vergebung zu schenken.[25]

Eigentlich ist es zweitrangig, auf welchem Wege sich Metanoia ereignet; entscheidend ist, *dass* sie geschieht und dass sie *aufrichtig* ge-

---

24   Luther, Martin: Christusglaube und Rechtfertigung. (Lateinisch-deutsche Studienausgabe, Bd.2, hrsg. v. Johannes Schilling) Leipzig 2006, 3.

25   Vgl. hierzu Müller, Philipp: Sündenvergebung durch die Predigt? Eine katholische Sichtweise. In: Meyer-Blanck, Michael u. a. (Hrsg.): Sündenpredigt. (Ökumenische Studien zur Predigt. Bd. 8) München 2012, 261–271.

schieht. Je mehr bei Gläubigen ein Gespür für die Umkehr wächst, desto eher werden sie auch einen inneren Zugang zum Sakrament der Versöhnung finden. Denn unter den vielen Formen der Sündenvergebung nimmt die Beichte nach katholischem Verständnis einen herausragenden Platz ein. Ihr Stellenwert hängt mit der sakramentalen Grundstruktur der Kirche als Ganze zusammen. Dies hat das IV. Laterankonzil im Jahr 1215 dazu bewogen, jeden Christen ab sieben Jahren wenigstens einmal im Jahr zur Beichte zu verpflichten.[26] In dieser Tradition steht auch der jüngste Katechismus der katholischen Kirche: „Wer mit Gott und mit der Kirche versöhnt werden will, muss dem Priester alle schweren Sünden beichten, die er noch nicht gebeichtet hat und an die er sich nach einer sorgfältigen Gewissenserforschung erinnert. Obwohl es an sich nicht notwendig ist, lässliche Sünden zu beichten, wird dies von der Kirche nachdrücklich empfohlen.“[27] Der Katechismus differenziert zwischen schweren und lässlichen Sünden. Auch diese Unterscheidung ist biblischen Ursprungs und hat ihr Fundament im 1. Johannesbrief, der von einer Sünde, die zum Tod führt und einer anderen, die nicht zum Tod führt, spricht (5,16). Hieraus hat sich die doppelte Redeweise von der „schweren Sünde" bzw. „Todsünde" einerseits und „lässlicher" bzw. „leichter Sünde" andererseits entwickelt; bereits Augustinus und andere Kirchenväter wissen um sie.[28] Heute wird die Todsünde als eine radikale Verweigerung gegenüber dem Anspruch der göttlichen Gnade und Liebe verstanden und kommt einer Zurücknahme der Taufentscheidung gleich. Die Umkehr in der Beichte wird folgerichtig als „Rückkehr in die Taufberufung"[29] (so die deutschen Bischöfe) verstanden.

In diesem Zusammenhang fällt Licht auf die Weisung des IV. Laterankonzils, jährlich mindestens einmal zur Beichte zu gehen: Letztlich beruht sie auf der pastoralen Sorge, dass Gläubige, die nicht regelmäßig beichten, eine Todsünde übersehen haben könnten und

---

26 Vgl. Denzinger-Hünermann, Nr. 812.
27 Katechismus der katholischen Kirche. Neuübersetzung aufgrund der Editio typica Latina, München 2003, Nr. 1493.
28 Darauf weist hin Johannes Paul II.: Reconciliatio et Paenitentia. Apostolisches Schreiben im Anschluss an die Bischofssynode. 2. Dezember 1984 (VAS 60), Nr. 17.
29 Vgl. Umkehr und Versöhnung im Leben der Kirche. Orientierungen zur Bußpastoral. Hrsg. vom Sekretariat der Deutschen Bischofskonferenz. 1. Oktober 1997 (Die deutschen Bischöfe 58), 50f.

bei einem plötzlichen Tod das ewige Seelenheil verlieren. Um dies zu vermeiden, wurde jeder zur jährlichen Beichte verpflichtet. „Lässliche" oder „leichte Sünden" gehören dagegen einer anderen Kategorie an; sie verstoßen zwar gegen die Liebe, aber sie zerstören sie nicht. Nochmals die deutschen Bischöfe: „Solche Sünden bedeuten zwar keine ausdrückliche Abkehr von Gott, sind aber doch eine Beeinträchtigung der von Gott geschenkten Lebensmöglichkeiten."[30] Gleichwohl empfiehlt die Kirche die regelmäßige Beichte solcher „lässlicher" Sünden, auch wenn deren Vergebung – wie oben angedeutet – auf vielfältige Weise geschehen kann. Papst Pius XII. nennt in seiner Enzyklika *Mystici Corporis* eine Reihe von Gründen, die für die regelmäßige Andachtsbeichte sprechen: Sie vermehre die Selbsterkenntnis, fördere die christliche Demut, fasse die sittliche Schwäche an der Wurzel, wirke der geistlichen Nachlässigkeit und Lauheit entgegen, reinige das Gewissen, stärke den Willen, sorge für eine heilsame Seelenführung und vermehre schließlich kraft des Sakraments die Gnade.[31]

3. Kann die Beichte wieder attraktiver werden?

Soweit der kirchliche Anspruch. Doch die pastorale Realität sieht anders aus. Während die Beichte von der Mitte des 19. bis zur Mitte des 20. Jahrhunderts durch Volksmissionen und durch die Koppelung an einen „würdigen" Kommunionempfang einen enormen Aufschwung erfahren hat, ist seitdem ein Rückgang wie bei sonst keinem anderen Sakrament zu verzeichnen. Zwar ist die Beichte in der Regel (wenn auch nicht überall) integraler Teil der Erstkommunion- und Firmvorbereitung. Danach gehen katholische Christen nur vereinzelt zur Beichte; sie tun dies vornehmlich in Klöstern oder Wallfahrtsorten. Bereits im Jahr 1997 haben die deutschen Bischöfe von „einem dramatischen Einbruch der Beichtpraxis"[32] gesprochen und nüchtern festgestellt: „Ein Großteil derer, die regelmäßig den Sonntagsgottesdienst mitfeiern und zumeist auch zur Kommunion gehen, hat seit

30 Ebd., 36.
31 So Papst Pius XII. in der Enzyklika *Mystici corporis* aus dem Jahr 1943. Denzinger-Hünermann, Nr. 3818.
32 Die deutschen Bischöfe: Umkehr und Versöhnung im Leben der Kirche, 39.

einem oder mehreren Jahren keine Beichtpraxis, hat diese zum Teil
aufgegeben oder ist auf Zukunft hin unsicher oder unentschlossen."[33]
Am Sturzflug des Bußsakraments hat sich seitdem nichts geändert;
die Statistik der bundesrepublikanischen Kirche über den Sakramen-
tenempfang weist die Beichtzahlen schon lange nicht mehr aus. Auf
der anderen Seite machen Beichtpriester die Erfahrung, dass jene,
die sich in heutiger Zeit auf dieses Sakrament einlassen, dies sehr bewusst tun und sich existentiell öffnen. Gegen eine falsche Idealisie-
rung früherer Zeiten spricht auch folgende Beobachtung: Von den älteren Priestern, die vor dem Konzil vor den kirchlichen Hochfesten
viele Stunden im Beichtstuhl gesessen haben, sehnt sich kaum jemand nach der alten Praxis zurück.

Der Rückgang des Bußsakraments in Deutschland macht auch
vor den pastoralen Mitarbeitern nicht Halt. In der großen deutschen
Seelsorgestudie aus dem Jahr 2015 wurden die Seelsorger und Seel-
sorgerinnen unter anderem nach ihrer persönlichen Beichtpraxis gefragt. Hiernach gehen 54% der Priester jährlich oder seltener – und
das heißt: vielleicht überhaupt nicht mehr – beichten. Dies gilt ebenso für 70% der Diakone, 88% der Gemeindereferent(inn)en und 91%
der Pastoralreferent(inn)en.[34] Diese Angaben differenzieren nicht
zwischen jenen, die einmal jährlich zur Beichte gehen und jenen,
die das Beichten gänzlich aufgegeben haben. Es ist jedoch davon aus-
zugehen, dass viele in den pastoralen Berufen Tätige dieses Sakrament nicht mehr empfangen. Wie aber soll es zu einer Neubelebung
dieses Sakraments kommen, wenn Priester, die anderen dieses Sakrament spenden, oder Pastoral- und Gemeindereferent(inn)en, die
Kinder und Jugendliche auf dessen Empfang im Rahmen der Erst-
kommunion- und Firmkatechese vorbereiten sollen, über keine eigene Beichtpraxis verfügen?

Ein Blick auf die Pastoral anderer Länder zeigt, dass die Beichte nicht zwangsläufig ein Auslaufmodell sein muss. Dies bezeugen
bei uns Christen mit Migrationshintergrund, die ihre Wurzeln etwa
in Italien, Polen oder Kroatien haben. Begegnungen mit US-ameri-
kanischen Priestern bestätigen, dass die Beichte dort hoch im Kurs

---

33 Ebd.
34 Vgl. https://www.domradio.de sites/default/files/pdf/seelsorgestudie.pdf (Abruf
    am 19.10.2016).

liegt. Einer Statistik des *Center for Applied Research in the Apostolate (CARA)* zufolge aus dem Jahr 2013 beträgt die Zahl der durchschnittlichen Beichten in den USA je Pfarrei und Woche 14,4.[35] Welche Quote ergäbe sich wohl bei einer vergleichbaren Umfrage in Deutschland? Bei der Quote aus den USA spielt Folgendes eine Rolle: Um im Wettbewerb der verschiedenen christlichen Denominationen bestehen zu können, sieht sich der US-amerikanische Katholizismus gezwungen, sein Profil zu schärfen. Dies geschieht einerseits durch Bezug auf die ungebrochene 2000jährige Tradition der katholischen Kirche (mit dem unausgesprochenen Motto „Wir sind das Original"), zum anderen durch Verweis auf die sakramentale Struktur der katholischen Kirche, durch die sie sich von anderen – besonders auch freikirchlichen und evangelikalen – Gruppierungen und kirchlichen Gemeinschaften abhebt. Zu dieser sakramentalen Struktur gehört für viele der Empfang des Bußsakraments selbstverständlich dazu. Dass US-amerikanische Katholiken häufiger zur Beichte gehen als ihre deutschen Glaubensgeschwister, ist zugleich ein Indiz, dass sich neuzeitliche Modernisierungsprozesse und Beichtpraxis nicht zwangsläufig ausschließen müssen, auch wenn die amerikanische Gesellschaft (nicht nur) in religiöser Hinsicht anders tickt als die unsrige.[36]

Welche Gründe lassen sich für den Niedergang des Bußsakraments in unserem Land ausmachen? Beichten fällt niemandem leicht. Es kostet Überwindung, über sein eigenes Fehlverhalten nachzudenken und es vor einem anderen Menschen – in diesem Fall einem Priester – aussprechen zu müssen, auch wenn sich danach in der Regel ein Gefühl der Erleichterung und eine innere Freude einstellen. Die Beichte ist zudem deshalb ein anspruchsvolles Sakrament, weil sie ein Nachdenken über die Schattenseiten der eigenen Persönlichkeit

---

35 Vgl. http://www1.villanova.edu/content/dam/villanova/VSB/centers/church/21 conference/Schools% 20and% 20Sacraments%20-%20Mark%20Gray.pdf (Abruf am 19.10.2016). Ausführlicher hierzu Müller, Philipp: Unterschiedliche Prioritäten. Stellenwert und Praxis der Katechese in der katholischen Kirche Deutschlands und der USA. In: Andreas Henkelmann u. Graciela Sonntag (Hrsg.): Zeiten der pastoralen Wende? Studien zur Die Rezeption des Zweiten Vatikanums – Deutschland und die USA im Vergleich. Münster 2015, 111–143.

36 Zur gegenwärtigen religiösen Landschaft der Bundesrepublik Deutschland und der USA vgl. Pollack, Detlef u. Gergely Rosta: Religion in der Moderne. Ein internationaler Vergleich. (Religion und Moderne. Bd. 1) Frankfurt / New York 2015, 98–174, 274–288 u. 327–381.

und ihres Fehlverhaltens „in Gedanken, Worten und Werken" voraussetzt. Von daher hat übrigens das IV. Laterankonzil, als es die jährliche Beichte auf der Basis einer Selbstreflexion zur Pflicht machte, zur neuzeitlichen Subjektbildung einen wichtigen Beitrag geleistet. Es ist fraglich, ob Martin Luther ohne diesen Individualisierungsschub durch das Bußsakrament die für ihn beklemmende Grundfrage „Wie bekomme ich einen gnädigen Gott?" überhaupt hätte stellen können.

Beim Rückgang der Beichtpraxis in Deutschland spielt auch der gesellschaftliche Kontext mit herein. Zu den Plausibilitäten unserer Gesellschaft zählt die Maxime, jeder möge so leben, wie er oder sie es für richtig hält, solange es keinen anderen stört. Primär religiös begründete ethische Forderungen spielen für die meisten bei Fragen der persönlichen Lebensführung keine Rolle. Dies gilt für die Kirchenmitglieder der beiden großen Konfessionen – und erst recht für jene, die keiner Glaubensgemeinschaft angehören. Selbst von jenen 70% in unserem Land, die mit der Existenz eines höheren Wesens rechnen, glaubt nur die Hälfte an einen persönlichen Gott, dem ich Rechenschaft über mein Leben schuldig bin.[37] Bei einem apersonalen Gottesbild ist dem biblischen Verständnis von Umkehr und Versöhnung jedoch eine wesentliche Plausibilitätsgrundlage entzogen; insofern muss die Katechese elementarer ansetzen, bevor sie inhaltlich auf die Beichte zu sprechen kommt.

Zur rückläufigen Beichtpraxis trägt weiterhin das Wissen sowohl um psychologische Dynamiken als auch um gesellschaftlich-strukturelle Verflechtungen bei, in die das Handeln des Einzelnen eingebunden ist. Beide Aspekte vermögen die Verantwortung und Schuld des Einzelnen zu relativieren, bisweilen bagatellisieren sie sie auch. Dies hat Konsequenzen für das, was der Katechismus der katholischen Kirche und die deutschen Bischöfe unter einer „Sünde" und erst recht unter einer „Todsünde" verstehen. Bei einer Todsünde fallen drei Momente zusammen: es muss sich erstens um eine schwerwiegende Sache handeln; zweitens hat der Betreffende eine klare Erkenntnis von der Schwere des Vergehens; drittens hat er der Tat oder der Unterlassung frei zugestimmt.[38] Die beiden letzten Kriterien – das klare Wis-

---

37 Zur Dimension der religiösen Vorstellungen, Überzeugungen und Erfahrungen
    vgl. aus empirischer Perspektive ebd., 130–149.
38 Vgl. Die deutschen Bischöfe: Umkehr und Versöhnung im Leben der Kirche, 35.
    Katechismus der katholischen Kirche, Nr. 1858.

sen um die Schwere eines Vergehens und die freie Zustimmung – setzen subjektiv an und bieten die Möglichkeit, psychologische und gesellschaftliche Aspekte zu berücksichtigen, welche die Schuld des Einzelnen relativieren. Auch beim ersten, scheinbar objektiven Aspekt, der Schwere eines Vergehens, ist Spielraum vorhanden. Nicht alles, was früher einmal als Todsünde galt, wird heute dazu gerechnet. Es würde sich lohnen, einmal der folgenden Frage nachzugehen: Wo lässt sich aus historischer Perspektive bei kirchlichen Lehräußerungen und Katechismen eine durchgehende Kontinuität in der Beurteilung dessen feststellen, was eine schwere oder lässliche Sünde ist und was wird heute anders gewertet als früher? Mord und Ehebruch gehören wohl zur erstgenannten Kategorie, wie aber sieht es beispielsweise mit anderen Handlungen rund um das sechste Gebot aus? Hinzu kommt, dass Ergebnisse moraltheologischer Diskurse und Äußerungen des kirchlichen Lehramts über das, was als Sünde gewertet wird, nicht immer miteinander identisch sind; hier wäre es wünschenswert, inhaltliche Differenzen in einem dialogischen Prozess abzugleichen. Ansonsten werden sich Seelsorger immer wieder zwischen dem, was sie während ihres Studiums gelernt haben und dem, was im Katechismus steht, zu entscheiden haben. Jenseits dieser Unschärfen über das, was Sünde ist und sie ausmacht, gibt es freilich nach wie vor die Erfahrung einer Evidenz von Sünde und Schuld, unter der ein Mensch leidet und die er gerne loswerden möchte. Eine solche Evidenz setzt freilich ein sensibles Gewissen voraus, dessen Schulung eine wichtige katechetische Aufgabe ist.

Zusammenfassend lässt sich sagen: Die Beichte ist eine Ressource der Barmherzigkeit, weil hier Menschen angesichts ihrer persönlichen Schuld die Vergebung Gottes auf den Kopf zugesagt wird. Diese Erfahrung, trotz eigener Verfehlungen rückhaltlos angenommen zu sein, kann sehr befreiend wirken und setzt Potential frei, auch mit seinen Mitmenschen barmherzig und liebevoll umzugehen. Zu lieben, weil man sich selbst auch mit seinen Schwächen geliebt weiß, zur Vergebung bereit zu sein, weil einem selbst vergeben worden ist – diese Dynamik ist der Kern des Evangeliums. Wie aber können Menschen diesen Kern der Botschaft Jesu heute wieder stärker erfahren?

Wenn Christen früherer Jahrhunderte durch die jährliche Beichtpflicht davor bewahrt werden sollten, mit einer Todsünde zu sterben und das ewige Seelenheil zu verlieren, so ist dies ein Beispiel dafür, wie die Pastoral im Laufe der Kirchengeschichte bisweilen vom Motiv der Angst geprägt war. Das letzte Konzil hat dem gegenüber nachdrücklich den allgemeinen Heilswillen Gottes betont und auf ein durch und durch positives Gottesbild rekurriert. *Lumen gentium* 16 hebt die Heilsmöglichkeit für alle Menschen hervor, auch für Atheisten und Agnostiker. Es tut dies unter explizitem Rückgriff auf 1 Tim 2,4, wonach Gott als „Erlöser will, dass alle Menschen gerettet werden". Natürlich gibt es für niemanden eine Heilsgarantie; auch die Weisung des Apostels Paulus an die Philipper ist ernst zu nehmen: „müht euch mit Furcht und Zittern um euer Heil" (2,12). Doch wäre es perfide, würde man, nur um Menschen wieder zur Beichte zu bewegen, in alte Exklusivitätsmechanismen verfallen und ihnen mit der ewigen Verdammnis o. ä. drohen. Maßstab ist und bleibt das christliche Bild von Gott, der in seiner gleichermaßen ohnmächtigen wie radikalen Liebe sogar bereit ist, seinen Sohn zu schenken. An diesem Punkt muss auch eine Erneuerung der Beichtpraxis ansetzen, die darauf zielt, dass Menschen mit der Liebe Gottes in Berührung kommen. Um nochmals auf Papst Franziskus zu verweisen, dessen Beichterfahrung eine Bestätigung dieses theologischen Befunds ist: Christus hat ihn nach eigenem Bekunden an jenem 21. September mit einer Barmherzigkeit erwartet und einer Liebe umworben, die nur mit der ersten großen Liebe im Leben vergleichbar ist. Diese Haltung soll auch im Verhalten des Beichtpriesters als einem Werkzeug der Barmherzigkeit spürbar sein. An ihn stellt Papst Franziskus hohe Anforderungen. Er legt Wert darauf, dass „im Herzen des Priesters Frieden herrscht; dass er die Gläubigen nicht quält, sondern sanftmütig, gütig und barmherzig ist; dass er es versteht, in den Herzen Hoffnung zu säen und dass er sich vor allem bewusst ist, dass der Bruder oder die Schwester, der oder die das Sakrament der Versöhnung empfängt, Vergebung sucht"[39]. Der Papst geht so weit zu fordern, dass ein Priester, dem diese innere Geisteshaltung der Güte und Barmherzigkeit abhandengekommen ist, aus Verantwortung gegenüber den Gläubigen auf die Spendung des Bußsakraments vorübergehend verzichtet, bis er die rechte Gesinnung wiedererlangt hat.

---

39   Papst Franziskus: Generalaudienz auf dem Petersplatz am 20. November 2013. In: L'Osservatore Romano. Wochenausgabe in deutscher Sprache. 43. Jg. Nr. 48 vom 29. November 2013, 2.

Wie aber kann von der Botschaft der Liebe und grenzenlosen Barmherzigkeit Gottes so gesprochen werden, dass sie in Seelsorge und Katechese nicht floskelhaft klingt, sondern Menschen in ihrer konkreten Lebenssituation etwas sagt? Zunächst ist auf das Korrelationsprinzip zu verweisen. Es steht in der Religionspädagogik für eine Wechselbeziehung von christlichem Glauben und biographischen Erfahrungen, so dass sich beides gegenseitig durchdringt. Wenn sich Gottes Verheißung und menschliche Lebenswirklichkeit „gegenseitig versprechen"[40], kann der Glaube Relevanz für das eigene Leben bekommen und Sinn stiften. Er vermag sich als das zu erweisen, auf das oder besser auf den hin die menschliche Sehnsucht im Tiefsten immer schon ausgerichtet ist. Das Anliegen des Korrelationsprinzips ist im Gedanken der „Mystagogie" theologisch weiterentwickelt worden. Der Begriff war schon der Alten Kirche geläufig; zu Beginn des 20. Jahrhunderts hat ihn die Liturgische Bewegung wiederentdeckt. Für Karl Rahner bündelt sich in diesem Begriff das innerste Anliegen seiner Theologie, ist doch der Mensch mit seinen existentiellen Erfahrungen immer schon auf das Geheimnis der Selbstmitteilung Gottes ausgerichtet.[41] Dieses Theologumenon hat sich pastoraltheologisch als sehr wirkmächtig erwiesen. Durch eine mystagogische Seelsorge und Katechese sollen Menschen die Spuren Gottes in ihrem Leben entdecken, so dass sie den Glauben als sinnhaft erleben und ihm existentiell zustimmen können. Auch die deutschen Bischöfe haben den Begriff für den pastoralen Weg der Kirche rezipiert. In der Schrift „Sakramentenpastoral im Wandel" plädieren sie für eine „mystagogische Seelsorge", die wie folgt vorgeht: „Ausgangspunkt ... sind die Lebenserfahrungen der Menschen, das, was sie bewegt, ihre Freuden und Leiden, ihre Fragen und Hoffnungen. Menschen sind eingeladen, die eigene Lebensgeschichte immer tiefer als Glaubensgeschichte, d. h. als Leben in Beziehung zu Gott, verstehen zu lernen und so in ihren ‚Lebenstexten' die Nähe Gottes wahrzunehmen. Die Sakramente werden dann im mystagogischen Prozess als Höhepunkte und Verdichtungen der Geschichte Gottes mit den Menschen zu erschließen

---

40 Lange, Ernst: Zur Theorie und Praxis der Predigtarbeit. Stuttgart – Berlin 1968, 25.

41 Vgl. ausführlich zum Rahnerschen Ansatz Schambeck, Mirjam: Mystagogisches Lernen: Zu einer Perspektive religiöser Bildung. (Studien zur Theologie und Praxis der Seelsorge. Bd. 62) Würzburg 2006, 109–213.

sein. In ihnen wird die gnadenhafte Zuwendung Gottes durch den Dienst der Kirche ausdrücklich, im Zeichen sinnenhaft erfahrbar."[42] Dieser Ansatz, der den wechselseitigen Zusammenhang von individuellem Glaubensweg und *depositum fidei* ernstnimmt, erweist sich in Verkündigung und Seelsorge als hilfreich; denn der christliche Glaube ist kein weltabgehobenes Theoriegebäude, sondern will eine tragfähige Antwort auf die tiefsten existentiellen Fragen eines Menschen geben. Er wird jedoch dann schief, wenn ausgehend von persönlichen Lebenserfahrungen linear und schematisch Bezüge zum Glauben hergestellt werden. In der Glaubenskommunikation gibt es keinen Automatismus. Wie es Lebenserfahrungen gibt, die einem die Sprache verschlagen, so ist ebenso die Mitte des Glaubens, das Geheimnis von Jesu Kreuz und Auferstehung, schlichtweg nicht korrelierbar. Folglich kann die Mitte des Glaubens nicht deduktiv abgeleitet, sondern letztlich nur verkündigt werden; und wenn ein Mensch zum Glauben findet, dann ist das immer auch ein Zeichen für das Wirken des Geistes. Trifft die Botschaft des Evangeliums jedoch in das Herz eines Menschen, dann kann sie ihn ins Staunen versetzen und dazu beitragen, dass er sich seiner Geschöpflichkeit bewusst wird. Es kann sich auch das einstellen, wovon das Alte und das Neue Testament verschiedentlich berichten: dass sich Menschen in der Begegnung mit dem Heiligen ihrer Sündhaftigkeit in einer erschreckenden Klarheit bewusst werden.[43] Auf dieser Linie liegt, dass sich die Heiligen oft selbst als die größten Sünder erlebt haben. Auf diesem Hintergrund kann die Brisanz des Wortes erahnt werden, das Jesus gemäß dem dritten Evangelisten einer stadtbekannten Sünderin bei einem Gastmahl zuspricht: „Deine Sünden sind dir vergeben" (Lk 7,48). Dass die anderen Gäste dieses Wort als unerhört und anstößig empfunden haben (V 49), wundert nicht, galt doch die Sündenvergebung allein als Sache Gottes; Jesu performatives Wort sagt somit etwas über die Vollmacht aus, mit der er aufgetreten ist und gewirkt

---

42 Sakramentenpastoral im Wandel. Überlegungen zur gegenwärtigen Praxis der Feier der Sakramente – am Beispiel von Taufe, Erstkommunion und Firmung. Hrsg. vom Sekretariat der Deutschen Bischofskonferenz. Juli 1993 (Die deutschen Bischöfe – Pastoral-Kommission 12), 27. Von einer „mystagogischen Phase" spricht auch Katechese in veränderter Zeit. Hrsg. vom Sekretariat der Deutschen Bischofskonferenz. 22. Juni 2004 (Die deutschen Bischöfe 75), 16.

43 Vgl. z. B. Jes 6,5 und Lk 5,8.

hat und in dessen Tradition sich die kirchliche Beichtpraxis sieht.[44] Vorher hat er den Gastgeber Simon freundlich darauf hingewiesen, dass derjenige, dem viele Sünden vergeben wurden, umso mehr lieben wird (V 47) – ein Strukturgesetz, das heute auch für das Sakrament der Versöhnung gilt: Wem viele Sünden vergeben wurden, von dem darf man erwarten, dass er auch barmherzig mit den Fehlern anderer umgeht.

Wie kann diese Dynamik der Barmherzigkeit in unserer Pastoral noch stärker zum Zuge kommen? In geprägten Zeiten wie der Fasten- und Adventszeit mit der liturgischen Farbe violett kann diesem Thema in der gottesdienstlichen und katechetischen Verkündigung mehr Aufmerksamkeit geschenkt werden. Erfahrungsgemäß fällt es Menschen zudem an bestimmten Orten leichter, sich dieser Botschaft zu öffnen; traditionell gehören Wallfahrtsorte dazu. Auch ein Ereignis wie der Weltjugendtag, bei dem junge Christen aus vielen Völkern und Nationen zusammenkommen, kann im besten Sinne ansteckend wirken, es wieder einmal mit der Beichte zu probieren. Vor allem sind jedoch Menschen die besten Multiplikatoren für eine erneuerte Beichtpastoral, die selbst aus der Barmherzigkeit Gottes leben und sie glaubwürdig in Tat und Wort bezeugen.

---

44 Vgl. Joh 20,23.

Thomas Krafft

Das Hospiz als Ort der Barmherzigkeit

Christus hat keine Hände, nur unsere Hände, um seine Arbeit zu tun. Er hat keine Füße, nur unsere Füße, um Menschen auf seinen Weg zu führen. Christus hat keine Lippen, nur unsere Lippen, um Menschen von ihm zu erzählen. Er hat keine Hilfe, nur unsere Hilfe, um Menschen an seine Seite zu bringen. Wir sind die einzige Bibel, die die Öffentlichkeit heute noch liest. Wir sind Gottes letzte Botschaft, in Taten und Worten geschrieben. [Aus dem 14. Jahrhundert]

Ich bin ehrenamtlicher Hospizhelfer. Der Donnerstag ist mein Tag. Vom späteren Nachmittag an bin ich dort und ich bin sehr gerne dort. Woche für Woche erfülle ich im Hospiz einen Dienst. Als Hospizhelfer werde ich reich beschenkt. Dieses Beschenktwerden ist eine Erfahrung, die alle Hospizhelfer, mit denen ich bisher sprach, gleichermaßen teilen. Auch wenn ich diese Erfahrung in ihrer Tiefe nur unzureichend beschreiben und erklären kann, weiß ich doch, dass sie ein Geschenk des *Geistes* ist, der in diesem Haus herrscht.

Um Missverständnissen vorzubeugen, möchte ich erklären, was ich damit meine. Unter Geist verstehe ich, dass dort eine bestimmte, unverwechselbare Atmosphäre herrscht. Diese kommt zustande durch verschiedene ‚Faktoren‘: durch die Menschen, die dort arbeiten und wirken, durch die Regeln, nach denen gearbeitet wird, durch die jeweiligen Aufgaben, die es tagtäglich zu bewältigen gilt, durch die Leitung des Hauses und nicht zuletzt durch die Sterbenden selbst, die mit ihren Angehörigen zu uns kommen. Der Geist aber ist weitaus mehr als eine Summe von ‚Faktoren‘. Jede Aufzählung von ‚Faktoren‘ bleibt unvollständig, ohne die ausdrückliche Benennung der besonderen Erfahrung, die uns allen – Patienten, Pflegern, Ärzten, Helfern, Angehörigen und Besuchern je unterschiedlich – geschenkt wird. Schon die Tatsache, dass es einen Ort gibt, an dem sich Menschen um Sterbende kümmern, beruht auf dem Wirken des Geistes, von dem ich spreche: dem Geist der Barmherzigkeit. Ich möchte mich in der Beschreibung der Erfahrung dieses Geistes auf meine eigene Perspektive beschränken.

1. Werke der Barmherzigkeit

Sterbende zu begleiten gilt als ein *Werk der Barmherzigkeit*. Traditionell werden zwei Listen von Werken der Barmherzigkeit nebeneinander gestellt, nämlich die *leiblichen* und die *geistigen* Werke der Barmherzigkeit. Die leiblichen Werke der Barmherzigkeit sind die Speisung Hungriger, die Tränkung Dürstender, die Beherbergung Fremder, die Bekleidung Nackter, die Pflege Kranker, der Besuch Gefangener, das Begräbnis eines Toten und die Gabe von Almosen für Arme. Des Weiteren gehören in diese Reihe traditionell noch die Sorge um Witwen, Witwer und Waisen, sowie die Sterbebegleitung. Zu den geistigen Werken der Barmherzigkeit zählt die Belehrung Unwissender, die Beratung Zweifelnder, die Tröstung Trauernder, die Zurechtweisung von Irrenden, das Verzeihen von Beleidigung, die Geduld mit Lästigen und das Gebet für Lebende und Tote.

Während die Liste der leiblichen Werke meines Erachtens eindeutig ist, wirft diese zweite Liste Fragen auf. So etwa: Wie begegnen wir Irrenden, die nicht zurechtgewiesen werden wollen? Wie kann ich sie belehren? Wie begegnen wir Zweifelnden, die in ihren Zweifeln verhärtet sind? In ihrer Verzweiflung wollen sie keinen anderen Rat mehr annehmen, sie wollen nur noch Erleichterung finden. Wie ist diesen Menschen in der spezifischen Situation des Sterbens als existentieller Zuspitzung des Lebens zu begegnen? Und wie begegnen wir Unwissenden, die nicht mehr wissen wollen? Kann es barmherzig sein, Unwissende *nicht* zu belehren, Zweifler *nicht* zu beraten, Irrende *nicht* zurechtzuweisen?

Diese Fragen verlangen nach Klärung. Sie verlangen darüber hinaus nach einer zusätzlichen Bestimmung. Worum geht es? Was ist letztlich das Ziel menschlichen Hierseins? Hat unsere Existenz hier einen Sinn? Hat auch noch das Leid, das Elend, haben auch noch das Sterben und der Tod Anteil an der Sinnhaftigkeit unserer Existenz? Weiter zugespitzt lautet die Frage, ob es darum geht, den Sterbenden ihren Tod zu erleichtern, oder darum, sie zu einem Sterben *in Wahrheit* anzuleiten? Was, wenn man die Wahrheit nicht hören möchte? Kann es dann wahrhaft barmherzig sein, von ihr zu schweigen?

Bevor ich versuche, mögliche Antworten auf diese Fragen zu geben, möchte ich kurz das Wesen der Barmherzigkeit beleuchten. Die Listen der verschiedenen Werke der Barmherzigkeit stellen keine Aufzählung verschiedener Barmherzigkeiten dar, sondern geben Beispiele für die eine und einzige Barmherzigkeit, die immer Ausdruck der Barmherzigkeit Gottes ist. Jedes Werk der Barmherzigkeit kann als Tor für weitere Werke angesehen werden. Dies wird besonders in der Sterbebegleitung deutlich: der Sterbende ist ein Hungriger, der nicht selbst für sein Essen sorgen kann; er ist ein Fremder, der sein Zuhause verlassen muss; er ist nackt und muss bekleidet werden; in seiner Krankheit bedarf er der Pflege. Barmherzig sind all diese Werke, wenn in ihnen das eigene Herz, das die Mitte des Begriffs bildet, durch das Elend des Anderen berührt und bewegt wird: „Wenn das Elend dem Herzen nahekommt, wird es zerstört, als ob ein Brand darüber hinweggegangen sei. Wenn also das Herz das Elend bei einem Menschen wahrnimmt, urteilt es nicht darüber, sondern verbrennt und zerstört es. Und das ist Barmherzigkeit. Wenn sich dir ein Herz nähert, spürst du seine Wärme, und es verbrennt dein Elend, will sagen, das Negative, das es bemerkt hat; und du spürst die Wärme dessen, der dich umarmt, der es gut mit dir meint, weil dein Elend für ihn nicht wiegt. Und das Elend gibt es tatsächlich nicht mehr: Es ist verbrannt worden. Das ist das Wunder, das das barmherzige Herz bewirkt.“[1] Diese innerliche Ergriffenheit ist das Wesen der Barmherzigkeit.

Sterbebegleitung kann daher Ausdruck von Barmherzigkeit sein, ohne es aber per se sein zu müssen. Es sind durchaus Arten und Weisen der Begleitung Sterbender denkbar, die, wenn nicht unbarmherzig, so doch auch nicht barmherzig genannt werden können. Als wahrhaft *barmherzig* kann nach meinem Verständnis nur eine Sterbebegleitung genannt werden, die in einer innerlichen Ergriffenheit geschieht.

---

1   http://www.kathpedia.com/index.php?title=Barmherzigkeit   [abgerufen   am 28.12.2016].

2. Der geschichtliche Kontext

Im 15. Jahrhundert schreibt der Wiener Pfarrer Thomas Peuntner:
„Es ist kein Werk der Barmherzigkeit größer, als dass dem kranken
Menschen in seinen letzten Nöten geistlich und sein Heil betreffend
geholfen wird."[2] Laut dieser Begründung geht es also nicht primär
um Linderung von Schmerzen und körperliche Pflege, obgleich diese natürlich nicht ausgeschlossen werden. Sie werden aber nicht ausdrücklich erwähnt, weil etwas anderes wichtiger ist: die Not des Sterbenden wird als *geistige* Not begriffen. Die Begleitung Sterbender wird
deshalb vorrangig als Hilfe sein *Heil* betreffend verstanden. In diesem Sinne beten Christen: *Herr, bewahre uns vor einem plötzlichen Tod.*
Sie befürchten, vor Gott treten zu müssen, ohne dazu bereit zu sein.

Diese Furcht vor einem plötzlichen Tod wurde mir gegenüber in
den sieben Jahren meines Dienstes kein einziges Mal ausgedrückt.
Die meisten Menschen wünschen sich vielmehr einen schnellen,
schmerzfreien Tod. Man will nicht leiden. Der plötzliche Tod, der den
Sterbenden vor ihrem Kommen ins Hospiz verwehrt war, wird dort
von vielen gesucht und ersehnt. Auch gesellschaftlich ist das ein Thema, das fortwährend an Bedeutung gewinnt. Man fordert das Recht
auf ein selbstbestimmtes Sterben. Man möchte selbst entscheiden
können, wann es genug ist. Hin und wieder lerne ich einen sterbenden Menschen kennen, dem es nach eigener Aussage nicht gelungen
ist, rechtzeitig in die Schweiz zu reisen, um sich dort beim Sterben
‚helfen' zu lassen. Auch wurde ich schon von einem ungeduldigen
‚Patienten' gebeten, ihm zu einem schnelleren Tod zu verhelfen. Ich
erwähne diese Bitte, weil sie als Appell an meine Barmherzigkeit geäußert wurde. Und der Schweizer Theologe Hans Küng nimmt für
das ‚Recht', sein eigenes Leben ‚selbstbestimmt' zu beenden, ein *größeres* Vertrauen in die Barmherzigkeit Gottes in Anspruch, als es
demjenigen gegeben sei, der den Tod ganz Gott überantwortet.

Das Leid des Sterbens ist heute selten Anlass für Reue und Buße.
Stattdessen wird das körperliche Leiden zur eigentlichen Not des
Menschen erklärt. Unsere Zeit bestimmt die letzte Not nicht geis-
tig, sondern körperlich. Die geistigen Nöte bleiben bestehen, werden

2   http://glaube-und-kirche.de/sieben_werke_der_barmherzigkeit.htm [abgerufen
      am 28.12.2016].

aber mehr und mehr verdrängt. Hilfe heißt nun nicht mehr Hilfe zum Heil, sondern zu körperlicher Heilung, solange diese möglich ist. Und wenn von Heilung keine Rede mehr sein kann, dann wird unter Hilfe das Lindern oder Neutralisieren von Schmerzen und die Erleichterung des Sterbens verstanden. In diesem Sinn ist das Hospiz eng mit der Palliativmedizin verbunden: um das, was medizinisch nicht mehr in Ordnung gebracht werden kann, wird ein Mantel gelegt. Der Sterbende soll so wenig wie möglich leiden. Die Frage, ob es Gott gibt oder nicht, soll, davon unberührt, dem Einzelnen überlassen sein. Wenn es aber kein *warum* und *wozu* des Leidens gibt, wie kann dann Gott all das Leid in der Welt zulassen? Meint er es nicht gut mit uns? Kann er nichts daran ändern? Gibt es ihn überhaupt?

Die Frage nach Gott soll offen bleiben, weil sie nicht entscheidbar sei. Man hält die Möglichkeit, auch nicht an Gott glauben zu können, für eine Widerlegung der Gottesbeweise. Dabei bedeutet die Tatsache, dass sich Gottes Wirklichkeit nicht jedem erschließt, nichts anderes, als dass Gott um unsere freie Zustimmung wirbt. Wir können sie ihm verwehren. Er will uns nicht zwingen, weshalb wir ihn nicht zwingend beweisen können. Da Glaube nur in Freiheit denkbar ist, kann er nur angeboten, nicht aber gegen Widerstände erzwungen werden. Die Einsicht in den Zusammenhang von Freiheit und Glaube bedingt die *Religionsfreiheit*, zu der sich die Kirche in Dignitas humanae, einer Erklärung des zweiten vatikanischen Konzils, bekennt.

Religionsfreiheit bedeutet nicht, dass die Wirklichkeit Gottes nicht erkennbar sei. Aufgrund seiner Würde wird jeder Mensch von Gott gerufen, „und sie werden deshalb durch diesen Ruf im Gewissen verpflichtet, aber nicht gezwungen" (DH 11). Gott bietet uns die Freiheit an. Nur seine Wirklichkeit eröffnet Freiheit. Und die Möglichkeit der Freiheit ist der Grund unserer Würde. Nach Dignitas humanae kann sie darüber hinaus sogar als Bedingung derselben angesehen werden: „Weil die Menschen Personen sind, d. h. zur Vernunft und freiem Willen begabt und damit auch zu persönlicher Verantwortung erhoben, werden alle – ihrer Würde gemäß – von ihrem eigenen Wesen gedrängt und zugleich durch eine moralische Pflicht gehalten, die Wahrheit zu suchen, vor allem jene Wahrheit, welche die Religion betrifft" (DH 2). Bedeutet das, dass uns Würde nach dem Umfang unserer Wahrheitssuche zukommt? Heißt das, dass wir unsere Personalität verlieren können, wenn wir sie nicht mehr suchen bzw. wenn wir uns allzu gewiss sind, dass es keine allgemeinverbindliche Wahrheit geben kann? Heißt das ferner, dass wir Menschen ihrer Würde berauben, wenn wir sie darin unterstützen und somit auch darin bestätigen, nicht nach Wahrheit zu suchen und zu fragen?

Die Würde des Menschen ist es, nach dem Maß seiner Möglichkeit die Wahrheit zu suchen und „an der einmal erkannten Wahrheit [...] mit personaler Zustimmung fest[zu]halten" (DH 3). Die Wahrheit geht notwendig der Freiheit voraus. Freiheit kann daher nicht bedeuten, über Gottes Wirklichkeit zu befinden, sondern nur, unser Verhalten im Angesicht dieser Wirklichkeit zu gestalten. Selbstverständlich kann jeder für sich zu dem Ergebnis kommen, dass er, als Einzelner, Gott nicht erkennen kann oder anerkennen will. Die Behauptung aber, Gott sei an sich nicht erkennbar, ist ein Selbstwiderspruch. Um wissen zu können, dass man Gott allgemein nicht erkennen könne, müsste man ihn bereits vollständig erkannt haben. Die Einsicht, dass Gottes Wege unergründlich sind und sein Wesen letztlich jedes menschliche Begreifen übersteigt, ist demgegenüber etwas völlig anderes.

Es stellt sich die Frage, ob man, wenn man die Sinnhaftigkeit des Leidens leugnet, nicht auch den Sinn menschlicher Existenz aus dem Blick verliert? Leugnet man dadurch nicht zuallererst die Offenbarung des gütigen Gottes, der uns in seine Nachfolge ruft, der uns dazu beruft, unser Leid auf uns zu nehmen, damit er uns heilen kann? Christus ist ein unbequemes Vorbild. Er ist unbequem für den, dem es gut geht – *gib alles von Dir und folge mir nach* – und er ist unbequem für den, dem die Kraft und der Wille fehlt, sein Leid auf sich zu nehmen, wo es doch leichter scheint, einen Schuldigen zu finden. Ob es mir gelingt, mein Leid auf mich zu nehmen und das Leid eines anderen auszuhalten, ist eine Frage des Glaubens. In unserem Umgang mit Leid entscheiden wir, ob wir wirklich an Gott glauben, oder uns einen solchen Glauben nur vorstellen und einbilden. Der wirkliche Glaube glaubt an die Wirklichkeit Gottes. Die Wirklichkeit Gottes ist seine Offenbarung. Gehen wir von der Offenbarung Gottes in Christus und seiner Kirche aus, dann müssen wir den herrschenden Umgang mit Leid hinterfragen.

3. Die relative Barmherzigkeit der Hospizbewegung

Bevor es der medizinische Fortschritt ermöglicht hat, Krankheiten zu bekämpfen und das Sterben hinauszuzögern, waren Krankenhäuser vorrangig Orte zum Sterben. Zugespitzt lässt sich sagen, dass jedes Krankenhaus ein Hospiz war. Mit dem Anwachsen der medizinischen Möglichkeiten werden Krankenhäuser jedoch mehr und mehr zu professionalisierten und technisierten ‚Werkstätten' menschlicher Körper. In dieser Entwicklung kann dem Sterben und dem Tod im modernen Krankenhaus nicht die Aufmerksamkeit zu Teil werden, wie es menschlich gesehen wünschenswert und nötig ist. Als Beispiel soll der Hinweis genügen, dass sterbende Patienten in ihren Zimmern oder auf Gängen allein ihrem Schicksal überlassen werden, sobald die Medizin nichts mehr ausrichten kann.

Vor diesem Hintergrund ist das Hospiz zugleich Gegenbewegung als auch Weiterentwicklung der modernen Medizin. Das Leid der Sterbenden wird im Hospiz mit Hilfe differenzierter Schmerztherapien bekämpft, während gleichzeitig ein Raum bereit gestellt wird, in dem der Sterbende in seinem Sterben Mensch sein darf und in seinen menschlichen Bedürfnissen so gut es geht versorgt wird. Die Einrichtung von Hospizen ist ein Korrektiv von bestimmten Fehlentwicklungen in unserer Gesellschaft. Dieser Korrekturcharakter hat etwas *relativ* Barmherziges an sich, sofern Räume für den barmherzigen Umgang mit Sterbenden eröffnet werden. Ich spreche von relativer Barmherzigkeit, sofern es um Strukturen geht, die Barmherzigkeit zwar ermöglichen, aber nicht garantieren.

Relativ barmherzig ist das Hospiz, weil in ihm der Sterbende als Mensch eher wahr- und ernstgenommen werden kann als in einem Krankenhaus oder einer Pflegeeinrichtung. Hier will man der Situation Sterbender gerecht werden. Das Hospiz ist warm, verglichen mit der klinischen Kälte der Krankenhäuser. Die Sterbenden haben eigene Zimmer, die sie sich selbst einrichten können. Das Hospiz ist familiär verglichen mit der Trostlosigkeit, der Anonymität und Einsamkeit vieler schwacher und alleinstehender Menschen in unseren Städten. Die Ärzte nehmen sich Zeit. Das Pflegepersonal hat mehr Zeit für den Einzelnen zur Verfügung als in Krankenhäusern oder Heimen. Den Sterbenden wird nach allen Kräften gegeben, was ihnen gut tut. Für sie gibt es Krankengymnastik, Lymphdrainage, Ergotherapie, Kunsttherapie, Musiktherapie und Atemtherapie – um nur die mir bekannten Möglichkeiten zu nennen. Diese Zuwendungen, und in Teilen auch die Grundversorgung, werden bei uns vom Orden der Barmherzigen Brüder und vielen Spendern ermöglicht. Diese Zuwendungen ergänzen wir Hospizhelfer, indem wir uns Zeit nehmen, im Haus mitzuwirken. Wir hören zu, lesen vor, sind da, wenn jemand nicht allein sein will. Auch gibt es bei uns eine wöchentliche Andacht, an der jeder, der will, teilnehmen kann, und Gottesdienste, in denen der Verstorbenen gedacht wird.

Aber auch gesellschaftlich gesehen steht das Hospiz für Barmherzigkeit. Es ist ein klares Bekenntnis zur Personalität des Menschen. Im Hospiz geht es nicht um Wachstum, nicht um Zukunftsfähigkeit, nicht um Nachhaltigkeit. Weder Kosten noch Ressourcen werden geschont, auch wenn diese im Hintergrund eine entscheidende Rolle spielen. Die Krankenkassen können aufgrund ihrer Strukturen und den jeweiligen wirtschaftlichen Gegebenheiten den ‚Luxus der Hospizbetreuung' nur bedingt mittragen. Das Hospiz ist ein Ort des Überflusses und der Verschwendung, weil es nicht an den Maßstäben des Wettbewerbs und der Finanzierbarkeit zu messen ist. Es besitzt streng genommen keinen gesellschaftlichen Nutzen, wie er etwa Schulen oder Ämtern für die Öffentlichkeit zukommt.

Vielmehr kommt das Hospiz einer Verpflichtung nach, die immer nur von Einzelnen wahrgenommen und damit nur von Einzelnen empfunden wird: der konkreten Sorge um den Sterbenden. Die Einzelnen bewirken zwar, dass auch der Staat diese Aufgabe anerkennt, können aber wenig daran ändern, dass man es für wichtiger erachtet, das potentielle Leid zu minimieren, als dem aktuellen Leid gerecht zu werden. Lieber bekämpft man die Armut, als den Armen zu helfen. In der Zuwendung zu den im wahrsten Sinne des Wortes ‚Fertigen' setzt die Hospizbewegung ein Zeichen des Widerspruchs. Dem zukunftswütigen Aktionismus des technischen Fortschritts setzt sie den Wert der Gegenwart jedes Einzelnen entgegen. Aus dieser Perspektive ist die Begleitung Sterbender ein Werk der Barmherzigkeit, weil in ihr der Mensch nicht als Leistungs- und Funktionsträger, auch nicht als Unterhalter oder sich selbst verwirklichendes Kunstwerk, sondern als Person gesehen wird.

Das Hospiz ist ein Ort, an dem der Sterbende persönlich angesprochen und wertgeschätzt wird. Idealerweise besteht dieser Wert einzig darin, dass der Sterbende *da* ist. Dass im Hospiz Hilfe geleistet wird, steht außer Frage. Von daher gibt es in der Hospizbewegung eine hohe Sensibilität für die Gefahr und Versuchung, dass wir uns selbst als Leistende missverstehen. Auch die Tatsache, dass die Menschen, die im Hospiz tätig sind, von den Sterbenden reich beschenkt werden, darf nicht dahingehend missverstanden werden, als wäre das die Motivation. Im Hospiz geht es um den sterbenden Menschen. Und nur sofern es uns um den Sterbenden geht, werden wir beschenkt. Der Wert des Menschen ist seine Personalität. Weder ist er wertvoll als Leistungsempfänger noch als einer, der vorher etwas geleistet hat – oder auch nicht. Im Hospiz sind alle gleich. Auch wenn wir Fragen stellen, bewerten wir nicht die Ansichten und Überzeugungen, mit denen die Menschen zu uns kommen oder von uns gehen. Es ist wichtig, dies zunächst unter dem Blickwinkel der Barmherzigkeit zu sehen und anzuerkennen. Wenn uns ein Sterbender aufregt und an Grenzen bringt, dann sind wir angeleitet und auch geneigt dazu, den Fehler bei uns zu suchen. Wir müssen nicht jeden *leiden* können, aber nichts gibt uns das Recht, uns über die sterbenden Menschen zu erheben. In unserem Haus wird niemals schlecht oder herablassend über einen unserer Patienten gesprochen.

Das Hospiz ist ein Ort, an dem viel gelacht wird – und es ist ein herzliches Lachen voller Solidarität und Anteilnahme. Es ist frei von falscher Frömmigkeit und falsch verstandenem Ernst. Am schönsten ist das Lachen *mit* den Sterbenden. Als Person sind sie nicht in erster Linie Sterbende, sondern Menschen wie wir. Warum sollen diese Menschen nicht mehr lachen? Unser Leiter Gregor Linnemann äußert gelegentlich den schönen Satz: „Es gibt ein Leben vor dem Tod." Am Abend der geweihten Nacht sprach er uns und die Sterbenden als politische Menschen an. Wir nehmen den Sterbenden nicht nur in seinem Sterben, sondern auch in seinem Leben wahr. Der Sterbende stirbt zwar, solange er aber stirbt, lebt er und ist uns gleich. In seiner Dankbarkeit und Ernsthaftigkeit, Trauer und Klage ist er uns häufig überlegen – uns, die wir uns nach Dienstende wieder in einen Alltag der Routine und Ablenkung verwickeln lassen. Und diesen Alltag tragen wir auch mit uns, wenn wir wiederkommen. Von daher ist auch unsere Begleitung Sterbender zuerst einmal nur relativ barmherzig, und zwar als die Möglichkeit von echter Barmherzigkeit. Dieser möchte ich nun in Hinblick auf den Umgang mit Leidenden nachgehen.

4. Die Frage, die das Leiden ist

Dass das Hospiz eine Korrekturbewegung innerhalb der medizinischen Entwicklung ist und damit zugleich eine Gegenbewegung innerhalb der Gesellschaft, haben wir bereits beleuchtet. Jedes Hospiz kostet die Gesellschaft Geld, ohne im materiell-volkswirtschaftlichen Sinn des Wortes *produktiv* zu sein. Die Kosten, die wir hervorrufen, sind keine Investitionen in die immanent messbare Zukunft der Gesellschaft. Damit setzt das Hospiz ein klares Zeichen innerhalb der Gesellschaft; es ist ein Zeichen gegen die Bewegung unserer weltlichen Selbstbehauptung. Das Hospiz ist ein Ort, an dem Leid sein darf und auch ausgehalten wird. Als sinnvoll wird es aber nicht begriffen. Selbstverständlich freut es uns, wenn es dem Sterbenden gelingt, sein Sterben als stimmig zu erleben. Möchte jedoch einer seine Schmerzen lieber aushalten, als sie zu betäuben, wird dies toleriert, aber nicht gerne gesehen. Verständlich ist dies deswegen, weil wir nun einmal über vielfältige Möglichkeiten der Schmerzlinderung verfügen. Abgesehen davon, ist es auch praktisch gesehen leichter, einen schmerzfreien Patienten zu pflegen, als einen, der leidet. Obgleich ich diese Praxis nicht kritisieren möchte, ist die Frage zu stellen, ob hinter ihr nicht auch eine Furcht vor dme Leid steht?

Um diese Frage zu beantworten, ist zuerst darauf einzugehen, was es denn heißen kann, das Leid als sinnvolles Geschehen anzunehmen? Eindrücklich steht uns diese Frage im öffentlichen Leiden und Sterben von Papst Johannes Paul II. vor Augen. Schon drei Jahre nach seiner schweren Verwundung durch das Attentat auf ihn, in dessen Folge er zudem ernsthaft erkrankt ist, hat er mit Salvifici doloris ein apostolisches Schreiben über *die heilbringende Kraft des Leidens* veröffentlicht, um Antwort auf die folgenden Fragen zu geben: Warum ist Leid zu erdulden? Muss man etwa leiden, um sich die Erlösung zu verdienen? Was bedeutet es, dass unser Herr für uns gelitten hat?

Johannes Paul II. schreibt: „Indem er die Erlösung durch das Leiden bewirkte, hat Christus gleichzeitig *das menschliche Leiden auf die*

Ebene der Erlösung gehoben. Darum kann auch jeder Mensch durch sein Leiden am erlösenden Leiden Christi teilhaben." (Sd 19) Christlich gesehen geht es also nicht um Erlösung *vom* Leid, sondern eher um Erlösung *durch* das Leid. Erlösung ist kein äußeres, sondern vorrangig ein inneres Geschehen. Zum Leiden und seiner Bedeutung für die Erlösung wird in Salvifici doloris folgendes ausgeführt: „Christus hat uns durch sein Leiden in [sein] Reich eingeführt, und durch das Leiden *reifen* dafür die Menschen, die vom Erlösungsgeheimnis Christi umfangen sind" (Sd 21). Wird das eigene Leid als Buße begriffen, wird es nicht nur von Sinn erfüllt, sondern bezeugt darüber hinaus noch „die sittliche Größe des Menschen, seine *geistige Reife*" (Sd 22). Wem es gelingt, sein Leid anzunehmen, auch und vor allem dasjenige, an dem andere Schuld tragen, der lernt zu vergeben, wie es Johannes Paul II. möglich war, dem Attentäter seinen Mordversuch zu vergeben. Wer sein Leid auf sich nimmt, kann so das Übel zum Guten wenden: „In dieser Sicht heißt *leiden* besonders *empfänglich und offen werden für das Wirken der heilbringenden Kräfte Gottes,* die der Menschheit in Christus dargeboten werden" (Sd 23). Das Leid ist dann eine sinnvolle Aufgabenstellung: „Im Leiden ist somit ein besonderer *Ruf zur Tugend* enthalten, die der Mensch von sich her üben soll. Es ist die Tugend der Ausdauer im Ertragen all dessen, was stört und weh tut. Wenn der Mensch so handelt, findet er zur Hoffnung, welche in ihm die Überzeugung aufrechterhält, daß das Leiden ihn nicht überwältigen, ihn nicht seiner Menschenwürde, verbunden mit dem Wissen um den Sinn des Lebens, berauben wird" (Sd 23).

Aus alledem folgt, dass das Wissen um den Sinn des Lebens zugleich auch immer das Wissen um den Sinn des Leidens und umgekehrt *ist*. Christlich gesehen ist es die Liebe, die uns leiden lässt, die uns aber gleichzeitig auch die Kraft dazu gibt, das Leid zu ertragen: „Während er an dieser Liebe teilhat, findet sich der Mensch letztlich im Leiden selbst wieder: Er findet ,das Leben' wieder, von dem er glaubte, er habe es wegen des Leidens ,verloren'" (Sd 23). Johannes Paul II. bezeichnet das Leiden deshalb als *besondere Gnade* (Sd 26). Erst das Leid erweckt in uns „jene uneigennützige Hingabe des eigenen ,Ich' zugunsten der anderen, der leidenden Menschen" (Sd 29). Das Leid ist so gesehen zutiefst sinnerfüllt. Dies gilt für die Einheit von Liebe und Leid, aber auch für das Leid selbst. Dass es die Leidenden dazu anleiten kann, „durch ihr eigenes Leiden ,zu ergänzen, was an den Leiden Christi noch fehlt'" (Sd 30), ist nur die eine Seite. Die andere Seite des Leidens ist die Gelegenheit, die es anderen eröffnet, dem Leidenden Gutes zu tun. Es gibt Leid in der Welt, nicht als Argument gegen Gott, sondern „um Liebe zu wecken, um Werke der Nächstenliebe zu veranlassen und die gesamte menschliche Zivilisation in eine ‚Zivilisation der Liebe' zu verwandeln" (Sd 30). Der Sinn des Leidens ist es daher, „*durch das Leiden Gutes zu wirken und dem Gutes zu tun, der leidet*" (Sd 30). In der Nachfolge Christi ist es dem Papst gelungen, das eigene Leid als sinnvollen Auftrag zu begreifen und bis zu seinem Tod öffentlich auf sich zu nehmen.

Das Leid soll gelindert werden. Und dennoch ist die Frage geboten, welche Folgen der zunehmende Unwille, Leid anzunehmen und auch auszuhalten hat? Erschwert die Ablehnung des Leidens die geistige Reifung des Menschen? Verhindert es, dass wir uns für Gott und unsere Begegnung mit Ihm bereiten? Die geistigen Nöte bleiben weiter bestehen, werden aber mehr und mehr verdrängt. Wenn der Schwerpunkt unserer Hilfe die Heilung körperlicher Gebrechen ist, heißt Hilfe – so ist zu befürchten – immer weniger Hilfe zur geistigen Reife, zur Menschwerdung. Und wenn von Heilung keine Rede mehr sein kann, dann wird unter Hilfe das Lindern oder Neutralisieren von Schmerzen und die Erleichterung des Sterbens verstanden. Die allgemeine Abkehr vom Leid ist Ausdruck eines Prozesses, dessen wir uns kaum bewusst sind und dem sich die Wenigsten entziehen können oder wollen.

Gleichzeitig führt dieser Prozess einer Abwendung vom Leid dazu, dass das Ideal des Guten mit neuen Inhalten gefüllt werden muss. Indem man die Erlösung durch Leid ablehnt, bestimmt man das gute Leben im Gegensatz zum Leid. Derjenige, der die Erfüllung, den Sinn und auch den Zweck seines Lebens nur nach weltlich-immanenten Gesichtspunkten bestimmt, setzt sich damit in Widerspruch zu dem Gott, der sich seiner Allmacht begibt, Mensch wird und die Ungerechtigkeit und das Leid bis ans Kreuz auf sich nimmt. Man will nicht leiden, also lehnt man den Gott, dessen bevorzugte Sprache mit uns das Leid ist, ab. Dabei verliert man aus den Augen, dass Gott sich dieser Sprache um unserer selbst willen bedient, um den göttlichen Funken, der unser Herz ist, in uns anzufachen. Gott ist Mensch geworden, um uns zu sich zu führen. Er zeigt uns, dass es nicht nur um ein gutes Leben im Sinne der Vermeidung von Leid und

Befriedigung aller möglichen Bedürfnisse geht, ein Leben, das sich im Diesseits erschöpft. Er zeigt uns, dass es zuerst einmal um etwas anderes geht, nämlich um unsere Bestimmung zur Barmherzigkeit.

5. Die Forderung der Barmherzigkeit

Mit George Augustin ist festzuhalten: „Gott ist nicht Mensch geworden, um unsere zerrissene Lebenswirklichkeit einfach zu belassen, sondern um sie zu erlösen, zu heilen und zu verwandeln."[3] Wir müssen uns verwandeln lassen, um geheilt werden zu können. Erlösung finden wir nicht (erst) im Tod, auch wenn ich mich dieser Worte im Hospiz gelegentlich bediene. Wir dürfen hoffen, dass jeder Mensch erlöst wird, und aus dieser Hoffnung heraus spende ich den Trost, dass der Tod eine Erlösung sein möge. Gott aber will uns nicht erst im Tod erlösen, sondern im Hier und Jetzt, damit wir frei werden für den Dienst in der Welt. Die Erlösung geschieht, indem wir uns ihm angleichen, indem wir christusförmig werden, indem wir die *zerrissene Lebenswirklichkeit* des Sterbenden nicht so belassen, wie sie ist, sondern sie *erlösen, heilen* und *verwandeln*. Indem wir dem Sterbenden helfen, mit sich eins zu werden vor Gott, wie es Einheit nur in Gott gibt, heilen wir auch uns selbst. In dieser Trias unseres eigenen Daseins in der Begleitung eines Sterbenden vor Gott verwirklicht sich der heilige Geist als Barmherzigkeit.

Der Mensch ist zur Freiheit berufen. Früher machte man sich darüber lustig, dass es, wenn Gott alle Sünden vergibt, ja ausreiche, auf dem Sterbebett zu bereuen. Inzwischen halten wir es gar nicht mehr für nötig, dass man selbst um Vergebung der Sünden bittet. Die Einsicht in die eigene Sünde ist weitgehend verloren gegangen. Dabei besagt Sünde ja vor allem unsere Absonderung von Gott. Zeichen dieser Absonderung ist es eben, dass wir uns nicht versöhnen lassen wollen. Und wer sich nicht versöhnen lassen will, wer nicht um Vergebung bittet, wie kann dem vergeben werden? „Für Gott aber ist alles möglich" (Mt 19,26). Deshalb dürfen wir hoffen. Deshalb darf ich hoffen, dass ich mich nicht irre, wenn ich aus Respekt und Achtung vor dem Anderen darauf verzichte, dem dogmatischen Zweifler seinen Zwei-

---

3   George Augustin: Kraft der Barmherzigkeit, Ostfildern 2016; S. 101.

fel aufzuzeigen, den fraglos Irrenden auf seinen Irrtum hinzuweisen, den entschieden Unwissenden die Wahrheit zu lehren. Der Glaube *ist* nur in Freiheit, aber auch der Mensch in seiner Unfreiheit ist in seiner Würde zu achten. Was aber heißt das?

Paulus sagt eine Zeit voraus, „in der man die gesunde Lehre nicht erträgt, sondern sich nach eigenen Wünschen immer neue Lehrer sucht, die den Ohren schmeicheln". Diese Umstände aber entbinden uns seiner Ansicht nach nicht von unserer Pflicht, das Evangelium zu verkünden: „Verkünde das Wort, tritt dafür ein, ob man es hören will oder nicht; weise zurecht, tadle, ermahne, in unermüdlicher und geduldiger Belehrung" (2 Tim 4,2f.). Es ist nicht nur unsere eigene Würde, die hier angesprochen und gefragt ist. Auch die Würde des Anderen verlangt danach, dass wir ihm als freien Menschen die Wahrheit zumuten. Gerade das aber tun wir nicht! Das hängt daran, dass der Sterbende selten mit offenen Fragen zu uns kommt; oft ist er überzeugt von der Sinnlosigkeit letzter Fragen; manchmal hat er eine Antwort für sich gefunden, die er nicht preisgeben will; auf einer anderen Ebene aber *ist* er womöglich ganz Suchender. Ist nicht jedes Leben zwangsläufig Suche nach Wahrheit?

Wie soll ich die Wahrheit bezeugen, wenn der Andere diese verdrängt hat, so dass er unbewusst von der Unwahrheit der Wahrheit ausgeht? Ist es nun meine Aufgabe, ihn seiner Unwahrheit zu überführen? Einer Unwahrheit, die er verteidigen muss. Nach Paulus wäre aber eben das die Aufgabe: „Du aber sei in allem nüchtern, ertrage das Leiden, verkünde das Evangelium, erfülle treu deinen Dienst" (2 Tim 4,5). Wenn wir aber darauf verzichten, das, was wir als wahr erkennen, zu bezeugen, bekennen wir uns in Wahrheit zu einer anderen ‚Wahrheit', die als Relativierung der Wahrheit, als *Unwahrheit* bezeichnet werden muss; wenn wir aus allzu menschlichen Überlegungen heraus darauf verzichten, von Gott zu zeugen, solange uns der Andere nicht dazu einlädt; wenn wir es aus Rücksicht unterlassen, vom Gekreuzigten und dem Sinn seines Leidens zu zeugen, dann machen also auch wir uns schuldig. Auch ich vermeide das Leid, das mit einem solchen Zeugnis verbunden wäre. Eher respektiere ich den Anderen in seiner Unfreiheit.

Dennoch geschehen Mission und Bekehrung auch im Hospiz, aber nicht so, dass wir es selbst sind, die missionieren oder bekehren. Nicht wir missionieren, sondern durch uns wird missioniert. Nicht wir bekehren, sondern durch uns wird bekehrt. Wir vertrauen auf die Barmherzigkeit Gottes. Wir vertrauen ihr jeden an. Den Weg muss jeder selbst gehen und jeder muss sich selbst entscheiden dürfen. Wir versuchen, jedem den Weg so einfach und leicht wie möglich zu gestalten, obgleich es doch gerade die Herausforderungen und Schwierigkeiten sind, in denen Gott uns am deutlichsten anspricht. Mehr oder weniger bewusst gehen wir immer davon aus, dass Gott alles verstehen, vergeben und verzeihen wird. Gott ist barmherzig, aber er ist es in der Gegenwart, nicht erst im Jenseits. „Die Botschaft der Barmherzigkeit Gottes nimmt dem Glauben nicht seine Unbedingtheit, der persönlichen Bekehrung nicht ihre Notwendigkeit, den Geboten Gottes nicht ihre Geltung."[4] *Gott ist barmherzig* muss sinnvoll auch heißen, dass seine Barmherzigkeit unsere Barmherzigkeit will. Gott schenkt uns seine Barmherzigkeit, damit wir selbst barmherzig werden können, denn erst *in* der Barmherzigkeit können wir zu uns selbst finden: „Selig die Barmherzigen, denn sie werden Erbarmen finden" (Mt 5,7). Am Ende hoffen wir alle auf den einen Gott, der sich uns in seiner Barmherzigkeit offenbart. Vorher aber müssen wir lernen, seine Barmherzigkeit zu empfangen. Wir müssen uns öffnen und dürfen nicht meinen, wir seien es schon.

6. Mit-Leiden in barmherziger Stellvertretung

Wie verhalte ich mich dem Sterbenden gegenüber, der nicht weiß, der sich irrt, der an Gott zweifelt – Zweifel nicht als offenes Fragen, sondern als letztes Wort? Wie verhalte ich mich ihm gegenüber, wenn er nichts weiter will als Ruhe und Frieden, ohne von der wahren Ruhe und dem wahren Frieden zu wissen? Wenn er nicht wissen *will*? Unsere Zeit stellt uns vor eine neue Herausforderung. Und dieser Zeit müssen wir Antwort geben. Diese Herausforderung ergreift mich innerlich und setzt mein Herz in Brand und je tiefer ich über sie nachdenke, desto klarer steht mir die einzig mögliche Antwort der Barmherzigkeit vor Augen. Jede Zeit muss Gottes Barmherzigkeit neu auslegen. Womöglich können wir nicht anders, als zu schweigen, aber es darf nie ein bequemes Schweigen werden. Es muss stellver-

4   George Augustin: Kraft der Barmherzigkeit, Ostfildern 2016; S. 34.

tretend für das Leid, das der Sterbende vor lauter Not und Elend nicht mehr empfindet, durchlitten werden.

Eine weitere Zuspitzung der Situation, in der wir stehen, soll das verdeutlichen. Aufgrund der Möglichkeiten, die uns heute medizinisch zu Verfügung stehen, begehen viele das letzte Stück ihres Weges in chemisch induzierten Dämmerzuständen. Angesichts der hochpotenten Rauschmittel, die wir den Sterbenden anbieten, scheinen Auseinandersetzungen und Gespräche über die Wahrheit oftmals illusorisch. Diese Medikamente verändern die Situation, wie wir uns *begegnen*. Wenn ein Sterbender Angst oder Trauer äußert, dann setze ich mich zu ihm und halte ihm die Hand. Auch wenn es nichts zu sagen gibt, setzt sein Elend mein Herz in Brand. Dann verbrennen seine Angst und Traurigkeit in der Nähe unserer Gemeinschaft und für den Moment kehrt Friede ein, Friede und auch eine Ahnung des Seligen. Anders aber verhält es sich, wenn Angst und Trauer nicht mehr geäußert werden, weil sie chemisch neutralisiert sind. Das heißt, die Angst ist noch da, aber sie wird nicht mehr wahrgenommen. Der Schmerz selbst wird von seiner Ausdrucksform abgekoppelt, wird dabei aber nicht geringer, sondern nur weniger zugänglich.

Leid, das eigene wie auch das anderer, hindert uns daran, das zu tun, was wir tun wollen. Von daher sind Schmerzmittel auch unter dem Gesichtspunkt zu betrachten, dass sie uns Ruhe verschaffen. Wo kein Schmerz mehr empfunden oder ausgedrückt wird, da sehen wir uns weniger genötigt, uns *uneigennützig hinzugeben*. Schmerz kann uns so gesehen dazu zwingen, dass wir uns in Richtung auf andere selbst überwinden und so lernen können, selbstlos zu werden. Denn Erlösung bedeutet die Befreiung von unserer Selbstsucht. Sie verwirklicht sich nicht, *nachdem* wir für andere da waren, sondern in unserem Sein für andere geschieht sie. Auch in dieser Situation setzte ich mich dazu und halte dem Sterbenden die Hand; aber es ist ein anderes Da-Sein, nur ein Dabeisein, kein Miteinandersein mehr. Mit den Symptomen der Angst ist auch ihre Relevanz für den Sterbenden geschwunden. Meist möchte er daran am allerwenigsten erinnert werden. Lieber lenkt er sich ab, wenn nur etwas halbwegs Annehmbares im Fernsehen kommt. Es wäre abstrus, mit einem solchen Menschen über die Angst reden zu wollen, die er verdrängt, die zu einer Angst vor der Angst geworden ist. In einem solchen Fall verlangt der Sterbende weniger nach menschlicher Nähe, als nach seiner Bedarfsmedikation. Nehmen wir so den Sterbenden die letzte Möglichkeit, einen Frieden zu finden, der nicht nur äußerlich und zum Schein herrscht, sondern sie innerlich erfüllt? Womöglich liegt es an meiner Kleinherzigkeit, dass ich mich seltener innerlich ergriffen fühle, wenn die Sterbenden ihre Sorgen und Nöte nicht mehr äußern, sondern stattdessen ihr Heil in Betäubungsmitteln suchen und relativ gesehen wohl auch finden.

Verletzungen und Verkrümmungen der Seele drücken sich auch körperlich aus. Sie sind aber niemals als Ausdruck körperlicher Disposition oder Erkrankung allein zu begreifen. Angst und Depression, Schwermut und Verzweiflung haben mehr mit unserer Berufung zur Freiheit zu tun, als mit unseren Körpern, die in Mitleidenschaft gezogen sind. Sie verlangen nach Trost, nicht aber nach Neutralisierung. Sie verlangen nach den oben genannten geistigen Werken der Barmherzigkeit: nach *Rat* gegen den Zweifel, nach *Belehrung* im Unwissen, nach *Zurechtweisung* des Irrtums. Es ist nie zu spät, umzukehren und die Frohe Botschaft unseres Herrn anzunehmen! Wenn ich später in meinem Sterben Ängste haben sollte, dann wünsche ich mir, dass man mich zurechtweisen möge. Ich wünsche mir, dass man mir meine Klagen, meinen Kleinmut und meinen Unglauben vorhält. Ich wünsche mir, dass man mir den Raum gewährt, wo nötig, mir diesen eröffnet, in dem ich mein Gewissen vor Gott ernstlich prüfen kann. Ich wünsche mir dann die volle Barmherzigkeit Gottes, keine falsche Kopie derselben: „Eine Barmherzigkeit, die unsere Lebenswirklichkeit nur mit einem ,Augenzwinkern' bestätigt, ist keine Barmherzigkeit im Sinne Jesu."[5] Selbstverständlich werde ich mir dann auch Erbarmen wünschen, aber es ist nicht mehr das Erbarmen mit meinem Körper, der aufhört, zu funktionieren, sondern der Wunsch nach Linderung meiner geistigen Not. Ich wünsche mir Erbarmen mit meiner Unzulänglichkeit, nicht mit meinem Sterben.

Viele Sterbende aber wünschen sich Erbarmen mit ihrem Sterben. Sie wollen am liebsten schnell und schmerzlos ,gehen', ohne sich fragen zu müssen, wohin, wo das dann ist und ob dort Heimat sein wird. Sie können nicht mehr fragen, weil sie es nicht mehr wollen. Sie bleiben dessen ungeachtet elend und notleidend. In ihnen tritt uns der Herr entgegen. Er tritt uns nicht unwissend, irrend und zweifelnd

5 George Augustin: Kraft der Barmherzigkeit, Ostfildern 2016; S. 65.

entgegen, sondern hungrig, durstig, fremd, obdachlos, nackt und krank (vgl. Mt 25,35f.). Würde ich im Hospiz versuchen, den Unwissenden zu belehren, würde man meine Dienste ablehnen. Ratschläge sind auch Schläge, heißt es. Wenn der Sterbende seine Not nicht geistig begreift, ist es nicht an mir, sie ihm als solche aufzuzeigen. Wenn er sein Heil in dem suchen und finden möchte, was ihm an ‚Lebensqualität' noch möglich ist, dann ist es meine Aufgabe, ihm dabei zu helfen. Es wäre unbarmherzig, ihn davon abzubringen oder ihm Skrupel gegen Medikamente einzureden.

Wie aber kann ich meinen Dienst als Stellvertretung verstehen? Ist das überhaupt möglich? Womöglich kann das gelingen, indem ich gleichzeitig dem Sterbenden helfe, das, was von ihm als Bedürfnis empfunden und artikuliert wird, zu befriedigen, und innerlich ergriffen bin von den Zweifeln, die er *nicht* hat, dem Irrtum, den er *nicht* anerkennt, und dem Wissen, das ihm *nicht* fehlt. In meiner Not, ihm nicht helfen zu können, komme ich womöglich seiner Not zur Hilfe, wenn ich meine Not nur innerlich empfinde – seine Not, so wie er sie ausdrückt, und meine Not, so wie ich sie für mich behalten muss, werden eins. Sein Schicksal ergreift mich. Ist es wahre Selbstlosigkeit, wenn ich in dem Guten, was ich ihm tun *will*, ihm die alleinige Zuständigkeit zugestehe und ihm einräume, dieses Gute selbst zu bestimmen? Oder ist das Kleinmut? Ich hoffe, dass es letzten Endes immer ein und dasselbe Gut ist, das ihm mit meiner Hilfe gegeben wird. Denn nur die Güte des barmherzigen Gottes ist es, die mich überhaupt da sein, bei ihm sein lässt. Ohne Gott gäbe es weder Personalität noch selbstlose Hilfe. Das heißt nicht, dass Gott bekannt werden muss. Indem ich mich mitschuldig mache, nehme ich dem Anderen einen Teil seiner Schuld ab. Meine innere Ergriffenheit darf dann eine andere sein, als die des Leidenden, solange sie es nur gut mit ihm meint. Diese Güte aber ist der Geist, der im Hospiz herrscht. Gott ist barmherzig – nicht, weil wir gut sind, sondern weil er unser Elend sieht und sich davon, von uns innerlich anrühren lässt. Christus können wir dann als die Flamme verstehen, die Flamme aus seinem Herzen. In dieser Flamme verbrennt unser Elend. Ich danke Gott, dass er seine Güte auch über mich ausgießt, mich mit ihr erfüllt. Und manchmal, ganz selten, da darf ich mich als sein Werkzeug, als Gefäß seines Geistes erfahren. Und diese Momente verdanke ich den Sterbenden und dem Hospiz, das für mich auch eine Familie ist.

Johannes Brantl

Zivilisation der Barmherzigkeit und virtueller Raum

Gedanken zur zwischenmenschlichen Kommunikation im Internet[1]

1. Christliche Zeitgenossenschaft im Kontext der digitalen Mediengesellschaft

Digitale Medien – insbesondere das Internet – spielen im Leben der meisten Menschen unserer Tage eine immer wichtigere Rolle. Erhebungen für das Jahr 2014 belegen, dass in Deutschland etwa 55,6 Millionen der Personen ab 14 Jahren (anders gesagt: 80 Prozent der Erwachsenen) regelmäßig „online" sind, wobei ein Internetnutzer im Durchschnitt täglich mehr als zweieinhalb Stunden im Netz verbringt.[2] Interessanterweise verzeichnet das Internet seit einigen Jahren die höchsten Zuwachsraten an Nutzern bei den Mitgliedern der älteren Generation[3], sodass mittlerweile quer durch alle Altersgruppen und sozialen Schichten das Internet zu einer Art von Schlüsselmedium avanciert ist, dessen vielfältigste Anwendungsmöglichkeiten – von diversen Online-Shops und Tauschbörsen bis hin zu den verschiedensten Informationsdiensten, Unterhaltungsprogrammen,

1 Zuerst veröffentlicht unter: Zivilisation der Barmherzigkeit und virtueller Raum. Gedanken zur zwischenmenschlichen Kommunikation im Internet, in: George Augustin (Hg.), Barmherzigkeit leben. Eine Neuentdeckung der christlichen Berufung, Freiburg i. Br. 2016, 337–354.

2 Vgl. Van Eimeren, Birgit / Frees, Beate, Ergebnisse der ARD/ZDF-Onlinestudie 2014. 79 Prozent der Deutschen online – Zuwachs bei mobiler Internetnutzung und Bewegtbild, in: Media Perspektiven (Heft 7–8), 2014, 378–396, hier: 382.

3 Allein binnen Jahresfrist zwischen den beiden ARD / ZDF-Onlinestudien von 2013 und 2014 stieg die Zahl der regelmäßigen Internetnutzer bei den 60- bis 69-Jährigen in der deutschen Bevölkerung von 59 Prozent auf 65 Prozent. Vgl. Van Eimeren, Birgit / Frees, Beate, Ergebnisse der ARD / ZDF-Onlinestudie 2014, 379f.

Gesprächsforen und sozialen Netzwerken – aus dem Alltag kaum mehr wegzudenken sind.

Was das immer noch relativ neue Medium Internet so besonders interessant macht, ist nicht allein seine bemerkenswerte Eigenschaft, unendlich erweiterbar in Inhalt und Ausdehnung zu sein und von jedem Punkt dieser Welt aus in Sekundenschnelle Zugriff auf einen schier unerschöpflichen Informationsbestand bieten zu können, sondern vor allem auch der Sachverhalt, dass es weit mehr als die klassischen elektronischen Massenmedien wie Radio und Fernsehen jedem einzelnen Nutzer die Möglichkeit eröffnet, nicht nur als Empfänger oder Zuschauer, sondern ebenso als Sender und sich selbst präsentierender Akteur in Erscheinung zu treten. Die neue digitale Mediengesellschaft kennt mithin bis noch vor zwei Jahrzehnten ungeahnte Formen der sozialen Interaktion und zwischenmenschlichen Kommunikation im virtuellen Raum, welche zweifellos viele Chancen, aber ebenso auch unübersehbare Probleme und Gefährdungen mit sich bringt.

Der Auftrag zur verantwortlichen Gestaltung der digitalen Mediengesellschaft liegt letztlich bei allen, die in sie eingebunden sind und ihr agieren; sowohl für die großen staatlichen Organe und gesellschaftlichen Organisationen als auch unmittelbar für jeden Einzelnen gilt es, sich um gute und gerechte Lebensverhältnisse unter den Bedingungen einer neuen „Cyber-Kultur" zu bemühen. Insofern gehört es ganz selbstverständlich ebenso zum Auftrag von Theologie und Kirche, im Sinne der Pastoralkonstitution „Gaudium et spes" des Zweiten Vatikanischen Konzils, „die Welt, in der wir leben, ihre Erwartungen, Bestrebungen und ihren oft dramatischen Charakter zu erfassen und zu verstehen"[4], um sodann in christlicher Zeitgenossenschaft bzw. im Licht der Botschaft des Evangeliums immer wieder Position zu beziehen.

Es liegen inzwischen mehrere einschlägige kirchliche Äußerungen zu den ethischen Herausforderungen des Internets vor. Um nur kurz zwei gelungene Beispiele zu nennen: Bereits im Jahr 2002 hat der Päpstliche Rat für die Sozialen Kommunikationsmittel ein Do-

---

4   II. Vatikanisches Konzil, Pastoralkonstitution „Gaudium et spes" über die Kirche in der Welt von heute, Nr. 4, in: Karl Rahner / Heribert Vorgrimler (Hg.), Kleines Konzilskompendium. Sämtliche Texte des Zweiten Vatikanums, Freiburg i. Br. – Basel – Wien [35]2008, S. 451.

kument mit dem Titel „Ethik im Internet / Kirche im Internet"[5] publiziert, darin durchaus differenziert die grundlegende Ambivalenz des neuen Mediums Internet aufgezeigt und zugleich betont, dass Nutzen oder Schaden dieses – so wörtlich – „großartigen technologischen Werkzeugs"[6] im Wesentlichen eine Frage der Entscheidung des Menschen selbst und seiner moralischen Kompetenz sei. Des Weiteren hat im Jahr 2011 die Publizistische Kommission der Deutschen Bischofskonferenz ein sehr informatives medienethisches Impulspapier mit dem Titel „Virtualität und Inszenierung. Unterwegs in der digitalen Mediengesellschaft"[7] vorgelegt, welches auf der grundlegenden Einforderung von „Authentizität" u. a. drei ethische Leitideen (moralische Qualität menschlicher Kommunikation; Ethik der Bildästhetik; Reflexion auf die Sittlichkeit von Öffentlichkeit und Demokratie) entwickelt hat, die für eine moralisch qualifizierte Nutzung des Internets besonders zu berücksichtigen seien.[8]

Interessanterweise findet sich auch in der Enzyklika „Laudato sí" von Papst Franziskus eine Passage über die „Dynamiken der Medien und der digitalen Welt"[9], welche zwar in vieler Hinsicht positiv zur Entwicklung des Menschen und seiner Freiheit beitragen, unter Umständen aber eben auch zur Verschlechterung der Lebensqualität und zum sozialen Niedergang führen können. Gerade mit Blick auf die Art von menschlicher Beziehung und Kommunikation, wie sie per Internet vermittelt wird, klingt in den Worten der Enzyklika ein deutlich kritischer Ton an: „Die derzeitigen Medien gestatten, dass wir Kenntnisse und Gemütsbewegungen übermitteln und miteinander teilen. Trotzdem hindern sie uns manchmal auch, mit der Angst, mit dem Schaudern, mit der Freude des anderen und mit der Komplexität seiner persönlichen Erfahrung in direkten Kontakt zu kommen. Dar-

5 Päpstlicher Rat für die Sozialen Kommunikationsmittel, Ethik im Internet / Kirche und Internet (hrsg. vom Sekretariat der Deutschen Bischofskonferenz; Arbeitshilfen 163), Bonn 2002.
6 Ebd., 6.
7 Die Deutschen Bischöfe. Publizistische Kommission, Virtualität und Inszenierung. Unterwegs in der digitalen Mediengesellschaft (hrsg. vom Sekretariat der Deutschen Bischofskonferenz; Erklärungen der Kommissionen 35), Bonn 2011.
8 Vgl. ebd., insbes. 36–45.
9 Papst Franziskus, Enzyklika „Laudato sí" vom 24. Mai 2015 über die Sorge für das gemeinsame Haus (hrsg. vom Sekretariat der Deutschen Bischofskonferenz; Verlautbarungen des Apostolischen Stuhls 202), Bonn 2015, Nr. 47.

um dürfte es nicht verwundern, dass sich gemeinsam mit dem über-
wältigenden Angebot dieser Produkte eine tiefe und wehmütige Un-
zufriedenheit in den zwischenmenschlichen Beziehungen oder eine
schädliche Vereinsamung breitmacht."[10]
Diese hier zunächst noch ganz allgemein diagnostizierten Sym-
ptome einer mitmenschlichen Teilnahmslosigkeit und lebenshin-
derlichen Form der Kommunikation im virtuellen Raum lassen sich
durchaus an recht konkreten Erfahrungen und Beispielen illustrie-
ren, welche davon Zeugnis ablegen, wie fragil zumal unter den Bedingungen einer den Akteuren im Internet nach Wunsch garan-
tierten Anonymität jene zivilisierten Verhaltensweisen sind, auf die
moderne Gesellschaften zurecht stolz sind und im zwischenmenschlichen Umgang Anspruch erheben: die Achtung der Würde des anderen und seiner grundlegenden Rechte. Mehr noch aber werfen
die „Pathologien der digitalisierten Medienwelt"[11], von denen offenbar immer mehr Zeitgenossen affiziert sind, indem sie fiebrig nach
menschlichen Verfehlungen suchen, andere bedrohen und sich als
deren Richter wähnen, die Frage auf, ob es nicht gerade auch im virtuellen Raum dringend nottut, sich neu auf die christliche und zugleich universal menschliche Haltung der Barmherzigkeit zu besin-
nen, welche Walter Kasper zurecht als „ein grundlegendes Thema für
das 21. Jahrhundert"[12] bezeichnet hat.

2. Signaturen einer neuen / alten Unbarmherzigkeit im digitalen Netz

Die Vorgänge um den britischen Biochemiker und Nobelpreisträger
Richard Timothy Hunt veranschaulichen auf eine ebenso deutliche
wie erschreckende Art und Weise die Dynamik einer Empörungs-
welle im Internet, welche mit einer einzelnen Kurzbotschaft bei der
Kommunikationsplattform „Twitter" begann und binnen weniger

---

10 Ebd.
11 Stephan Weichert, Demokratie als Shitstorm? Implikationen zur politischen De-
    battenkultur durch Social Media, in: Communicatio Socialis 47 (2014), 203–213,
    hier: 209.
12 Walter Kasper, Barmherzigkeit. Grundbegriff des Evangeliums – Schlüssel
    christlichen Lebens, Freiburg – Basel – Wien 2012, 15.

Stunden die öffentliche Meinung derart mobilisierte, dass schließlich die Reputation des besagten Wissenschaftlers schwer beschädigt war und er sich selbst als „finished" – „erledigt" – empfand.[13]

Anlass für die im weiteren Verlauf dramatische Entwicklung war eine Bemerkung Hunts zur gemeinsamen Arbeit von Frauen und Männern in Forschungslaboren gewesen, die er während eines Vortrags bei einer Tagung von Wissenschaftsjournalisten in Seoul am 9. Juni 2015 äußerte und die er ausdrücklich als Scherz verstanden wissen wollte.[14] Eine den Vortrag hörende britische Journalismus-Dozentin hielt die scherzhaft gemeinte Äußerung des Redners allerdings für unangemessen und „twitterte" in einer gemeinsamen Aktion mit zwei weiteren anwesenden amerikanischen Wissenschaftsjournalisten über den angeblichen Sexismus des Referenten, wobei sie ihrerseits die Aussagen Hunts ohne jeden Hinweis auf deren ironische Relativierung verbreitete und auch verschwieg, dass es im Publikum durchaus Gelächter und Applaus gegeben hatte.

Nach nur zwei Tagen des daraufhin in kürzester Zeit immer größere Dimensionen annehmenden Entrüstungssturms über seine Bemerkung wurde Hunt dazu gedrängt, seine Honorarprofessur am University College London aufzugeben, des Weiteren verlor er seine Positionen beim Europäischen Forschungsrat und bei der Royal Society. Zwar rückte im weiteren Verlauf der Affäre ein Tonmitschnitt der Veranstaltung in Seoul sowohl bewusst falsch vermittelte als auch falsch entstandene Eindrücke bzw. Einschätzungen zurecht, was letzten Endes jedoch genauso wenig wie eine Petition von Wissenschaftlern und zahlreiche Solidaritätsbekundungen von Kolleginnen und

13   Vgl. Gina Thomas, Der witzelnde Professor verliert seinen Posten, in: Frankfurter Allgemeine Zeitung vom 17. Juli 2015, 15.

14   Richard Timothy Hunt hatte sich selbst zunächst im Verlauf seiner Rede als „chauvinistisches Monster" tituliert und dann gesagt: „Lassen Sie mich von meinen Problemen mit Frauen erzählen. Drei Dinge passieren, wenn sie im Labor sind: Du verliebst dich in sie, sie verlieben sich in dich, und wenn du sie kritisierst, fangen sie an zu heulen. Vielleicht sollten wir getrennte Labore für Männer und Frauen einrichten?". Unmittelbar darauf konterkarierte Hunt seine nicht ernst gemeinte Äußerung indes folgendermaßen: „Spaß beiseite, ich bin beeindruckt von der wirtschaftlichen Entwicklung Koreas. Und Wissenschaftlerinnen spielen dabei zweifellos eine wichtige Rolle. Wissenschaft braucht Frauen, und Sie sollten Wissenschaft betreiben trotz all der Hindernisse und trotz solcher Monster wie mir."

Kollegen zu einer greifbaren Rehabilitierung Richard Timothy Hunts führte.

Dass unbedachte Äußerungen den guten Ruf eines Menschen beschädigen können und oft weit ernstere Konsequenzen haben, als sich dies der Betroffene je vorgestellt hätte, ist freilich alles andere als eine neue Erfahrung und daher auch nicht in erster Linie den Bedingungen der digitalen Moderne zuzuschreiben. Dennoch bietet das Medium Internet in zweierlei Hinsicht neue und besonders günstige Voraussetzungen dafür, dass oft geringe Anlässe eine maximale Wirkung entfalten können: Zum einen liegen im virtuellen Raum inzwischen die technischen Möglichkeiten zur Skandalisierung (Gesprächsforen in sozialen Netzwerken, Twitter-Accounts, persönliche Blogs[15] u.s.w.) in den Händen unzähliger Personen, die mit einfachen Mitteln aktiv und durchaus effektiv an der Entwicklung von Aufmerksamkeit für eine bestimmte Person oder Sache mitwirken können. Und zum anderen vermag das Medium Internet Prozesse der Kommunikation bzw. Vernetzung derart zu beschleunigen, dass womöglich in kürzester Zeit ein so massiver Druck für maßgebliche Akteure in einer Angelegenheit entsteht, unter dem Fehleinschätzungen und Fehlentscheidungen nahezu vorprogrammiert sind.

Der Medienwissenschaftler Bernhard Pörksen hat nicht zuletzt auf diesen speziellen Aspekt der Beschleunigung in seiner Analyse des „Falles Hunt" ausdrücklich hingewiesen: „Die Zeitform der Attacke und der Herausbildung von Urteilen ist die Hochgeschwindigkeit, der Live-Modus. Und die Empörungswellen erzeugen offensichtlich einen derartigen Handlungsdruck, dass es keine Zeit mehr zu geben scheint für die abgewogene, um Fairness und Gesamtwürdigung bemühte Rekonstruktion einer tatsächlichen oder vermeintlichen Affäre. Immer wieder opfern die Vertreter von Institutionen leichtfertig einzelne Personen auf dem Altar der öffentlichen Meinung und beugen sich Stimmungen – ohne die Beschuldigten auch nur anzuhören oder sich, wie in diesem Fall, persönlich mit ihnen in

---

15   Der Begriff „Blog" oder auch „Weblog" (Wortkreuzung aus „World Wide *Web*" und „*Log*" für Tagebuch) bezeichnet eine Art Online-Tagebuch oder Journal, das auf einer Internet-Seite geführt und laufend fortgeschrieben wird, wobei es üblich ist, dass die Leser wiederum selbst einen Kommentar zu den Einträgen verfassen und mit zusätzlichen Links versehen können.

Verbindung zu setzen. Es regiert dann ein angstgetriebenes Reputations- und Krisenmanagement auf Kosten der eigenen Mitarbeiter."[16]
In der Tat gehört es zu den Merkmalen einer unbarmherzigen, dem einzelnen Menschen selbst und seiner differenzierten Biographie gegenüber unsensiblen Handlungsweise, dass schmerzliche Kränkungen, Demütigungen und eine soziale Isolierung von Betroffenen in Kauf genommen oder sogar noch aktiv gefördert werden, um einem wie auch immer gearteten Ordnungs- und Gerechtigkeitsbedürfnis des empörten Kollektivs Genugtuung zu verschaffen. Zu einem angemessenen personen-, sach- und situationsgerechten Urteil kommt es in den entsprechenden Fällen vor allem deshalb nicht, weil das gängige Denkmuster der Skandalisierung eines Menschen bzw. seiner Worte und Taten zu groben Vereinfachungen und Polarisierungen, kurz: zu einem bloßen Schwarz-Weiß-Denken neigt.

Von einer solcherart unterkomplexen Art zu denken ist es dann oft nur noch ein sehr kleiner Schritt hin zur ernsthaften Verrohung der Kommunikation und zu jenen Auswüchsen einer „modernen Erregungsgesellschaft" (Peter Sloterdijk), welche im Internet immer öfter die Meinung des anderen und seine Person aufs Heftigste attackieren bzw. verunglimpfen. Überaus deutliche Worte hat diesbezüglich der Kabarettist Dieter Nuhr in einem längeren Essay aus dem Jahr 2015 gefunden[17], wobei unmittelbar persönliche Erfahrungen den Hintergrund seiner harschen Kritik an einer besorgniserregenden Tendenz zur „moralischen Vernichtung" von Andersdenkenden in den digitalen Medien bildeten. Nachdem Nuhr sein Kaberett-Programm mit ironischen Bemerkungen über die Rechte von Frauen in den Augen so mancher islamischer Fundamentalisten bestritten hatte[18], brach in mehreren Internetforen eine Welle der Empörung und Diffamierung über ihn herein, wobei er unter anderem als „Hassprediger" und „Rechtsradikaler" bezeichnet wurde. Ähnliches geschah ein weiteres Mal, als er mit dem Twitter- und Facebook-Post „Meine Familie hat demokratisch abgestimmt: Der Hauskredit wird nicht zurückge-

---

16 Bernhard Pörksen, Der digitale Pranger. Reputationsverluste in der Empörungsdemokratie der Gegenwart, in: Forschung und Lehre 10/2015, 808f., hier: 809.

17 Dieter Nuhr, Wir leben im digitalen Mittelalter, in: Frankfurter Allgemeine Zeitung vom 17. Juli 2015, 15.

18 Um ein Beispiel zu zitieren: „Im Islam ist die Frau zwar frei, aber in erster Linie davon, alles entscheiden zu müssen."

zahlt. Ein Sieg des Volkswillens!" satirisch-ironisch das im Juli 2015
in Griechenland abgehaltene Referendum zur Staatsschuldenkrise
kommentierte; wiederum traf ihn ein sogenannter „Shitstorm", das
heißt ein regelrechter Sturm aus digitalen Schmähungen, Schimpfti-
raden und Anfeindungen.

Pointiert und seine Verbitterung keineswegs zurückhaltend
schreibt Nuhr in dem erwähnten Essay: „Die Primitivität und Aggres-
sivität, mit der Andersmeinende im Internet verfolgt werden, scheint
mir denselben psychologischen Mechanismen zu folgen, die früher
zu Lynchjustiz und Pogromen führten. Der Andersmeinende wird
zunächst als wahlweise ‚dumm' oder ‚böse' dargestellt. (...) Es geht
um Meinungshoheit. In den seltensten Fällen kommt es zum Aus-
tausch von Argumenten. Die Regel ist, dass die Vernichtung der ab-
weichenden Meinung angestrebt wird, meist durch Überwältigung,
Etikettierung, Beleidigung. Das Internet, vor allem die ‚sozialen
Netzwerke', sind insofern zum mittelalterlichen Marktplatz verkom-
men. Die Orte, an denen die Scheiterhaufen lodern, heißen Facebook
und Twitter."[19]

Nun wird man zwar einräumen müssen, dass die verbale Zuspitzung der zitierten Passage und überhaupt Schlagworte wie „Shitstorm", „Cybermob" oder „digitaler Pranger" ihrerseits leicht Gefahr
laufen, zu pauschalisieren und einer allgemeinen Medienverdrossen-
heit bzw. Misanthropie Vorschub zu leisten. Mit bloßer Empörung
über die Empörung des jeweils anderen ist im Sinne einer gelingen-
den menschlichen Interaktion und Kommunikation noch nicht viel
erreicht. So gesehen wird man gut daran tun, bei der Kritik an den Signaturen einer der Form nach neuen, dem Wesen nach jedoch alten
Unbarmherzigkeit im digitalen Netz selbst eine Rhetorik der Eskala-
tion zu vermeiden, welche ihrerseits eventuell angebrachte Differen-
zierungen vermissen lässt. Denn das, was kurzum als „Shitstorm"
gebrandmarkt wird, kann durchaus auch Elemente einer berechtig-
ten Kritik an unsozialen Verhaltensweisen oder ungerechten Ver-
hältnissen enthalten; das Phänomen der Empörung kann unter bestimmten Voraussetzungen auch dazu beitragen, dass notwendige
moralische Grenzen aufgezeigt und Prozesse der Veränderung hin

---

19   Dieter Nuhr, Wir leben im digitalen Mittelalter, 15.

zu einem verantwortungsvolleren Denken, Reden und Handeln in Gang gesetzt werden.

Aufs Ganze gesehen dürfte jedoch das Moment der Gefährdung die positiven Anteile in einem „kollektiven Diskursrausch"[20] überwiegen, der tagtäglich millionenfach Kommentare in den virtuellen Raum entlässt, meist aber gar keinen echten Diskurs generiert, weil die Akteure viel häufiger übereinander anstatt miteinander kommunizieren. Manche Ausprägung destruktiver Kommunikation im virtuellen Raum erinnert dabei schlicht und einfach an jene niveaulosen Sprüche, wie sie oft auf Schultoiletten oder in obskuren Hinterzimmern zu finden sind, andere Erscheinungsformen wiederum verfolgen mit schematischen Moralisierungen und extremen Polarisierungen allenthalben entdeckte Missstände oder Verfehlungen ohne Rücksicht auf Verluste. Während man bei einer Unzahl menschlich höchst unreifer Meinungsäußerungen und unqualifizierter Parolen – sofern sie nicht strafrechtlich relevant sind – wohl nur dazu raten kann, sie nach Möglichkeit zu löschen oder mit Nichtachtung zu strafen und notgedrungen als unausrottbare Auswüchse der menschlichen Dummheit zu betrachten, besteht bei der einen oder anderen Tendenz zum moralischen Rigorismus eventuell doch noch die Chance zur Besinnung. Und zwar zur Besinnung dahingehend, dass ein selbstgerechter und gegen die Fehler anderer erbarmungslos wütender Perfektionismus genau dem Muster verfällt, vor dem die Bergpredigt Jesu so eindringlich warnt: nämlich stets den Splitter im Auge des Bruders zu sehen und dabei den Balken in eigenen Auge nicht zu bemerken (vgl. Mt 7, 3–5).

3. Barmherzigkeit – integratives Moment einer Internet-Ethik?

Nachdem das Medium Internet – dessen „anarchische Struktur"[21] bereits für notwendige rechtliche Regulierungen keine geringe Herausforderung darstellt – offensichtlich einer eingehenden ethischen Re-

20 Stephan Weichert, Demokratie als Shitstorm? Implikationen zur politischen Debattenkultur durch Social Media, 206.
21 Jörg Hübner, Ethik der Freiheit. Grundlegung und Handlungsfelder einer globalen Ethik in christlicher Perspektive, Stuttgart 2012, 221.

flexion bedarf, stellt sich im Zusammenhang unserer Überlegungen die Frage, wie in einer zukunftsfähigen Internet-Ethik das Thema „Barmherzigkeit" einzuordnen ist. Denn schließlich hat zumindest der Begriff der „Barmherzigkeit" innerhalb und erst recht außerhalb von Theologie und Kirche mit einigen Vorbehalten und Missverständnissen zu kämpfen: der Hinweis auf Barmherzigkeit klingt in den Ohren vieler sentimental, alt und verstaubt; es verbinden sich damit Assoziationen einer gewissen Herablassung oder auch Schwäche.[22]

Fakt ist zunächst einmal, dass zumindest im deutschsprachigen Raum immer noch relativ wenige wissenschaftliche Arbeiten zu diesem speziellen Bereich der Medienethik vorliegen und bislang kaum ein definierter Diskussionsrahmen hinsichtlich der Fragestellungen einer Internet-Ethik existiert.[23] Fakt ist auch, dass die Medienethik ganz allgemein weitgehend von einem normativen Ethikverständnis geprägt ist[24], das sich darauf konzentriert, eine rationale Begründung von moralischen Prinzipien und allgemeingültigen ethischen Urteilen zu leisten. Dabei wird meist aber auch sehr schnell deutlich, dass etwa die Frage, wie Personen mit den neuen Kommunikationsformen des Internet – Gesprächsforen in sozialen Netzwerken, Twitter-Accounts, persönlichen Blogs u.s.w. – verantwortungsvoll umgehen können bzw. sollen, den Blick auf sehr tiefgreifende und umfassende Themen wie etwa Personalität, Authentizität oder Wahrhaftigkeit lenkt. In diesem Sinne hat Oliver Wolff in seinen Ausführungen zu einer „Kommunikationsethik des Internets"[25] vier wesentliche normative Prinzipien in ihrer Geltung und Anwendung durchbuchstabiert, die für jede Kommunikation im Netz (und natürlich auch darüber hinaus) entscheidend sind, sofern diese wirklich humanen Ansprüchen gerecht werden soll. Im Einzelnen sind dies[26]:

Erstens das Prinzip der *Personalität*, welches die Kommunikationspartner sich selbst und den jeweils anderen als Selbstzweck achten

---

22 Vgl. Walter Kasper, Barmherzigkeit, 22–25.
23 Vgl. Martin Fuchs, Impulse für eine digitale Medienethik, in: Communicatio Socialis 46 (2013), 404–407, hier: 404.
24 Vgl. dazu die Bestandsaufnahme bei Anne-Kathrin Lück, Der gläserne Mensch im Internet. Ethische Reflexionen zur Sichtbarkeit, Leiblichkeit und Personalität in der Online-Kommunikation, Stuttgart 2013, 24–27.
25 Oliver Jan Wolff, Kommunikationsethik des Internets. Eine anthropologisch-theologische Grundlegung, Hamburg 2007.
26 Vgl. ebd., 367–375.

lässt und instrumentalisierende, beleidigende, den Menschen in seiner Würde verletzende Beiträge verbietet; *zweitens* das Prinzip der *Reziprozität*, das wechselseitiges Medienhandeln ermöglicht und zum Beispiel beim Erstellen einer privaten Homepage durch Angabe der E-Mail-Adresse Rückmeldungen zulässt; *drittens* das Prinzip der *Authentizität*, welches ein nur im Anonymen bleibendes Kommunizieren auf Dauer problematisch erscheinen lässt, zugleich aber private und sensible Daten allenfalls verschlüsselt oder durch ein Passwort geschützt, d. h. also in selektiver Authentizität, zugänglich macht; und schließlich *viertens* das Prinzip der *Wahrhaftigkeit*, dessen Missachtung auf Dauer entweder zu abstrus-fiktiven Phantasiegebilden oder aber zur Zerstörung von Vertrauen und in der Regel zu einem Kommunikationsabbruch führt.

Finden diese ethischen Grundsätze nicht genügend Beachtung oder werden sie sogar empfindlich verletzt, wandeln sich die Chancen der neuen Kommunikationsformen im virtuellen Raum alsbald in ganz gravierende Nachteile um. Zudem bedarf es im Verbund mit der normativ-ethischen Herangehensweise selbstverständlich auch „(...) einer fortwährenden Überprüfung der rechtlichen Rahmenbedingungen und ggf. entsprechender Anpassungen an technische Entwicklungen, um die menschendienliche Nutzung der digitalen Medien sicherzustellen und die Gefahren abzuwenden."[27]

Neben diesem Schwerpunkt einer normativen Perspektive braucht eine zukunftsfähige Internet-Ethik – und Gleiches gilt für jede andere Bereichsethik auch – allerdings ebenso eine moralische Tiefenhermeneutik, welche dezidiert die moralische Identität der handelnden Subjekte mit in den Blick nimmt. Ethische Fragen stehen in diesem Zusammenhang dann niemals nur als Fragen vor Augen, welche einzelne Handlungen betreffen, sondern es geht darum, sie jeweils in eine „ganzheitliche Lebensweise bzw. Lebenspraxis" der Menschen einzubetten. Dabei weitet sich die ethische Grundfrage „Was soll ich tun?" zur Frage: „Wer will ich als Mensch überhaupt sein?" – eine Frage, mit der die basalen Sinngehalte, Wertmaßstäbe und Motivationsquellen, die das Handeln leiten, zum Thema werden. Hier vor allem erfährt sich der einzelne Mensch wirklich als eigenverantwort-

---

27   Die Deutschen Bischöfe. Publizistische Kommission, Virtualität und Inszenierung. Unterwegs in der digitalen Mediengesellschaft, 86.

liches moralisches Subjekt, das zu sich selbst bzw. zu seinem Reden
und Handeln in eine kritische Distanz treten sowie dabei reflektieren
kann, welcher umfassenden Deutung der Wirklichkeit dieser Welt
und seines Daseins in dieser Welt er zuneigt.

Sofern in diesem Zusammenhang der Horizont einer christlichen
Glaubensüberzeugung relevant wird, steht unausweichlich die Entscheidung vor Augen, ob und – wenn ja – wie konsequent dieser Glaube an einen Gott, der selbst die Liebe ist und der bedingungslos liebt,
sich konkret und täglich, im ganz persönlichen Denken, Reden und
Tun ausprägen und manifestieren soll. Was folgt ganz allgemein für
die zwischenmenschliche Begegnung und konkret für die Interaktion bzw. Kommunikation im virtuellen Raum aus der gläubigen Einsicht, dass Gott sich als Schöpfer, Versöhner und Erlöser offenbart,
dass er seine bleibende Zuwendung jedem einzelnen Menschen zuspricht, dass seine liebende Sorge in besonderer Weise den Verwun-
deten, Unterlegenen und Geächteten gilt? Was heißt es, die Einzigartigkeit des anderen als Person anzuerkennen und zu achten, weil
Gott eben gleichermaßen alle Menschen unabhängig von ethnischer
Herkunft, sozialem Status, individueller Begabung oder sonstigen
Eigenschaften als ein Du, als ein Gegenüber, als Person anspricht?
Welche Konsequenzen ergeben sich aus der zentralen Botschaft Jesu
in Wort und Tat, dass die Liebe Gottes gerade nicht mit weltlichen
Maßstäben misst und daher auch der Sünder keineswegs abgeschrie-
ben und verstoßen, sondern als Mensch trotz bzw. in seinem Sünder-
sein von Gott geliebt und zu einem immer möglichen Neuanfang gerufen wird?

Diese Art von Fragen berühren in vieler Hinsicht das Thema Barmherzigkeit und regen dazu an, die christliche Botschaft von Gott und
die daraus sich ergebenden praktischen Konsequenzen neu zu durch-
denken. Dabei dürfte gerade auch unter den Bedingungen einer modernen demokratischen Gesellschaftsordnung die Plausibilität eines
Kerngedanken der Enzyklika „Dives in misericordia" über das göttliche Erbarmen von Papst Johannes Paul II. aus dem Jahr 1980 außer
Frage stehen, dass nämlich allein Liebe und Erbarmen die Menschen
dazu bringen, einander in dem Wert zu begegnen, den der Mensch
selbst in der ihm eigenen Würde darstellt.[28]

---

28 Vgl. Papst Johannes Paul II., Enzyklika „Dives in misericordia" vom 30. Novem-

Des Weiteren wird in der theologisch-ethischen Rede von der
Barmherzigkeit deutlich, „(...) dass Gottes unbedingte Liebe als
Handlungsmaßstab buchstäblich ‚nicht fertig macht', sondern recht-
fertigt, also dass es um die Verheißung und Ermöglichung von Zukunft geht. Das bedeutet nicht, dass einfach auf billige Weise ig-
noriert würde, wofür jemand in seinem Leben verantwortlich und
woran er schuld ist. Aber es geht um die Zusage, dass Schuld, Verfeh-
lung, Not und Leid nicht das letzte Wort haben werden. Gerade weil
Menschen in ihrer Lebensgeschichte durch ‚Gedanken, Worte und
Werke' Dinge in die Welt setzen, die nicht mehr zurückgenommen
werden können und anderen Menschen zutiefst schaden, gar das Leben kosten, ist es niemandem möglich, all das Selbstverschuldete ein-
zuholen oder wieder gut zu machen. Alle Menschen sind auf das Ent-
gegenkommen anderer angewiesen."[29]
Und schließlich erweist sich Barmherzigkeit sowohl nach christlicher Auffassung als auch in einem allgemein-menschlichen Sinn
als eine Haltung, welche den eigenen Egoismus bzw. die eigene Ich-
Zentriertheit zu überwinden vermag und gerade in dieser Selbstüber-
schreitung auf den anderen hin kein Zeichen von Schwäche, sondern
ganz im Gegenteil ein Zeichen von Stärke und wahrer Freiheit darstellt.[30]
Dass eben diese hier nur kurz skizzierten Komponenten im Verständnis der komplexen Größe „Barmherzigkeit" eine besondere
Bedeutung für das Denken und Handeln von Menschen im virtuellen Raum entfalten können, liegt nahe. Gilt doch das Internet vielen Menschen einerseits als Inbegriff von aktiver Beteiligung, un-
erschöpflicher Information, ausgeprägter Kommunikation und freier
Meinungsäußerung, während es aber andererseits auch ein Ort pas-
siver Berieselung, selektiver Wahrnehmung, unversöhnlicher Auseinandersetzung und einengender Kontrolle sein kann. Die Haltung
der Barmherzigkeit in ihren verschiedensten Aspekten dürfte einen

---

ber 1980 über das göttliche Erbarmen (hrsg. vom Sekretariat der Deutschen Bischofskonferenz; Verlautbarungen des Apostolischen Stuhls 26 – Korrigierte
Neuauflage) Bonn 2015, Nr. 14.

29 Jochen Sautermeister, Das Gegenteil von Barmherzigkeit. Ein theologisch-ethi-
scher Blick auf das Phänomen Skandalisierung, in: Herder Korrespondenz 68
(2014), 187–192, hier: 191.

30 Vgl. Walter Kasper, Barmherzigkeit, 29f.

durchaus verlässlichen „inneren Kompass" darstellen, der dabei hilft, positive Seiten des Internets für sich und andere aufzufinden bzw. zu nutzen und negativen Seiten auszuweichen bzw. diese in ihrem Ausmaß zu begrenzen.

4. „Barmherzigkeit online": zwei konkrete, zivilisatorisch wirkende Impulse

Nachdem das Thema Barmherzigkeit als relevante Größe im Bemühen um eine moralische Tiefenhermeneutik verortet werden konnte, stellt sich nun noch die Frage nach möglichen konkreten Handlungsimpulsen, welche aus einer eingehenden Selbstreflexion anhand eben dieses „inneren Kompasses" von verantwortungsbewussten Personen im Bereich des Internets abgeleitet werden können. Die Zahl solcher konkreter, im Sinne einer „Zivilisation der Barmherzigkeit" im virtuellen Raum überzeugend und bestärkend wirkender Impulse ist freilich groß und hängt von der Vielgestalt an moralischen Herausforderungen ab, welche durch das breite Spektrum an Möglichkeiten der internetbasierten Kommunikation bzw. Interaktion an die Mitglieder der digitalen Mediengesellschaft herangetragen werden. Am Ende der Überlegungen dieses Beitrags sollen daher lediglich *zwei Aspekte* herausgegriffen und an ihnen verdeutlicht werden, wie sich sozusagen „Barmherzigkeit online" konkret unter Beweis stellen kann.

4.1 Ein erster Aspekt: Barmherzigkeit, die Partei ergreift

Nach wie vor fällt es Menschen aufgrund der räumlich-zeitlich-leiblich entkoppelten, sehr häufig auch anonymen oder pseudonymen Kommunikationssituation im Internet leicht, sich über andere sowohl in positiver als auch – und erst recht – in negativer Weise zu äußern. Anonyme Äußerungen im Internet, welche andere Personen herabwürdigen und verletzen oder oftmals sogar strafrechtlich relevante Kommentare darstellen, lassen inzwischen immer mehr den Ruf nach einer rechtsstaatlichen Verpflichtung zu Klarnamen und eindeutig identifizierbarer Autorenschaft – namentlich im Bereich des sozialen Netzwerkes „Facebook" – laut werden, damit nicht sog. „Trolle" im Nebel der Anonymität des virtuellen Raumes ungehindert ihr Unwesen treiben, d.h. nach Lust und Laune denunzieren, verunglimpfen, hetzen oder drohen können. Bislang scheinen jedoch die Bemühungen um rechtliche Vorgaben, die der globalen Dimension des Internet entsprechen und in dieser Hinsicht auch wirksam durchgesetzt werden können, wenig intensiv und noch weniger erfolgreich zu sein.

Wäre es nicht denkbar, dass hier die Haltung der Barmherzigkeit in Anbetracht der normativen Grenzen, Unrecht vermeiden zu können, zumindest eine gewisse Abhilfe zu schaffen vermag? Und zwar in dem Sinne, dass barmherziges Denken und Handeln aktiv Partei ergreift für Menschen, die in verschiedenster Hinsicht verletzt, gefährdet und in ihrer Würde missachtet werden. Denn es gilt: „Die wahre und eigentliche Bedeutung von Erbarmen beschränkt sich nicht auf den – noch so tief gehenden und mitfühlenden – Blick auf das moralische, physische oder materielle Übel: das Erbarmen zeigt sich wahrhaft und eigentlich, wenn es wieder aufwertet, fördert und aus allen Formen des Übels in der Welt und im Menschen das Gute zieht."[31]

Konkret hieße das dann im Falle der so oft beklagten Respektlosigkeit, Verrohung der Kommunikation oder Verzerrung der Wahrheit im Bereich des Internets, gezielt und engagiert Gegenakzente zu setzen, in Kommentaren positiv Stellung für einen Mitmenschen zu beziehen oder etwa auch bei den Betreibern sozialer Netzwerke Einträge in den Kommunikationsforen zu melden, sofern diese diffamieren und gezielt Lügen verbreiten. „Barmherzigkeit online" gleicht in dieser Hinsicht einer couragierten Parteinahme, die das Feld der Auseinandersetzung und Meinungsbildung im virtuellen Netz nicht den bösartig Aggressiven und derben Polemikern überlässt, sondern der Stimme von Menschlichkeit und Vernunft Ausdruck verleiht. Wie das oben unter der Überschrift „II. Signaturen einer neuen/alten Unbarmherzigkeit im digitalen Netz" dargestellte Beispiel des britischen Biochemikers und Nobelpreisträgers Richard Timothy Hunt illustriert, wäre es wohl nicht zuletzt auch das Anliegen einer Barmherzigkeit, die zu humaner und vernünftiger Vorgehensweise ruft, problematische Prozesse der Skandalisierung genauer zu

---

31 Papst Johannes Paul II., Enzyklika „Dives in misericordia" vom 30. November 1980 über das göttliche Erbarmen, Nr. 6.

analysieren und nach Möglichkeit die entsprechenden Interaktionen zu entschleunigen, bevor leichtfertig einzelne Personen dem Verdikt einer inquisitorischen „political correctness" oder der allzu leicht korrumpierbaren „öffentlichen Meinung" geopfert werden.

4.2 Ein zweiter Aspekt: Barmherzigkeit, die vor gnadenloser Selbstdarstellung bewahrt

Zweifellos liegt eine besondere moralische Herausforderung, die durch das Informations- und Kommunikationsmedium Internet entstanden ist, darin, dass jedem einzelnen Nutzer die Möglichkeit eröffnet wird, selbst unmittelbar als ein an die breitere Öffentlichkeit gerichteter Sender aktiv zu werden.[32] Ohne größere technische und ökonomische Hürden lässt sich ein individuell zugeschnittener Auftritt via persönliche Homepage oder Mitgliedschaft in einem sozialen Netzwerk erstellen; und von weit größerem Interesse als dürre Daten wie Name, Alter, Adresse und Beruf sind dabei für die allermeisten Beteiligten natürlich solche Informationen, die der individuellen Gestalt eines Menschen Fleisch, Form und Farbe geben, also z. B. Angaben über die persönlichen Lebensverhältnisse, über Verwandte und Freunde, über Hobbys, Reisen und kulturelle Interessen, über politische oder auch religiöse Gesinnung, über gesundheitliche Probleme, Modepräferenzen, Vorlieben für Nahrungsmittel usw., usf. „Viele Menschen schöpfen ihr Selbstbewusstsein daraus, dass sie sich sehen lassen und effektvoll in Szene setzen können. Man zeigt, wer und was man sein will, indem man sich entsprechend entwirft. Sich entwerfen heißt: Darstellen, als wer oder was man gesehen werden will. (...) Viele Menschen scheinen keinen größeren Wunsch zu haben als im Fernsehen oder im Internet zu sein – das schafft Ansehen und Bewunderung und bestätigt, dass man existiert."[33]

---

32 In diesem Umstand, dass durch die Möglichkeit des Internet jeder Empfänger und Zuschauer ohne größere Schwierigkeit auch zum Sender und (inter-)aktiven Besucher werden kann, sieht der Informationswissenschaftler und Philosoph Rafael Capurro die tatsächliche und große „Medienrevolution gegenüber der Massenmediengesellschaft des 20. Jahrhunderts". Vgl. Rafael Capurro, Ethik im Netz, Wiesbaden 2003, 171–173.

33 Die Deutschen Bischöfe. Publizistische Kommission, Virtualität und Inszenierung. Unterwegs in der digitalen Mediengesellschaft, 29f.

Worum es im Kern geht, ist ein „Wettbewerb um Aufmerksamkeit"[34], denn das Kriterium der Aufmerksamkeit stellt einen relativ verlässlichen Indikator für die soziale Einordnung dar; wem Aufmerksamkeit zuteilwird, wer „Ansehen genießt", der nimmt in der Regel einen höheren Rang ein. Insofern schließt die Sorge um den Selbstwert nur naheliegend den Wunsch nach Beachtung, nach Aufmerksamkeit von Seiten anderer mit ein. Manche Formen einer regelrecht gnadenlosen Selbstdarstellung und unbarmherzigen Selbstentblößung im Internet lassen dabei aber auch ahnen, wie schwierig es ist, mit mangelnder Aufmerksamkeit zu leben, wie sehr es Menschen in ihrer Selbstwertschätzung kränkt, wenn sie keine Rolle im Leben und in der Wahrnehmung anderer spielen.

Tragischer Weise führt eine von der Sehnsucht nach Aufmerksamkeit getriebene, ausufernde Selbst-Mitteilung im Internet dazu, dass sich Personen aufgrund von undurchschaubaren Kommunikationsverbindungen und Sichtbarkeitsgrenzen als gewissermaßen „Gläserne Menschen" den unberechenbaren und oft unbarmherzigen Blicken ihrer Mitmenschen ausgesetzt sehen[35], die dann womöglich personenbezogene Informationen nutzen, um sich über deren Urheber vernichtend zu äußern. Und erst recht kann man sich vorstellen, dass jene Art von Aufmerksamkeit, die durch lächerliche oder gar schockierende Formen der Selbstdarstellung geerntet wird, lediglich kurz ein prickelndes Gefühl von Pseudo-Prominenz zu verschaffen vermag, dann aber alsbald im Kater einer angeschlagenen Reputation endet.

In diesem Kontext erlangt die Haltung der Barmherzigkeit, die sich dessen bewusst ist, dass Gott jeden Menschen ungeachtet seines sozialen Status, seiner individuellen Begabung oder sonstiger Eigenschaften als ein Du anspricht und liebt, d.h. seine Einzigartigkeit als Person in reinster Aufmerksamkeit wahrnimmt und anerkennt, eine entscheidende Bedeutung dahingehend, dass sie für ein geglücktes Verhältnis des Einzelnen zu sich selber sorgt. Als Heilmittel gegen eine im Internet mehr und mehr zu beobachtende Selbstgefährdung im Wettbewerb um Aufmerksamkeit hilft wohl am besten eine kluge „Barmherzigkeit gegenüber sich selbst", welche sich konkret an die

---

34 Ebd.
35 Vgl. Anne-Kathrin Lück, Der gläserne Mensch im Internet, insbes. 161–173.

einfache Faustregel hält, dass bei der Veröffentlichung personenbezogener Informationen im Internet grundsätzlich nur an solche Inhalte zu denken ist, die beispielsweise auch im Lokalteil einer regionalen Zeitung stehen könnten.

Barmherzig gegenüber sich selbst kann im besten Sinne des Wortes jeder sein, der den Wert der eigenen Person fundamental in jener Aufmerksamkeit begründet weiß, die kein anderer als der Schöpfer selbst seinem Geschöpf zuteilwerden lässt. Dem heiligen Papst Johannes XXIII. wird der Satz zugeschrieben: „Gott weiß, dass ich da bin; und das genügt mir." Als ebenso barmherziges wie kritisches Korrektiv aufgefasst, kann eine solchermaßen in Gott verankerte Selbstachtung gerade unter den Bedingungen der modernen Mediengesellschaft vor einer letztlich heillosen Jagd nach Aufmerksamkeit durch eine übersteigerte Inszenierung des eigenen Selbst im virtuellen Raum effektiv bewahren.

Autorenverzeichnis

Ansorge, Dirk
Dr. theol. habil., Professor für Dogmatik und Dogmengeschichte an der Philosophisch-Theologischen Hochschule Sankt Georgen, Frankfurt a. M.

Augustin SAC, George
Dr. theol. habil., Professor für Dogmatik und Fundamentaltheologie an der Philosophisch-Theologischen Hochschule Vallendar, Gründungsdirektor des Kardinal Walter Kasper Institutes, Priesterseelsorger der Diözese Rottenburg-Stuttgart.

Brantl, Johannes
Dr. theol. habil., Professor für Moraltheologie und Rektor der Theologischen Fakultät Trier.

Elßner, Thomas R.
Dr. theol. habil., Professor für Exegese des Alten Testaments an der Philosophisch-Theologischen Hochschule Vallendar; Referatsleiter Grundsatz beim Katholischen Militärbischofsamt, Berlin.

Graulich SDB, Markus
Prälat, Dr. iur. can. habil., 1999–2016 Professor für Kirchenrecht an der Università Pontificia Salesiana, Untersekretär des Päpstlichen Rates für Gesetzestexte, Rom.

Kasper, Walter Kardinal
Dr. theol. habil., Dr. h. c. mult., ehem. Präsident des Päpstlichen Rates zur Förderung der Einheit der Christen, Rom.

Krafft, Thomas
Philosoph, München.

Müller, Philipp
Dr. theol. habil. , Professor für Pastoraltheologie an der Johannes
Gutenberg-Universität Mainz.

Schulze SAC, Markus
Dr. theol. habil., Professor für Dogmatik an der Philosophisch-Theologischen Hochschule Vallendar.

Söding, Thomas
Dr. theol. habil., Professor für Neutestamentliche Exegese an der Ruhr-
Universität Bochum.